"十三五"国家重点图书出版规划项目

Translation Series on the International
Law of the Sea

世界海洋法译丛

海洋法争端解决国际案例汇编

张海文 黄 影

·主编·

青岛出版社

《世界海洋法译丛》编译委员会

主　　任	张海文
副 主 任	李红云　张桂红　黄　影
委　　员	王居乔　王　娟　王莘子　宁　佳　白　雪
	祁冬梅　刘煜洲　李　杨　张凯月　杨　涛
	李晓宁　张　逸　林益涵　岳　霄　赵　沄
	赵晓静　敖　梦　梁凤奎　谢　慧　蔡璧岭
	（按照姓氏笔画排列）
本卷主编	张海文　黄　影
本卷翻译	谢　慧
本卷校对	黄　影

《世界海洋法译丛》出版委员会

主　　任	孟鸣飞
副 主 任	张化新　高继民
委　　员	李忠东　刘永贵　李明泽　张性阳　黄　锐
	宋来鹏　周静静　宋　磊　张文健　朱凤霞
	张　晓　王春霖

前 言
PREFACE

从 1609 年荷兰法学家格劳秀斯发表著名的《海洋自由论》到 1994 年 11 月 16 日《联合国海洋法公约》（以下简称《公约》）生效，海洋法经历了一个漫长而坎坷的发展过程。如今，海洋法已发展成为国际法中内容最新、最完备的一个分支。截至 2017 年 11 月，《公约》已成为一个拥有 168 个缔约国的国际条约。根据《公约》，沿海国家可以拥有自己的领海、毗连区、专属经济区、大陆架；群岛国还可拥有群岛水域。国家在不同的海域中行使不同的主权、主权权利和管辖权。

联合国秘书处海洋事务与海洋法司已将各国政府根据《公约》的有关规定向联合国秘书处交存的文件予以公布，这些文件主要有：（1）沿海国家的有关海图或地理坐标表，注明直线基线、群岛基线；领海、专属经济区和大陆架外部界限的大地基准点。（2）沿海国公布的所有有关无害通过的法律和规章；海峡沿岸国公布的在用于国际航行的海峡中有关过境通行的法律和规章；沿海国在其领海的特定区域内暂时停止外国船舶的无害通过的情况。（3）沿海国家的立法实践。

考虑到我们在海洋法研究、实践以及立法工作上的需要，我们决定将世界各国海洋立法、海洋边界实践以及国际海洋争端解决的经典案例译成汉语，并列为国家海洋局海洋发展战略研究所关于海洋权益与法律问题的系列研究项目之一，逐步编译成册出版，丛书名定为《世界海洋法译丛》。我们的决定得到了联合国秘书处海洋事务与海洋法司的赞同和支持。

本丛书的内容包括世界沿海国家的海洋立法汇编8卷（非洲卷1卷、欧洲卷3卷、美洲卷2卷、亚洲卷1卷、大洋洲卷1卷）、海上边界协定1卷、海洋法争端解决国际案例汇编1卷和海上边界国家实践发展现状4卷，共计14卷。

《公约》生效后，《公约》中包含的原则和规则开始对各国的海洋实践产生重大影响，在各国海洋立法中尤为明显。国内立法是国际法研究的一个重要方面，不仅是一国履行国际义务的实践，还可以为国际习惯法的形成和发展提供证据。本丛书中的沿海国海洋立法系列将沿海国立法分为5个部分，分别是非洲国家、亚洲国家、大洋洲国家、欧洲国家和美洲国家。在每部分中将国家按英文字母先后顺序排列。此系列的翻译原文均为联合国网站公布的各国提交的该国立法英文文本。需说明的是，其中有些立法是从其他语种的官方文本译为英文的。我们在翻译过程中尽量做到忠实原文，对有明显错误的地方作了注释。译文尽量保持原立法的完整性，仅对个别立法中与海洋法无关的内容作了省略，并作出标明。

海洋划界是现代海洋法的重要部分。《公约》对国家主权和管辖海域的规定（增加领海宽度、设立专属经济区这一新制度，重新界定大陆架等）使得各沿海国之间出现了大量的重叠主张。各沿海国家相互之间签署了大量的边界协议，但仍有200多项海洋划界问题亟待解决。海洋划界的发展经历了3个阶段：第一个阶段自18世纪至二战爆发前，见证了沿海国普遍接受将陆地领土主权延伸至领海的历程，形成了一些划界的基本原则。第二个阶段始于第一项领海范围以外海洋划界协定（1942年《帕里亚湾条约》）的出台，进而杜鲁门1945年发布《大陆架公告》，直至1958年《大陆架公约》和1969年《北海大陆架案》，见证了海洋划界向外拓展并涵盖大陆架的过程。第三个阶段自专属经济区概念和大陆架新定义首次引入第三次《联合国海洋法公约》会议谈判案文并最终写进《公约》开始，海洋划界有了新的内涵。本丛书中的海上边界协定部分收录了1942—1991年相关国家之间签订的海洋划界协定。为方便查询，协定按地区分类汇总，如大西洋区域（北大西洋和南大西洋）、加勒比区域、地中海区域、印度洋区域和太平洋区域（东太平洋和西太平洋），每个区域依照国别和划界区域列出协议。

本丛书中的海洋法争端解决案例系列收录了自19世纪末至20世纪初的33个海洋法典型案例，内容编排为7章，涵盖了海洋法主要的案例类型：第一章为基线、海湾和领海类案例；第二章为国际航行海峡类案例；第三章为海洋划界类案例；第四章为渔业和海洋生物资源类案例；第五章为公海刑事管辖权和船旗国管辖权类案例；第六章为航行类案例；第七章为海洋环境类案例。这些案例包含了国际常设法院（Permanent Court of International Justice，2宗）、中美洲法院（Central American Court of Justice，1宗）、国际法院（12宗）和国际海洋法法庭（International Tribunal for the Law of the Sea，7宗）作出的判决及仲裁法庭（10宗）和特别委员会（1宗）作出的仲裁裁决。由于有些涉及海洋法的争议仍在审理当中，因此不排除以后会更新相关审理结果的可能性。

本丛书中的海上边界国家实践发展现状系列旨在广泛传播各国在实践中适用《公约》的现状，为《公约》的实施提供帮助，促进各国统一、一致地适用《公约》规定的复杂而全面的国际规则。此系列包括1982—1994年的双边和多边条约、国内立法及政府照会、宣告和声明，按照国家字母顺序逐一列出。内容涵盖以下事务：领海基线、领海宽度及归属、专属经济区的建立、大陆架的界定、海岸相向或相邻国家间海上边界的划定等。

本丛书的编译工作由张海文主持，北京大学法学院李红云教授及其部分研究生、北京师范大学法学院张桂红教授及其部分研究生以及原国家海洋局国际合作司梁凤奎、祁冬梅、宁佳、蔡璧岭等参与了翻译工作。天津外国语大学黄影讲师负责本丛书的审校工作。丛书的文字翻译是对联合国公开资料的客观展示，以利于国内读者作为资料参考，并不代表编者和出版者认可其观点和立场。在编译过程中由于水平所限，错误在所难免，在此欢迎读者批评指正。

本丛书集合了国内立法和政策、边界协定和国际法案例，为我国了解国际海洋边界的最新进展、熟悉"海上丝绸之路"沿线国家的基本情况，以及国际司法和仲裁机构对各类涉海问题的解读和分析提供了权威参考资料，对于推动国际法治、实现海洋强国具有重要的现实意义。我们希望通过《世界海洋法译丛》的编译出版，能对我国研究海洋法的学者和学生、涉海的政府行政主管部门、海洋立法和执法机构提供一些帮助和参考，为我国海洋事业的发展尽绵薄之力。

编译者

2017 年 11 月 28 日

目 录
CONTENTS

一、基线、海湾和领海类案例 ·· 1
  （一）丰塞卡湾案 ··· 3
  （二）英挪渔业案 ··· 8
  （三）比格尔海峡仲裁案 ··· 14
  （四）陆地、岛屿和海洋边界争议案 ·························· 22

二、国际航行海峡类案例 ·· 35
  科孚海峡案 ··· 37

三、海洋划界类案例 ·· 45
  （一）海洋划界仲裁案（格里斯巴达纳）····················· 47
  （二）北海大陆架案 ··· 51
  （三）大陆架仲裁案 ··· 61
  （四）大陆架纠纷案 ··· 70
  （五）缅因湾海洋划界纠纷案 ··································· 77
  （六）海洋划界仲裁案 ·· 85
  （七）大陆架纠纷案 ··· 90
  （八）海域划界仲裁案 ··· 100
  （九）格陵兰岛和扬马延岛海洋划界纠纷案 ··············· 106
  （十）第二阶段仲裁裁决（海洋划界）······················ 122
  （十一）卡塔尔与巴林海洋划界和领土问题纠纷案 ······ 129
  （十二）喀麦隆与尼日利亚之间陆地和海洋划界案 ······ 141

四、渔业和海洋生物资源类案例 ⋯⋯⋯⋯⋯⋯⋯⋯⋯⋯⋯⋯⋯⋯⋯ 155
（一）白令海（海豹）仲裁案 ⋯⋯⋯⋯⋯⋯⋯⋯⋯⋯⋯ 157
（二）北大西洋海岸渔业仲裁案 ⋯⋯⋯⋯⋯⋯⋯⋯⋯⋯ 161
（三）渔业管辖权案（英国 V. 冰岛） ⋯⋯⋯⋯⋯⋯⋯⋯ 167
（四）渔业管辖权案（联邦德国 V. 冰岛） ⋯⋯⋯⋯⋯⋯ 177
（五）南方蓝鳍金枪鱼系列案 ⋯⋯⋯⋯⋯⋯⋯⋯⋯⋯⋯ 188
（六）南方蓝鳍金枪鱼仲裁案 ⋯⋯⋯⋯⋯⋯⋯⋯⋯⋯⋯ 198
（七）卡莫柯号案 ⋯⋯⋯⋯⋯⋯⋯⋯⋯⋯⋯⋯⋯⋯⋯⋯ 205
（八）康弗科山号案 ⋯⋯⋯⋯⋯⋯⋯⋯⋯⋯⋯⋯⋯⋯⋯ 213

五、公海刑事管辖权和船旗国管辖权类案例 ⋯⋯⋯⋯⋯⋯⋯ 223
莲花号案 ⋯⋯⋯⋯⋯⋯⋯⋯⋯⋯⋯⋯⋯⋯⋯⋯⋯⋯⋯ 225

六、航行类案例 231
（一）孤独号案 ⋯⋯⋯⋯⋯⋯⋯⋯⋯⋯⋯⋯⋯⋯⋯⋯⋯ 233
（二）塞加号案（第1号及第2号） ⋯⋯⋯⋯⋯⋯⋯⋯⋯ 237
（三）佛加号（Volga）案 ⋯⋯⋯⋯⋯⋯⋯⋯⋯⋯⋯⋯⋯ 281

七、海洋环境类案例 291
（一）混合氧化物工厂案 ⋯⋯⋯⋯⋯⋯⋯⋯⋯⋯⋯⋯⋯ 293
（二）混合氧化物工厂仲裁案 ⋯⋯⋯⋯⋯⋯⋯⋯⋯⋯⋯ 301

一、基线、海湾和领海类案例

（一）丰塞卡湾*案

当事方	萨尔瓦多共和国和尼加拉瓜共和国
争议事由	海域的共同所有权；为第三方国家提供许可。
审理法院	中美洲法院
裁判日期	1917年3月2日
发表刊物	《美国国际法杂志》，1917年第11期，第674—730页

案　情

1914年8月5日，尼加拉瓜共和国与美国签署《布莱恩查莫洛条约》（Bryan Chamorro Treaty）。为此，萨尔瓦多共和国对尼加拉瓜共和国提起法律诉讼。

《布莱恩查莫洛条约》授权美国建造一条通洋运河，并将丰塞卡湾一处海域出租给美国建造海军基地，租期长达99年。

根据《关于成立中美洲法院公约》的规定，所有缔约国一致同意，它们之间一切争议或问题，不论性质与缘由，当事国无法通过外交途径解决的，都须提交给该法院处理。

1916年8月28日，萨尔瓦多共和国向法院起诉尼加拉瓜共和国。

---

* 本案例涉及的是第一个争议问题，即"丰塞卡湾的法律状态"，具体争议内容是海湾国家的共同所有权问题。另外还有涉及丰塞卡湾的案例，请参阅"陆地、岛屿和海洋边界争议（萨尔瓦多／洪都拉斯，尼加拉瓜介入诉讼）（国际法院，1992年）"。

争议事由

1. 提交法庭审议的问题
（1）确认丰塞卡湾的国际法律地位。
（2）审议《布莱恩查莫洛条约》是否侵犯了萨尔瓦多在丰塞卡湾的权利。
（3）审议《布莱恩查莫洛条约》有无违反 1907 年的《和平友好通用条约》（General Convention of Peace and Amity）。
（4）确认尼加拉瓜政府有无义务恢复并维持《布莱恩查莫洛条约》签订之前两国之间已存在的法律地位。

2. 各方主张
（1）司法管辖权

根据 1907 年 12 月 20 日 3 个中美洲共和国在华盛顿签署的《和平友好通用条约》，尼加拉瓜辩称双方当事国并未穷尽外交手段来解决此争议，因此法院缺乏司法管辖权，无资格受理萨尔瓦多提起的诉求。尼加拉瓜同时主张，由于本案涉及第三方国家（美国）的利益，该国家不受法院管辖，因此法院也无权受理本案。

（2）丰塞卡湾的共同所有权

①萨尔瓦多主张《布莱恩查莫洛条约》不仅无视且侵犯了萨尔瓦多对丰塞卡湾拥有的共同所有权。西班牙曾对丰塞卡湾拥有独占所有权，后来该权利转让给中美联邦共和国；中美联邦共和国解体后，上述权利便转让给海湾三国——萨尔瓦多、洪都拉斯和尼加拉瓜。因此，萨尔瓦多认为：

A. 由于萨、洪、尼三国之间并未对丰塞卡湾海域进行划界，因此三国对该海域享有共同的权利；

B.1884 年（萨尔瓦多和洪都拉斯）以及 1900 年（尼加拉瓜和洪都拉斯）的划界行为都是无效的，因为这两次行为都未保证海湾三国的合法权益；

C. 丰塞卡湾属于"历史性海湾"范畴；

D. 根据"主权原则"，丰塞卡湾的所有权由海湾三国共同所有。

至于在丰塞卡湾建立海军基地的问题，萨尔瓦多认为：《布莱恩查莫洛条约》中，尼加拉瓜擅自作出许可，将本案争议的海域拱手让给美国占领使用，危害了萨尔瓦多的国家安全以及合法权益。

②尼加拉瓜辩称：海湾三国都是丰塞卡湾的所有人，因此每个国家都拥有该海湾的一部分所有权。对于丰塞卡湾的独占所有权，仅限于尼加拉瓜、洪都拉斯和萨尔瓦多对各自沿岸领海的所有权。然而，没有进行划界并不代表各国享有共同所有权。

尼加拉瓜认为：尼加拉瓜与萨尔瓦多并不相邻，因此双方之间对于丰塞卡湾并不存在"共有所有权"的关系；而尼加拉瓜与洪都拉斯相邻，因此双方之间存在"共有所有权"关系；洪都拉斯与萨尔瓦多相邻，因此双方之间也存在"共有所有权"关系。尼加拉瓜引用了1900年其与洪都拉斯达成的边界条约及1884年萨尔瓦多与洪都拉斯进行的边界谈判作为这一主张的依据。

至于"主权原则"的问题，尼加拉瓜坚称此权利只能在一个国家的沿岸到公海的范围内直接行使，而不能对左右相邻国家的领海部分行使。

尼加拉瓜还辩称《布莱恩查莫洛条约》并未危害到萨尔瓦多的国家安全，建立海军基地亦未对其独立主权构成严重威胁。萨尔瓦多如果坚持对此提出异议，必须证实美国通过《布莱恩查莫洛条约》对中美洲各国产生了影响。

最后，尼加拉瓜认为萨尔瓦多不能推翻条约的效力，因为只有签订该条约的当事国或有权加入该条约的国家才能推翻条约效力。

法院的分析

1. 司法管辖权

法院认为：双方已无可能通过外交判决来解决争议，因此法院有权受理本案。

法院认为：对于中美洲国家之间产生的任何争端，三国之间达成的《和平友好通用条约》第一条已有明确规定。因此，如果认可尼加拉瓜认为法院无管辖权的主张，则会因为本案涉及第三方国家利益的原因而转移法院的审理职责，从而使得法院的司法权变得微不足道。而法院的审理职责正是上述条约所规定的"保障缔约国的权利，在任何情况下都不诉诸武力的前提下，维护各方之间坚定不移的和平和谐关系"的基础。

2. 丰塞卡湾的共同所有权

法院认为：丰塞卡湾的国际法律地位必须根据历史渊源、地理位置和周边国家的切身利益来认定。法院从而得出结论：丰塞卡湾作为一个历史性海湾，一直处于未分割、由各方共享的共同体状态。这种状态由于海湾各国对该海湾持续的、无争议的共同使用而一直存在着。这一点从当事国双方均在该海湾行使主权、司法管辖权存在重叠现象就可看出。此外，还有明显的证据显示：在中美洲历史上，国际社会一致尊重该海湾的所有权和占有权问题，并承认由海湾三国对该海湾无争议地所有和占有。至于内陆和岛屿沿岸的3海里沿海地区的法律地位问题，经法院查明，该地区由各国各自所有，并对其各自的3海里地区行使独占的、绝对的所有权和占有权。

法院认为：丰塞卡湾属于历史性海湾范畴，具有封闭内海的特征。法院并未发现中美洲国家对该海湾全部海域进行过完全、彻底的划界的证据。

法院又认为：与第三方国家签订条约、许可该国建立海军基地，如果该国在萨尔瓦多拥有共同主权的海域有占领、使用和行使权利的行为，那么萨尔瓦多将拥有宣告该条约无效或至少限制该第三方国家上述权利的事实权利。法院从而推断，在该封闭的内海上任意位置建立这样一个海军基地，会威胁到萨尔瓦多的自然安全，因此对尼加拉瓜的主张不予支持。此外，法院强调，任何分割该海湾海域的行为，就算是以出租的形式，均会侵犯原告方的权益。

法院认定《布莱恩查莫洛条约》违反了《和平友好通用条约》的第二条和第九条规定，同时认定《布莱恩查莫洛条约》侵犯了萨尔瓦多依据《和平友好通用条约》第九条取得的权利，理由是前者让缔约国附属于一个没有义务承认或尊重上述权利的外国主权。

最后，法院声明其本身无资格宣告《布莱恩查莫洛条约》无效。如果宣告该条约无效，则无异于在剥夺其他当事方申辩权或诉讼权的情况下判决认定条约其他当事方的权利。

判　　决

法院经过审议后，于1917年3月2日作出如下判决：

1. 本庭有权受理并审理萨尔瓦多共和国针对尼加拉瓜共和国提起的诉讼。

2. 《布莱恩查莫洛条约》允许第三国在丰塞卡湾建立海军基地，威胁到了萨尔瓦多的国土安全，侵犯了萨尔瓦多对该海湾的共同所有权。

3. 该条约还违反了《和平友好通用条约》第二条和第九条规定。

4. 尼加拉瓜有义务恢复和维持《布莱恩查莫洛条约》签署之前海湾各国之间相应的法律地位。

（二）英挪渔业案

当事方	挪威和英国
争议事由	基线、海湾
审理法院	国际法院（ICJ）
裁判日期	1951年12月18日
发表刊物	- 《国际法院：判决书、咨询意见和命令的报告》，1951年，第116—206页 - 《国际法报告》，1957年第18期，第86—144页
选评著作	- J. 埃文森，《英挪渔业案及其法律后果》，《美国国际法杂志》，1952年第46期，第609—630页 - D. H. N. 约翰逊，《英挪渔业案》，《国际法与比较法季刊》，1952年第1期，第145—180页 - C. H. M. 瓦尔多克，《英挪渔业案》，《英国国际法年鉴》，1951年第28期，第114—171页 - G. 马斯顿，《低潮海拔与直线基线》，《英国国际法年鉴》，1972—1973年第46期，第405—423页

案　情

从1911年开始，一直有英国拖网渔民因为违反挪威政府关于禁止外国人在特定海域内捕鱼的规定而被挪威抓捕并定罪判刑。1935年，挪威颁布了一条诏令，划定了本国专属渔区的界线。

1949年9月28日，英国政府向国际法院书记官处针对挪威提起诉讼。诉讼事由是确认挪威于1935年7月12日通过诏令划定的渔区是否符合国际法规定。

英国的诉请中提出，根据英国和挪威的声明，双方按照《国际法院规约》第三十六条第2款规定，均接受国际法院的强制性司法管辖。

争议事由

1. 提交法院审议的问题

（1）挪威政府通过诏令划定渔区，并从渔区界线处向海上延伸 4 海里，由其国民独占使用。需明确挪威政府的这一做法是基于哪一个划定基线的国际法原则。这一基线的确定必须充分考虑双方论点，以避免两国将来发生进一步的法律争议。

（2）如法院认为挪威政府有权划定上条所指渔区，并把该渔区只留给本国国民使用，请判决挪威政府在渔区范围外的区域对英国渔船造成的损失进行赔偿。

2. 各方主张

（1）英国主张：

· 挪威只能用直线划出湾口的封闭线。

· 该直线，不管长度多少，可以在符合英方起诉状第五点所列条件的情况下使用。

"挪威有权将基于历史性原因，按照国际法确定的属于海湾范畴的所有峡湾、海峡，宣布为其内水……不论连接内水的闭合线是否超过或少于 10 海里的长度。"（按照与海湾相关的所谓"十海里原则"，英国坚持认为跨越各种堡礁之间的水域而划定的基线长度不得越过 10 海里。）

· 挪威的基线并没有按照海岸的一般方向来划定，或者并未足够近地沿海岸来划定，或者并未遵照特定海域与将分割它们或包围它们的陆地形态之间现有的天然连接状态。

· 英国并不了解挪威的划界方法，因此其方法缺乏基本的知名度，无法提供可供强制执行或可对抗英国的历史性权利依据。

（2）挪威主张：

· 其划定的基线完全遵照海岸的一般方向来划定，而且划定方式合情合理。

法院的分析

一开始双方当事国以及法院均一致认可：挪威对 4 海里的领海地带，沿海岸线的、具有海湾特征或符合法律定义的、基于历史原因应被认定为挪威所有的峡湾、海峡，享有主权；领海的起始位置必须从低潮线开始测算。

法院认为自己有义务明确相关的低潮线是处于大陆还是处于堡礁，并得出结论该低潮线位于堡礁外线处，在划定挪威领海时必须将这一点考虑在内。

随后法院考虑了适用低潮线规则的3种方法。法院排除了"平行线法"，也就是"领海的外界与海岸线完全平行"，这种方法不适合曲度很大的海岸。此外，英国在复辩状及后来的代理人陈述中已放弃了这一方法，因此该方法已不再适用于本案。法院也排除了"圆弧法"，因为它没有法律强制作用。因此，本案需要用到第三种方法，即领海带必须沿着海岸线的一般方向来划定。这种方法是指在低潮线上选定适当的多个点，然后用直线把各点连接起来。法院查明这种方法已被多个国家采用，并且没有其他国家反对。

对于英国认为挪威只能用直线划出湾口的封闭线，法院并不支持。如果领海带必须沿堡礁外线划出，某些案件中必须认可直线基线法的话，那么就没有理由认为这种方法只能适用于海湾，而是也可适用于各个岛屿、岛状孤立地带和岩礁、跨越分割它们的海域之间，甚至在这些区域并未属于海湾范畴的情况下也可适用。

法院进一步认为：与海湾相关的"十海里原则"并未被国际法认可为一项基本原则。在这方面，不管是各国实践还是司法判决都没有统一的意见。有些国家的国内法和公约、条约中采用了"十海里原则"。虽然一些仲裁裁决针对其中一部分国家采用了这一原则，但对于其他国家又采用了不同的原则。此外，由于挪威一直坚决地反对将"十海里原则"适用于其海岸线，因此该原则显然对其不适用。

然而，法院认为海域的划界从来都是一项国际问题，不能仅凭某一沿海国在其国内法中表达的意愿来决定。虽然海域划界是一种必要的单方行为，但这种行为对于其他国家是否有效取决于国际法。法院认为：沿海国必须遵照海岸的一般方向来划定基线，而且必须考虑海域与大陆之间的关系及特定地区当中各个国家的经济利益。

对于英国提出的按照与海湾相关的"十海里原则"，基线长度不得超过10海里的主张，法院不予支持。

根据各方提交的证据，法院确认了挪威划界方法的存在以及构成要素，还查明该方法自1869年开始直至两国发生争议一直持续不间断地使用着。从国际法的立场来看，挪威的划界方法并未遭遇其他沿海国的反对。

法院必须研究的最后一个问题是挪威于1935年7月12日颁布的诏令是否符合该国划界方法，或者在某些方面有无明显偏离该方法。法院查明，本案争议的基线按照挪威传统方法来划定，并且指出该基线是挪威政府经过了从1911年就开始的一项谨慎研究之后才划定的。在辩论中，英国认为上述诏令所划定的基线中某些线段，尤其是斯维荷尔泰维特（Svaerholthavet）和洛普哈维（Lopphavet），并没有完全沿着海岸的一般方向来划定。法院经过研究之后，认为斯维荷尔泰维特实际上是一个具有海湾性质的盆地；至于洛普哈维，法院表示本案争议的原则并没有任何数学精度标准，除非必须一一详细查明，否则不能单拿一两个线段来说事。"就算争议的线段有着明显的偏离，但必须指出的是，挪威政府早在17世纪末就依据历史性权利将之归入自己的主权之下。"此外，法院还认为："将渔区保留给挪威王国居民使用的传统权利……是建立于其全国国人的基本需要之上的，并且经过了相当久远的无争议使用，在划定基线时必须合理地将之考虑在内。在法院看来，挪威划定的基线处于适度和合理的范围之内。"

判　　决

法院于1951年12月18日作出如下判决：

1. 以10票对2票，判定"1935年7月12日挪威国王诏令划定渔区的方法没有违反国际法"。

2. 以8票对4票，判定"上述国王诏令中采用直线方法划出的基线没有违反国际法"。

法律断言、单独意见、不同意见

1. 法律断言

哈克沃斯（Hackworth）法官表示，考虑到挪威政府证明了自己拥有对本案争议海域的历史性权利,他赞同本案判决中的生效部分。

2. 单独意见

阿尔瓦雷斯（Alvarez）法官从适用于海洋法的国际法演变规则方面进行了考虑,尤其是以下几个方面：

（1）沿海国有权利调整各自领海的外延。

（2）对于他国调整领海外延的行为,任何有直接利害关系的国家均可提出异议。

（3）决定海湾和海峡的国际地位,必须适当考虑有直接利害关系的沿海国的一般利益。

（4）历史性权利和国际法中的"要求权利"概念：如果某国主张的权利具有充分依据,一直不间断地享有,遵守诸如不侵害其他国家权利、不损害一般利益和不构成权利滥用等条件,那么要求权利即发生效力。

阿尔瓦雷斯法官得出的结论是承认挪威划定领海外延的权利以及决定其外延长度的计算方法。因此,挪威有权利禁止外国人在相关特定范围内捕鱼。

徐谟（Hsu Mo）法官对于挪威1935年诏令划定的直线基线是否符合国际法原则的观点,与法院不一致。

徐谟法官认为：在特定情况下可以有偏离"领海带必须从低潮线开始测算"的一般原则的可能性。考虑到挪威的特殊地理和历史条件,允许其采用在两点之间画直线的方法来划定领海带。因此,挪威所划基线的有效性必须根据其偏离一般原则的程度来考虑。

英国提到的两个基线线段（即跨越斯维荷尔泰维特和洛普哈维所划的基线）不能认定为正当合理。这种推断的理由是这两个线段未与海岸的一般方向保持一致,并且缺乏实质有效的证据证实挪威对于该争议海域拥有历史性权利。

3. 不同意见

麦克奈尔爵士（Sir Arnold McNair）法官对于本案的分析基于一些公海法律规则。他认为虽然存在例外情况（比如"海湾"）,但是计算领海的正常程序是从陆地开始测算的。领海基线作为一条"线"是沿着海岸线的低潮线而划,而不是连接大陆和岛屿最外点的一系列线条。

麦克奈尔爵士法官不支持挪威基于其诏令的辩论意见，包括：

（1）挪威对于其经济和其他社会利益的保护。

（2）挪威海岸的特殊特点。

（3）由于之前其他国家对挪威划界方法的默许，即可排除英国对该划界方法的异议权。

（4）允许一个沿海国基于历史性权利取得具有公海法律地位的海域。

麦克奈尔爵士法官的结论是，挪威1935年诏令不符合国际法。

里德（Read）法官不赞同关于挪威海岸特定基线线段的判决部分。

里德法官不支持挪威扩大其领海权以及抓捕外国渔民并定罪处刑的辩论意见：

（1）沿海国主权并非挪威主张从直线基线处测算4海里领海带的依据。

（2）国际习惯法并不承认沿海国领海带从远离海岸线的长基线测算的规则。

（3）挪威的划线方法不能通过历史性权利来合法化。

（三）比格尔海峡仲裁案

当事方	阿根廷和智利
争议事由	划界、领海、直线基线
审理法庭	根据阿根廷和智利于1902年达成的《仲裁一般条约》（General Treaty of Arbitration），由英国政府作为仲裁人指定仲裁法庭受理此案。后来双方委托罗马教廷对未解决的争议进行调解。
裁判日期	仲裁法院于1977年2月18日作出判决，并于同年4月18日告知双方当事国；经调解，双方最终于1984年11月29日达成《和平友好条约》（Treaty of Peace and Friendship）。
发表刊物	《国际仲裁裁决报告》，1997年第21期，第53—264页 《国际法律资料》，1978年第17期，第632—679页 《比格尔海峡仲裁裁决》，1977年，伦敦，英国文书局
选评著作	J. L. 加勒特，《比格尔海峡争端：南锥地区的对抗与谈判》，《国际期刊——美国研究和世界事务》，1985年第27期，第85—109页 T. 普林斯，《国际调停·来自梵蒂冈的观点：由调解比格尔海峡争端所带来的教训》，《谈判期刊》，1987年第3期，第347—366页 D. W. 格雷格，《比格尔海峡仲裁》，《澳大利亚国际法年鉴》，1976—1977年第7期，第332—385页 L. 林斯利，《比格尔海峡调解：梵蒂冈的调解解决了一个世纪争端》，《教会与国家杂志》，1987年第29期，第435—455页 J. 杜塞尔·德拉罗切尔，《比格尔海峡案》，《法国国际法年鉴》，1977年，第408—435页

案　　情

位于南美洲南端火地岛群岛（Tierra del Fuego Archipelago）的比格尔海峡是连接大西洋和太平洋的航道。这个海峡的西半部分分成两条长分支，分别称为"西南分支"和"东北分支"。两者交汇之后有一系列笔直平行的海岸线，然后海峡加宽变大，向东南方向弯曲而形成东部入海口。这个入海口的具体形状以及长度便是阿根廷和智利长期争论不休的问题。

海峡的东部入海口有3个相当大的岛屿（均不超过100平方千米）：皮克顿（Picton）岛、努埃瓦（Nueva）岛和伦诺克斯（Lennox）岛。这3个大岛以及周边很多较小岛屿（其中一些位于海峡入海口的小岛屿与3个大岛相邻，另一些位于海峡内部）的主权一直有争议。陆地边界的最后延伸部分位于大岛（Isla Grande，火地岛群岛当中面积最大且最重要的岛屿），并沿西经68°36'38.5"直到与比格尔海峡连接。这条线以西区域是智利国土，以东区域为阿根廷国土。因此，该海峡的北边有阿根廷海岸线，南边则有智利海岸线，两者遥望相对。

除了这两个国家在南极洲各自主张的权利之外，阿根廷和智利之间的边界线已在1881年7月23日达成的条约中确定下来。该条约第三条具体表述如下：

> 在火地岛划一条界线，从圣埃斯皮瑞图海角（Cape Espíritu Santo）起，与52°40'平行，向南划至西经68°34'，直至连接比格尔海峡。照此方式分割成两半的火地岛，西半部分为智利国土，东半部分为阿根廷国土。

> 至于其他岛屿，斯塔顿（Staten）岛和与之相邻的小岛，以及其他位于火地岛和巴塔哥尼亚（Patagonia）东部沿岸以东、处于大西洋中的岛屿，均归属阿根廷。从比格尔海峡以南至合恩角（Cape Horn），以及位于火地岛西部的所有岛屿，均归属智利。

为了解决双方之间的领土和领海边界争端，以及对于南美洲南端附近一些岛屿、岛状孤立地带和岩礁的权利归属问题，阿根廷和智利早在1904—1905年间就开始了首次官方接触。经过一段漫长的时间，数次谈判无果之后，双方终于在1971年7月22日达成一项仲裁协议，一致同意将双方对于比格尔海峡的争议提交国际法院仲裁。

该仲裁协议在1902年的《仲裁一般条约》提出的框架内议定。根据该协定，由英国政府作为仲裁人处理阿、智两国之间产生的任何争端。

但是，考虑到英国和阿根廷之间涉及福克兰群岛（马岛）的关系，双方同意仲裁人成立一个由来自国际法院的5位法官组成的仲裁法院。

仲裁法院将作出一项"决议"。对此，作为仲裁人的英国政府可予以认可，也可拒绝接受，但不得更改。如英国政府接受，法院便将该"决议"以公告形式告知阿根廷和智利。这样一来，根据1902年条约，该"决议"将成为一项法院裁决。

各方向仲裁法院提出的问题已经包含在仲裁协议的第一条当中。双方同意由仲裁法院根据国际法原则来审理本案，并将最终确定的边界线画在海图上。

争议事由

1. 提交法庭审议的问题

（1）阿根廷或智利对于皮克顿岛、努埃瓦岛、伦诺克斯岛以及相邻岛屿和岛状孤立地带是否享有主权。

（2）阿根廷和智利在比格尔海峡地区的海上边界位于何处。

2. 各方主张

（1）阿根廷请求仲裁人确认从西经68°36'38.5"开始，处于仲裁协议第一条第4款提到的地区范围内的，阿根廷和智利各自海上行政辖区之间的分界线；然后确定皮克顿岛、努埃瓦岛、伦诺克斯岛以及相邻岛屿和岛状孤立地带归属于阿根廷。

（2）阿根廷主张，基于历史原因，比格尔海峡真正的入海口位于皮克顿岛西南部、经过该岛与纳瓦里诺之间的区域。因此，上述3个较大岛屿相对于海峡航线来说处于不同位置，但无论如何也不能认定它们处于海峡南部。此外，阿根廷认为上述3个岛屿位于大西洋，根据"大西洋原则"，它们处于阿根廷主权之下。这个论点是基于将1810年的"占领地保有原则"（uti possidetis juris）具体化的1881年条约而来。而根据该条约，大西洋沿海地区的主权属于阿根廷，太平洋沿海地区的主权属于智利。

（3）智利请求仲裁人确定仲裁协议第一条第4款中提到的地区范围是什么，以及1967年12月11日智利在外交照会中向英国政府和阿根廷政府提出的问题，并且确定皮克顿岛、努埃瓦岛、伦诺克斯岛、相邻岛屿和岛状孤立地带，以及整体陆地表面完全处于协议第一条第4款提到的地区范围之内的其他岛屿和岛状孤立地带归属于智利。

（4）智利坚持认为海峡东部入海口位于努埃瓦岛和大岛之间，从而经过皮克顿岛和努埃瓦岛的北部。因此，基于上述3个较大岛屿位于比格尔海峡南部的理由，它们属于智利所有。

仲裁法院的分析

仲裁法院要解决的问题，一方面是要对1881年条约内容进行解读，另一方面是对确证的事件和资料进行审查。

1. 法院明确了1881年条约中使用的"比格尔海峡"一词的范围和含义。在认定该海峡属于阿根廷的条约第三条相关条款中这样表述："……斯塔顿岛和与之相邻的小岛，以及其他位于火地岛和巴塔哥尼亚东部沿岸以东、处于大西洋中的岛屿，均归属阿根廷。从比格尔海峡以南至好望角，以及位于火地岛西部的所有岛屿，均归属智利。"在解读这一条款时，法院在采用字面释义法的同时，也考虑了上下文以及条约的生效条件。因此，无法区分航道两条分支的具体类别，无法区分其中一个是海峡（或部分是）而另一个不是，也无从着手确定哪一个分支是"条约分支"（意即1881年条约谈判中提到的海峡分支）。法院推断，"条约分支"是指北部的那一个，即经过皮克顿岛和努埃瓦岛北部的分支，因此入海口处的3个岛屿位于"海峡南部"。

对于阿根廷根据1810年"占领地保有原则"而引用的"大西洋原则"、1893年的草案以及将"处于大西洋、位于火地岛东部和巴塔哥尼亚沿岸东部"的岛屿划归阿根廷的1881年条约第三条，法院推断认为，根本不存在明确将所有大西洋沿岸岛屿划归阿根廷的压倒性原则。相反地，任何关于大西洋岛屿主权的主张，只有在个别相关条款的划界方法或条款内容中明显表现出主张意图时才能生效。法院进一步认为，如果条约并没有特别将上述3岛划归阿根廷（第三条），那么即可认定为它们属于智利，理由是必须将该条约的宗旨解读为"确保完全彻底地划定所有领土和岛屿的主权"。对此，法院补充认为，经过对条约第三条措辞作进一步研究，"……的南部"一词只能根据"比格尔海峡的东西方向"来理解才合理，否则海峡的路线会有一个明显的偏移，这样的偏移条约中肯定会特别提到。法院也从条约内有利于阿根廷的划定方案中推断出，比格尔海峡在阿根廷部分的南部界限是大岛的南方部分及经由条约第三条的岛屿条款明确处理的任何岛屿的附属海域。

至于条约第三条未提到的、须进行划定的岛屿、岛状孤立地带和岩礁，法院查明有一个划定带有附属海域的领土的一般性法律原则。阿根廷向法院提交了一张海图，图上用一条线连接了比格尔海峡中部的一点和鹬岛（Snipe Island）东部的一点。然后该线条沿着另一个不同的方向，将鹬岛划归智利，将贝卡西斯群岛（Becasses Islands）划归阿根廷。对于这条线，法院作出如下解释：

> 边界线本身是相对方之间所划的构造线合成物，即海岸对海岸、点到直线基线或直线基线到点之间。它原则上是一条中间线，会根据一些相对不重要的原因，比如当地地理形态或更加有利于各方通航而作出调整。在划线过程中必须考虑到沙洲、淤积等因素，过于绝对的话会使中间线不公平，尤其是在有着特定岛屿或岩礁的情况下。

2. 在涉及"确证的事件和资料"的判决部分，法院研究了几个事项，确认了之前得出的结论，但明显表示实质性结论并非基于这种"确定"或"确证"的证据。法院也研究了双方在1881—1888年间的行为，以证明对条约的一项重要解读。在这一方面，法院分析了阿根廷和智利外交部长在将边界条约提交本国国会讨论通过时所作的陈述，以及1881—1888年间公布的海图和地图。法院还研究了智利行使的一些司法管辖权案例，大部分是土地出让或采矿权案件，虽然没有创设出适用禁止反言或排除原则的情境，但倾向于确认智利对条约中岛屿划定条款的解读是正确的。

判　　决

1977年2月18日，仲裁法院作出如下决议（英国政府于同年4月18日批准了该决议，并告知了双方；该决议遂根据1902年《仲裁一般条约》而成为正式裁定）：

1. 皮克顿岛、努埃瓦岛和伦诺克斯岛，以及直接"附属"于它们的岛状孤立地带和岩礁，属于智利共和国所有。

2. 决议所附的海图上所画的线条构成阿根廷和智利之间的领土和海上

司法管辖权的分界线。

3. 位于锤形区域中的所有岛屿、岛状孤立地带、暗礁、沙洲和浅滩，如果处于上述分界线北方，则归属阿根廷；如果处于分界线南方，则归属智利。

4. 为执行本决议，如需采取任何特殊措施，必须由双方共同采取；本决议必须在英国政府批准并告知双方之日起9个月内履行完毕。

5. 本法院将继续存在，直至本法院通知英国政府上述裁定内容已经实质上、完全履行完毕为止。

格罗法官的断言

格罗（Gros）法官以不同的观点解读了1881年条约的第三条内容，但得到了与法院相同的结论。

本案应该视为涉及边界划定的争议。各方体现在条约第三条中的真实目的，只能通过对1876—1881年间双方谈判的方方面面情况及两国之间的特殊国际关系进行研究之后才能揭晓。

由于1881年条约中并没有附上详细地图，也没有根据条文和历史环境对第三条作出详细解释，对于制图法方面的研究似乎缺乏法律相关性（除确证的证据之外）。

至于法院对双方在签署条约之后实施的行为的观点，"只能通过当时这些行为本身造成的影响来理解，而不能通过引入争议双方均不了解的有追溯效力的原则来理解"。

调解以及后来的边界协定

1977年5月2日，英国政府将仲裁裁定告知阿根廷和智利。但是，阿根廷政府在研究裁定之后，认为该裁定有很多严重的缺陷，而且违反了仲裁法院在履行职责过程中必须遵守的国际法，因此认为裁定是无效的。对于阿根廷的这一声明，智利并不赞同。

随后在1979年1月8日，阿根廷和智利请求罗马教廷担当双方争端的调解者（Act of Montevideo），以指导双方进行谈判，达成解决方案。1984

年11月28日，阿根廷和智利签署《和平友好条约》（Treaty of Peace and Friendship）[《联合国条约系列》（United Nations Treaty Series），第1399卷，第23392号]。该条约考虑了调解者为解决争端而提出的提议、建议和意见，明确了阿、智两国的海上边界及比格尔海峡区域中海床和底土的主权划分。条约的第七条至第十一条对两国海上边界作出了如下划分：

第七条

从比格尔海峡现有边界末端（亦即南纬55°07.3'和西经66°25.0'坐标点）南部的海洋地区，阿根廷共和国和智利共和国对位于其中的海域、国土和底土分别享有的主权之间的边界线，应为连接下列各点的线：

从南纬55°07.3'和西经66°25.0'坐标点（A点），朝着东南方向，沿一条恒向线直至位于努埃瓦岛和火地岛大岛沿岸之间的一个点，即南纬55°11.0'和西经66°04.7'坐标点（B点）；随后继续朝东南方向以45°角从B点延伸到南纬55°22.9'和西经65°43.6'坐标点（C点）；随后继续朝正南方向沿子午线直至平行的南纬56°22.8'坐标点（D点）；随后继续向西沿着与合恩岛（Isla Hornos）最南端的南部24海里处的平行线，直至与南纬56°22.8'和西经67°16.0'坐标点（E点）交会；随后继续向南直至南纬58°21.1'和西经67°16.7'坐标点（F点）。

阿根廷共和国和智利共和国的专属经济区各自向上述边界线的东部和西部进行相应的延伸。

智利共和国的专属经济区向边界线南端（F点）延伸至国际法允许的最大距离，向子午线西经67°16.0'西部延伸至公海东部。

第八条

双方同意，在合恩角和艾斯塔多岛（Isla de los Estados）最东端之间的区域，其相互关系之中的领海法律效力限定在从各自基线测算的3海里地带中。

在上一项所述的区域中，各方可对第三方国家援引国际法允许的最大宽度领海主权。

第九条

各方同意将前两条中所划定的海域称为"南区海"（Sea of the Southern Zone）。

第十条

阿根廷共和国和智利共和国一致同意,在麦哲伦海峡[北至邓杰内斯角(Punta Dungeness),南至圣埃斯皮瑞图海角]东端,双方主权的边界线为连接"邓杰内斯航标(以前的灯塔)"与火地岛的圣埃斯皮瑞图海角上的"一号灯塔"的线。

阿根廷共和国和智利共和国对于该海域、海床和底土的主权范围,相应地分别从此边界线向东和向西延伸。

本条约中达成一致的边界线不改变1881年边界协定的条款内容,亦即根据该边界协定第五条规定,麦哲伦海峡永久中立,任何国籍船只均可自由通行。

阿根廷共和国保证在任何时候、任何情况下,保障所有国籍船只迅速、无障碍通过其专管水域进入麦哲伦海峡,或从麦哲伦海峡进入其专管水域的权利。

第十一条

各方互相承认各自领土中的基线。

（四）陆地、岛屿和海洋边界争议案

当事方	萨尔瓦多和洪都拉斯（尼加拉瓜作为非当事方介入诉讼）
争议事由	陆地边界、岛屿的法律地位和丰塞卡湾封闭线内外海域的法律形势（本概要只涉及与海域的法律形势相关的诉讼）
审理法庭	国际法院（分庭）
裁判日期	1992年9月11日
发表刊物	《国际法院：判决书、咨询意见和命令的报告》，1992年，第351—761页
选评著作	- S. R. 拉特纳，《陆地、岛屿和海洋边界争端（萨尔瓦多/洪都拉斯），应用于调停》，《美国国际法杂志》，1991年第85期，第680—686页 - M. A. 布莱歇特，《自主司法权在国际法院中的实效性：萨尔瓦多与洪都拉斯，一个个案要点》，《福特汉姆国际法杂志》，1992—1993年第16期，第799—847页 - J. I. 查尼，《国际海上边界定界法的进步》，《美国国际法杂志》，1994年第88期，第227—256页 - G. Rottem，《陆地，岛屿和海洋边界争端（萨尔瓦多/洪都拉斯，尼加拉瓜介入）》，《美国国际法杂志》，1993年第87期，第618—626页 - M. N. 肖，《陆地、岛屿和海洋边界争端实例》（萨尔瓦多/洪都拉斯，尼加拉瓜介入）1992年9月11日判决，《国际法与比较法季刊》，1993年第42期，第929—937页 - B. 克维亚特科夫斯卡，《法官小田对海洋法案例的观点：海上边界的公平界定》，《德国国际法年鉴》，1993年第36期，第225—294页 - M. G. 科恩，《反思：在1992年9月11日萨尔瓦多/洪都拉斯事件的判决》，《国际法委员会年鉴》，1993年第97期，第939—973页 - M. G. 科恩，《尼加拉瓜申请介入陆地、岛屿和海洋边界争端（萨尔瓦多/洪都拉斯）：法院1990年2月28日的命令与1990年9月13日的判决》，《法国国际法年鉴》，1990年第36期，第341—367页

案　　情

1986年12月11日，洪都拉斯和萨尔瓦多通过联合通告形式，向国际法院书记官处提交了一份两国于1886年5月24日签署的特别协议副本，表示要将双方的争端提交给分庭审理。1987年5月8日，法院成立了分庭来审理此案。1989 年 11 月 17 日，尼加拉瓜申请参加本案诉讼。1990 年 9 月，分庭裁定尼加拉瓜可以参加诉讼，但不是作为当事国，仅对丰塞卡湾海域的地位问题表明自己的意见。

国际法院分庭指出，本案争议由 3 个要素组成：对陆地边界的争议；对岛屿法律形势的争议；对海域法律形势的争议。

本案争议的海域既有位于丰塞卡湾之内（双方以及第三国尼加拉瓜均为丰塞卡湾沿岸国家）的部分，也有位于丰塞卡湾之外的部分。此外还有一个争议，即法院分庭有无为双方海域划界的任务。

争议的双方国家（以及第三国）在中美洲的西班牙帝国解体后成立，各自的领土范围与原帝国的行政区划相对应。对于新的国际边界，各方均同意按照被西班牙语美洲世界普遍接受的"占领地保有原则"来划分。按照这一原则，边界应沿殖民地行政边界来划定。而在明确这些行政边界的实际位置时，争议出现了。

1821 年 9 月 15 日，中美洲宣布脱离西班牙王室独立。直到 1839 年，洪都拉斯、萨尔瓦多与哥斯达黎加、危地马拉、尼加拉瓜一道组成中美联邦共和国。该联邦共和国解体后，萨尔瓦多、洪都拉斯和其他组成联邦的国家从此保留了下来，各自成为独立的国家。

丰塞卡湾各岛之前一直处于西班牙主权之下，如今其主权争议第一个冒了出来。1884 年，萨尔瓦多和洪都拉斯试图对该海湾进行划界，达成一个边界公约，但是洪都拉斯并未认可该公约。不过，通过这次公约的谈判，双方都表明了各自主张的内容。1900 年，尼加拉瓜和洪都拉斯就丰塞卡湾部分海域达成一项划界协议。1916 年，萨尔瓦多向中美洲法院起诉尼加拉瓜，这就带出了丰塞卡湾海域的法律地位问题。后来，随着海洋法的制定，各方纷纷调整自己的海事法律法规，以便主张丰塞卡湾之外海域的主权。

多年来，本案的争端一直是双方在各种场合中无数次直接谈判的主题，而 1962 年最后一次谈判时双方试图通过划界来解决这个问题。经过 1978 年开始的调解，双方最终达成了一项《和平一般条约》(General Treaty of Peace)，于 1980 年由萨尔瓦多和洪都拉斯签署并认可。同年，按照该条约专门成立了联合边境委员会来明确相关海域的法律形势。该委员会在 1980 年至 1985 年间运作，但未能在条约规定的时限内完成使命。由于这次失败，双方便按照条约规定,将争端提交国际法院审理。根据1986年达成的一项协议,双方同意一字不差地、真诚地履行国际法院作出的判决。为此,双方也成立了一个特殊民主委员会,在国际法院作出判决后不迟于3个月内开始按照判决划定边界线。

争议事由

1. 提交法庭审议的问题

(1)萨尔瓦多请求分庭明确:

①分庭无权对任何海域划定产生影响。

②丰塞卡湾内海域的法律形势与1917年3月9日中美洲法院判决确立的法律地位相一致。

③丰塞卡湾外海域的法律形势为:A.洪都拉斯对该海域无主权、主权权利和司法管辖权;B.只有海岸线处于太平洋上的沿海国才对该海域享有主权、主权权利和司法管辖权,而萨尔瓦多便符合这种情况。

(2)洪都拉斯请求分庭审议并宣布:

丰塞卡湾之内

①萨尔瓦多和洪都拉斯均为在一个封闭性历史性海湾内的相邻沿海国,存在利益共同体关系,由此双方之间产生一种完美的权利平等状态,此状态永远不能被任何一方转化为共同统治状态。

②萨尔瓦多和洪都拉斯均有权在双方之间精确划定的区域内行使自己的权利。

③划定上述区域的线条,在处于洪都拉斯和萨尔瓦多管辖权范围内的线段,出于达成公平合理之解决方案的目的,必须把所有相关情势考虑在内。该线条应该由从两国大陆和岛屿沿岸的低潮线到特定点的等距离线组成。然后在这个特定点画一条线,把萨尔瓦多沿海3海里处到丰塞卡湾封闭线的一系列点连接起来。

④萨尔瓦多和洪都拉斯作为在丰塞卡湾沿岸相邻的国家,双方之间存在利益共同体关系,这意味着双方对海湾封闭线之外的海域有着平等的司法管辖权。

丰塞卡湾之外

带来公平解决方案、考虑了所有相关情势的分界线，是位于丰塞卡湾封闭线上、从萨尔瓦多海岸 3 海里外的一个点到 200 海里外的一条线。这条线可以分割萨尔瓦多和洪都拉斯的领海、专属经济区和大陆架。

（3）尼加拉瓜在书面意见中表示，丰塞卡湾中并没有利益共同体的存在。该国的理由是：

①除关于共同统治的问题之外，萨尔瓦多和洪都拉斯提出的争议事由都与海洋法有关。

②相关的海洋划界原则不能被不正当引用的"完美的权利平等状态"取代。

③沿海国一贯的实践均承认丰塞卡湾内缺乏任何特殊法律体系，仅承认其具有历史性海湾的特征。

④洪都拉斯的论点从追求结果方面出发，但适用与海洋划界相关的公平原则和现有的一般国际法是无法得出结果的。

在口头陈述意见时，尼加拉瓜提出了进一步的论点，大意如下：

①洪都拉斯的主张直接地、实际地影响到了尼加拉瓜的法定权益，特别是因为"利益共同体"会赋予特定海域一个与尼加拉瓜固有权利相矛盾的权利。

②国际法并不承认"利益共同体"的概念，不管是在超越海洋法原则而适用的情况下，还是其他任何形式的情况下。

③洪都拉斯对其与尼加拉瓜议定的法律边界西部海域的主张，以一般国际法来看是无效的，因此在本案诉讼中，不管洪都拉斯是否作为当事国，其主张均不能对抗任何其他国家。

④不管丰塞卡湾海域被归类为内水、领海还是大陆架，包括尼加拉瓜在内的沿海国的法律权益均保持不变。

⑤丰塞卡湾或仁何部分均不存在任何共同统治体制（尼加拉瓜一直提出这一论点来反对中美洲法院于 1917 年作出的判决——详见下面的"法院的分析"部分）。

2. 各方主张

（1）萨尔瓦多

关于尼加拉瓜的书面意见：对于尼加拉瓜就丰塞卡湾内划界表达的观

点,萨尔瓦多认为尼加拉瓜无权干预,因此持保留意见。后来,萨尔瓦多表示,不反对尼加拉瓜行使法院赋予的权利的方式。

关于海洋划界:萨尔瓦多提出,分庭无权影响海域的任何划界行为,事实上该国坚持认为在丰塞卡湾海域划界方面双方之间并不存在争议,因此分庭不能审理一个不存在的争端。对于洪都拉斯的观点,萨尔瓦多强调按照其宪法规定,其代表不可能授权分庭进行划界。

关于丰塞卡湾海域的法律形势:萨尔瓦多极力赞同中美洲法院的1917年判决中确立的"共同统治"丰塞卡湾海域的概念,对此概念后面也有法院的解释(参阅后文)。萨尔瓦多进一步表示,未经其同意,不得改变这种共同统治的状态。

(2)洪都拉斯

关于尼加拉瓜的书面意见:洪都拉斯抗议称,该意见纠结于分庭已特别明确尼加拉瓜无权干预的事项(比如丰塞卡湾之外海域的法律制度),或者提出了与分庭明确尼加拉瓜有权干预的事项无关的话题。

关于海洋划界:洪都拉斯请求通过分庭确定的界线划分丰塞卡湾内外海洋边界。在洪都拉斯看来,和平条约和特别协议中看不出各方已经请求确认未划界的海域(包括领海和专属经济区)的法律形势,因为沿海国的权利根据事实且从一开始就已经确立。对于洪都拉斯来说,没有边界的法律权利就等于没有任何实质内容的权利。

对于特别协议中没有提到任何与划界有关的内容,洪都拉斯解释说这是由萨尔瓦多的宪法造成的,因为该宪法以"共同统治"为由,不允许对丰塞卡湾进行任何形式的划界。基于这个理由,才使用了"明确海域的法律形势"的提法,防止损害各方的立场。

洪都拉斯也提出,在解读特别协议时,也应考虑双方的后续实践。尽管1980年的《和平一般条约》也使用了"明确岛屿和海域的法律形势"的提法,但联合边境委员会还是专门审查了针对海域划界的各种提法。

关于丰塞卡湾海域的法律形势:洪都拉斯反对1917年中美洲法院判决中提出的"共同统治"概念。事实上,洪都拉斯对1917年判决的这一部分内容也表示怀疑。洪都拉斯坚持认为:由于洪都拉斯并非当时那个案件的当事国,因此洪都拉斯不受该判决约束。洪都拉斯还提出:"共同统治"只能通过协议来确立。洪都拉斯提出了另一种"利益共同体"的方案，这个方案在 1929 年的国际常设法庭（Permanent Court of International Justice）就奥得河国际委员会（International Commission of the River Oder）的属地管辖权一案中有过详细说明。在该案裁决中，每个国家保留对各自管辖范围的控制权。因此，虽然划界与现有的共同统治状态相冲突，但可把利益共同体作为划界的先决条件。事实上，每个沿海国都有获得边界明确的海域的平等权利，各国都可以在这些海域上行使国际法赋予的管辖权。

法院的分析

关于尼加拉瓜的书面意见：分庭认为，鉴于本案的性质，分清楚尼加拉瓜哪个论点属于允许其干预的事项范围、哪个论点超出了允许范围，是毫无意义的。无论如何，分庭只审查尼加拉瓜关于丰塞卡湾海域法律制度的论点。

关于海洋划界：从特别协议条文的字面上看，并没有提到任何与丰塞卡湾划界有关的内容。分庭要想拥有划定海洋界线的权力，必须获得书面授权或者根据对特别协议的准确解读而来的授权。从协议条文上看不出有授权分庭进行划界的共同意图。

分庭也无法接受洪都拉斯基于萨尔瓦多宪法提出的论点。在分庭看来，这一论点实际上是确认双方在签署特别协议时就不认可分庭对丰塞卡湾海域划界拥有司法管辖权。由于国际法院的司法管辖权取决于双方的一致同意，由此断定其对划界行为没有任何司法管辖权。

至于洪都拉斯基于各方之前实践的论点，分庭认定其提出的事由均无法压倒协议条文中无明确划界内容的事实。

关于丰塞卡湾海域的法律形势：分庭指出，从丰塞卡湾的地理面积和范围大小来看，根据 1958 年《日内瓦公约》第七条关于领海的规定及 1982 年《联合国海洋法公约》第十条关于海洋法的规定（在庭审期间还未生效），可以认定为一个法律上的海湾。虽然本案双方均不是这些公约的缔约国，但上述公约中的条文被认为是一般的习惯法。

然而，上述两个公约仅适用于"海岸线属于单一沿海国"的海湾，而不适用于"所谓的历史性海湾"。根据上述公约中采用的定义，丰塞卡湾显然不属于"海湾"；而本案双方及介入诉讼的第三国家均一致认为丰塞卡湾是历史性海湾。分庭进一步调查了丰塞卡湾的独特历史，以便明确其海域的管理体制。在西班牙帝国统治期间，该海湾为单一沿海国海湾，直到1821年沿海三国独立为止。从1821年至1839年，该海湾处于中美联邦共和国管理之下，沿海三国为该联邦成员。因此，当前的沿海三国在该海湾中的权利是通过继承西班牙帝国的权利而来。

根据"占领地保有原则"，有必要在继承时就确立丰塞卡湾的法律地位。这个问题中美洲法院在1917年3月9日的判决中就分析过，结论是丰塞卡湾为具有封闭内海特征的历史性海湾。所有3个沿海国均同意该结论。但是，在明确3个沿海国在历史性海域中享有何种性质的主权时，问题出现了。在单一沿海国的情形中，封闭内海是沿海国的内水，而在多个沿海国的情形中，所有沿海国必须明确各自在海洋上行使的实有权利。1917年，法院判定丰塞卡湾的法律地位，其所有权属于作为利益共同体或共同所有者的3个沿海国。离海岸1航海里格（3海里）的领海带被认为属于沿海国专属管辖的范围，所以此领海带处于利益共同体或共同所有的范围之外。进一步往外的9海里范围，属于以财政目的和国土安全目的而行使检查权和治安权的区域。

对于洪都拉斯认为共同统治只能通过协议来确立的观点，分庭指出发生国家继承时，有可能出现联合主权的法律后果，即单个海域主权由两个或以上新的国家继承。因此，有人认为1917年判决采用了"共同统治"或"共同所有"的术语来阐述3个沿海国通过继承海域来实现共同继承的法律后果。这个海域在近300年的时间里一直处于单一沿海国的司法管辖之下，而本案中的3个沿海国是前述国家的继承人，在发生继承时该海域中并没有任何海上行政区域界线。1917年判决的理由是：虽然3个国家之间没有划定界线不一定会产生利益共同体关系，但未划界的丰塞卡湾海域保持原状并处于利益共同体的状态，由此该海域被赋予一种共同统治或共同所有的权利。上述沿海国在独立后均一直不间断、无争议地使用丰塞卡湾海域，也证明了利益共同体的存在。

至于1917年判决的法律地位（鉴于尼加拉瓜抗议该判决这一事实），分庭明确表示这是一个具有管辖权的法院作出的有效判决。该判决显然不能认定为本案各方之间的最终判决,尤其是考虑到洪都拉斯主张只有当事方才能对判决条文或仲裁裁定提出异议的情况下。因此,分庭决定将1917年判决作为一个主管法院的相关判例来考虑,并按照《国际法院规约》第三十八条规定,将之作为"划界法律规则的附属手段"。

法院由此断定:丰塞卡湾是一个历史性海湾,其海域并非3海里领海带,而是历史性海域,处于3个沿海国的联合主权之下。这样一来就有必要明确该海湾的海域封闭线。法院明确:该封闭线即是由3个沿海国在实践中承认及1917年判决提到的线 [从安帕拉角(Punta Ampala)到科西圭纳角(Punta Cosigüina)]。这条封闭线也被认定为基线。

在丰塞卡湾封闭线内(不是处于每个沿海国主权之下或遵从无害通过的相互权利的3海里带中),试图进入任意一个沿海国港口的第三国船只必须享有通行权。这意味着该海域的法律地位与内水的一致,但要遵从特定的通行权。该海域不被认定为领海,否则会与丰塞卡湾的历史性海湾特征相冲突。

关于丰塞卡湾之外海域的法律形势:法院表示,从"领海一般要从领海基线测算"的意义上来说,丰塞卡湾的封闭线构成了"海岸线"。考虑到海湾中的共同统治状态,法院指出封闭线处存在3方共存的情况,洪都拉斯在海湾之外海域的权利并未被排除。这意味着所有3个联合主权国必定对封闭线之外的领海、大陆架和专属经济区享有权利。丰塞卡湾的法律形势是保持现状还是划分为3块独立区域,由沿海3国决定。

至于法院判决对介入诉讼的第三国是否发生法律效力,法院认定尼加拉瓜不以当事国的身份参加诉讼。因此,判决对尼加拉瓜无约束力。

判　　决

法院于1992年11月11日作出如下判决:

1. 分庭对萨尔瓦多和洪都拉斯之间第一、二、三、五、六区段边界线作出全体法官一致同意的判决,以4票对1票,对1980年10月30日双方签署的《和平一般条约》第十六条中未提及的第四区段边界线作出判决。

2. 根据各方的请求,分庭以4票对1票决定:双方同意授予分庭司法管辖权，对 1986 年 5 月 24 日特别协议第二条第 2 款提出的"明确各岛屿的法律形势……"事由（比如丰塞卡湾所有岛屿的法律形势）作出裁决，但只能对一直有争议的岛屿行使司法管辖权。

3. 分庭明确有争议的岛屿为：

（1）以 4 票对 1 票决定，提格雷（El Tigre）。

（2）全体一致同意，梅安格拉（Meanguera）和梅安格里塔（Meanguerita）。

4. 分庭全体法官一致判定，提格雷岛属于洪都拉斯主权领土。

5. 分庭全体法官一致判定，梅安格拉岛属于萨尔瓦多主权领土。

6. 以 4 票对 1 票决定，梅安格里塔岛属于萨尔瓦多主权领土。

7. 以 4 票对 1 票决定，丰塞卡湾海域的法律形势为历史性海湾。1821 年以前该海域处于西班牙的单一管控之下，从 1821 年至 1839 年处于中美联邦共和国管控之下。随后，该海域由萨尔瓦多、洪都拉斯和尼加拉瓜共同继承并置于主权之下。然而，此联合主权不适用于从 3 个沿海国各自的沿海或海岸向外延伸 3 海里的地带，该地带处于沿海国的专属主权之下，遵从洪都拉斯和尼加拉瓜之间于 1900 年生效的边界划定；也不适用于现有的、在 3 海里地带以及处于联合主权之下海域的无害通行权。丰塞卡湾封闭线中央部分的海域（从该线上距离安帕拉角 3 海里的一点到该线上距离科西圭纳角 3 海里的另一点）从属于海湾三国的联合权利之下，除非有相当海域的边界划定发生效力。

8. 根据各方的请求，分庭以 4 票对 1 票决定：对于 1986 年 5 月 24 日特别协议第二条第 2 款提出的"明确……海域的法律形势"事由，双方不同意授予分庭司法管辖权对该海域（不论是在丰塞卡湾之内或之外）进行划界。

9. 以 4 票对 1 票决定，丰塞卡湾之外海域的法律形势为：丰塞卡湾是历史性海湾，有 3 个沿海国，该海湾的封闭线构成领海基线。相应地，萨尔瓦多和尼加拉瓜的领海、大陆架、专属经济区应该从封闭线的一个区段测算，往外从安帕拉角（萨尔瓦多）沿着该封闭线延伸 3 海里至科西圭纳角（尼加拉瓜）。从封闭线中央部分往海洋一侧的领海、大陆架和专属经济区权利属于所有 3 个沿海国（萨尔瓦多、洪都拉斯和尼加拉瓜）。任何关于海域的划界，必须通过根据国际法达成的协议才能生效。

法律断言、单独意见、不同意见

1. 法律断言

国际法院副院长小田（Oda）表示不赞同分庭关于尼加拉瓜介入本案诉讼的法律效力的意见。他认为，尼加拉瓜作为非当事国的第三方，到目前为止一直受到与丰塞卡湾海域法律形势相关司法判决的约束。他记起，在国际法院1981年审理突尼斯/利比亚大陆架案、1984年审理利比亚/马耳他大陆架案时，就在单独意见或不同意见中详细阐述过自己关于国际法院判决对介入诉讼的第三方有何种法律效力的意见。有鉴于此，他不赞同分庭对海域法律形势得出的结论，并对判决提出了不同意见（见下文）。

2. 单独意见

瓦尔蒂克斯专案法官（Judge ad hoc Valticos）：就海域而言，尤其是丰塞卡湾之外的海域，他认可分庭要审议的是一个由3个沿海国共享的、独特的历史性海湾的范围，同时一般的海洋国际法又没有明确的标准。在考虑这个问题的时候要考虑很多重要因素，但最终他认为，从法律角度来说，分庭的一系列主要论点都是可接受的。不过他指出，分庭得出的决议是针对丰塞卡湾的独特情形，不能广泛适用于不同的案件中。

对于分庭认为丰塞卡湾未分割的历史性海域的联合主权地位系继承而来的观点，托里斯·贝纳迪兹专案法官（Judge ad hoc Torres Bernárdez）表示赞同。本案中的联合主权、悬而未决的边界划定，均为调整领土继承法律关系的国际法原则和规则作用的结果。本判决仅仅对这种体制产生的丰塞卡湾海域法律形势进行明确。就丰塞卡湾海域的历史特征而言，本判决并非单纯的一次司法裁量，而是在不作任何方面调整的情况下，对基于继承和双方同意而成立的因素而确立的丰塞卡湾海域法律形势的明确。例如：专属管辖或专属主权的领海是其中一个拥有双方同意而成立的起源的因素之一；它并非来源于关于继承的客观规律。实际上，他指出对于"领海"的权利、划界、所在位置等等，都是沿海国必须通过协议来解决的问题。他也表示对分庭作出的一些判决表示满意，即洪都拉斯与萨尔瓦多、尼加拉瓜一起对丰塞卡湾所有海域（包括丰塞卡湾封闭线的中央部分）享有主权；洪都拉斯是太平洋沿海国，对上述丰塞卡湾封闭线的中央部分往海洋一侧的领海、大陆架和专属经济区拥有权利；等等。

有鉴于此，托里斯·贝纳迪兹专案法官强调分庭不能作出在丰塞卡湾内外相关海域进行划界的决定，因为这样做就相当于在经判决承认尼加拉瓜拥有权利的海域划定边界，也不能赋予某一方介入诉讼的法律地位。因此，对于分庭按照1986年特别协议（将争议提交分庭审理）来决定其有无司法管辖权，他表示不赞同。他认为这个问题毫无意义，分庭根本就不必予以理会。

托里斯·贝纳迪兹专案法官不赞同分庭就1986年特别协议是否允许其划定海域边界的问题所达成决议的法律依据。他给出了一个解释。他引用1969年《维也纳公约》（Vienna Convention）中关于条约解读的《条约法》（Law of Treaties）规则，推断1986年特别协议允许对海域进行划界，作为满足协议本身明确相关海域法律形势的要求的一种手段。

关于判决对介入诉讼的第三国（尼加拉瓜）的法律效力问题，他赞同本判决对于尼加拉瓜来说并非最终判决。他还表示赞同小田副院长的断言。

3. 不同意见

小田副院长不同意分庭关于丰塞卡湾内外海域法律形势的观点。他认为丰塞卡湾并不符合海洋法的"历史性海湾"定义，因为分庭用"多沿海国海湾"这一概念来表述该海湾特征，这样的法律制度并不存在。不管分庭如何推定，丰塞卡湾都没有进入"历史性海湾"的范畴。根据海洋法一般规则，丰塞卡湾海域只能算是各个沿海国的不同领海的总和。

在分析基于海洋法的"历史性海湾"法律概念发展时，小田副院长断言：与两个以上沿海国的陆地相连接的地理学海湾，作为一个区域，不存在海洋法上的任何特殊地位。因此，这种海湾内的海域只能算是领海和公海。此外，曾经有过基于历史原因对入海口跨度超过固定限制（10海里）的海湾主张领土权的先例，但可以肯定的是从未有过对海岸被两个以上沿海国分割的海湾主张领土权的事例。从海洋法的编纂过程也可看出，从未有过海域为内水的"多沿海国海湾"这样一个法律概念。

于是，小田副院长得出结论：丰塞卡湾被诉讼双方和分庭确定为"历史性海湾"，仅仅是基于中美洲法院的1917年判决而来。历史上并不存在调整与两个以上沿海国的陆地相连接的"历史性海湾"的规则，甚至不存在涉及"历史性海湾"概念的案件存在。1917年中美洲法院仅仅是基于法院的每个法官针对事先准备好的调查表作出的答复而得出的结论。在1917年的判决中，除了法官的前述答复，根本找不到任何支持"丰塞卡湾是历史性海湾"这一论点的依据。

分庭关于丰塞卡湾是历史性海湾、其海域（除了由沿海国专属管辖的3海里地带）由沿海国共同统治的判决，是基于1917年判决内容而来的。这一判决部分是小田副院长认为最难理解的地方。

在小田副院长看来，丰塞卡湾海域由3个沿海国的领海组成，并没有留下距离海岸线任何部分12海里以上的海域。这一关于丰塞卡湾海域法律地位的结论，是基于沿海国之前对1里格（3海里）海域外加一个它们行使特定治安权的区域主张领土权而来的。

虽然分庭不能对丰塞卡湾三国领海进行划界，但1982年《联合国海洋法公约》第十五条明确规定，"等距离线法"是划定毗邻的沿海国（对向或相邻）领海的方法，作为基线的海岸形状在测量领海时至关重要。它没有双方均未提出任何可以抵制等距离线一般规则的历史性权利或其他特殊事由。

洪都拉斯在丰塞卡湾的领海权锁定在海湾之内。在这种情况下，无害通过传统的3海里领海的权利必定适用于现在延伸到其他两个沿海国的12海里领海。小田副院长补充说，鉴于3个沿海国对因其在丰塞卡湾相邻的地理位置而来的共同利益所表现出来的很大程度上的相互理解，可以想象三国会接受根据《联合国海洋法公约》第九条规定进行合作的义务。

分庭认为：由于3个沿海国对于丰塞卡湾封闭线范围内的共同统治，作为三国之一的洪都拉斯，有权对丰塞卡湾之外享有专属经济区和大陆架的权利。小田法官基于上述分析的理由，不同意该观点。他认为洪都拉斯不能对丰塞卡湾外的太平洋沿岸近海区域主张权利，是由于地理上的现实原因，对此分庭亦无法进行"重新设计"。

二、国际航行海峡类案例

科孚海峡案

当事方	阿尔巴尼亚和英国
争议事由	领海主权；军舰的无害通行
审理法庭	国际法院
裁判日期	1948年3月25日（初步反对意见） 1949年4月9日（法律理据） 1949年12月15日（评定赔偿数额）
发表刊物	《国际法院：判决书、咨询意见和命令的报告》，1949年，第4—131页 《国际法律报告》，第15期第349页与第16期第155页
选评著作	T. 舒尔策，《军舰在霍尔木兹海峡的自由通行权：科孚海峡案的逻辑适用吗？》，Acroasium 汇编，1991年第18期，第603—612页 L. 加德纳，《张牙舞爪的鹰：科孚海峡争端和阿尔巴尼亚与西方关系历史，1945—1965年》，1966年，布莱克伍德，伦敦爱丁堡 Q. 赖特，《科孚海峡案》，《美国国际法杂志》，1949年第43期，第491—494页 J. M. 琼斯，《科孚海峡案：初步异议》，《英国国际法年鉴》，1947年第24期，第409—412页 J. M. 琼斯，《科孚海峡案：案情实质》，《英国国际法年鉴》，1947年第26期，第447—453页 I. Y. 钟，《科孚海峡案中的法律问题》，1959年，日内瓦，E. 德罗兹书店

案　情

1946年5月15日，阿尔巴尼亚的　座炮台朝正在通过科孚海峡的两艘英国巡洋舰方向开火。虽然两艘军舰未受任何损害，但英国政府抗议称无害通过海峡的权利是经国际法承认的，不必事先作出声明或等待许可。阿尔巴尼亚政府回应称未经事先批准，外国军舰和商船无权通过阿尔巴尼亚领海。随后英国政府警告阿尔巴尼亚政府：如果对通过该海峡的英国军舰开炮，将遭到还击。

1946年10月22日，4艘英国军舰进入北科孚海峡。两艘英国驱逐舰触碰水雷而严重受损，造成舰艇官兵伤亡。为此，英国经过事先声明，派扫雷舰清理了科孚海峡。但是，阿尔巴尼亚政府不同意英方的做法。

1947年4月9日，联合国安理会通过一个决议，建议两国政府将争端提交国际法院审理。英国通过向国际法院提交申请，单方面发起对阿尔巴尼亚的诉讼。1947年7月2日，阿尔巴尼亚通过信件形式抗议英国的单方面起诉，认为英国这样做不符合国际法院规约，双方应该就是否将争端提交国际法院达成一致意见。尽管英国政府提起了诉讼，但阿尔巴尼亚表示准备好了应诉，条件是其接受国际法院司法管辖的行为不能为以后开先例。1948年3月25日，阿尔巴尼亚和英国达成特别协议，将下列两个问题提交国际法院审议。（参阅下面的前两个问题。）

争议事由

1. 提交法庭审议的问题

（1）根据国际法，阿尔巴尼亚是否对1946年10月22日在阿方领海发生的、导致英方军舰损害和人员伤亡的爆炸事件承担责任，并进行赔偿。

（2）根据国际法，英国皇家海军于1946年10月22日、11月12—13日在阿尔巴尼亚领海的行为是否侵犯了阿方主权及英方有无责任满足阿方的要求。

（3）英国政府在阿尔巴尼亚海域的扫雷行动有无侵犯阿方主权。

（4）如果法院认定自己有权判定阿尔巴尼亚赔偿英国损失，即对损失数额进行评定。

2. 各方主张

（1）阿尔巴尼亚坚持主张，如事前未通知阿方政府并获得许可，外国军舰和商船无权通过阿方领海。阿方进一步认为，1946年10月22日英国军舰并非无害通过，因此侵犯了阿方主权。阿方政府还主张，英国军舰的"通过"是在执行一项政治任务，其采用的方式（军舰数量、队形、武器装备、行进路线等等）均显示出恐吓意味，并非仅仅是执行以通航为目的的"无害通过"。

（2）英国主张"无害通过海峡"是一项经国际法承认的权利，并且认为1946年11月13日的扫雷行动是基于自救或自卫的权利而来的正当行为。

法院的分析

在1948年3月25日的判决中，法院认定阿尔巴尼亚1947年7月2日的信件构成对法院司法管辖权的自愿、清楚明白的接受，并宣布即使不存在强制性司法管辖权，单方向国际法院提起诉讼也是可行的。

在1949年4月9日的判决中，法院分析了阿尔巴尼亚在1946年10月22日事件前后的态度及从阿方海岸观察到水雷布设情况的可能性。法院查明，现有事实证据表明，阿尔巴尼亚政府不可能不知道阿方领海的布雷情况。法院进一步指出，阿方政府在知情的情况下，有义务公告"为了船舶的一般权益，在阿尔巴尼亚领海存在一个雷区"，并警告靠近的英国军舰进入雷区会有危险。法院认为，此义务"是基于普遍公认的原则而来，亦即：对人道主义的基本考虑，和平时期比战时需更为留意；海上通信自由原则；各沿海国有义务不将其领土故意用于侵犯其他沿海国权利"。

法院认定：英国在事前未获阿尔巴尼亚政府允许的情况下派军舰通过海峡的行为，并未侵犯阿方主权。在这一点上，法院对无害通过海峡的问题作出一个重要断言："按照国际惯例，在和平时期，一国有权在未获某一沿海国事先允许的情况下，以在公海的两个区域之间进行国际航行为目的，派其军舰通行海峡，该通行应是无害的。这也是经国际公认的。"法院认定科孚海峡就是这样一种情况，英国军舰于1946年10月22日通过该海峡的行为是无害的。至于阿方政府提到的英国军舰在通行期间采取的方式，法院根据现有证据，无法认定这些方式侵犯了阿方主权。

至于英方的扫雷行为，法院不支持英方关于自卫的理由。英方提到的"介入权"，法院认为这是一种实力的展示，为最具实力的沿海国保留使用，因此是不能接受的。法院也不支持英方"自救"的提法，因为尊重各个独立国家的领土主权是国际关系的重要基础。基于上述理由，法院宣布英国海军的行为构成对阿方主权的侵犯。

法院作出决议，其对赔偿损失的数额评定有司法权。双方达成的特别协议有个主要目标是用基于特别协议的程序来取代原来的程序，以建立双方之间完全的平等关系。没有证据显示上述程序的变更会改变英国原来主张的法律依据，包括对固定的赔偿数额的主张。虽然阿方政府对法院评定损失数额的司法权提出异议，但法院决定支持英方主张，并认为该主张既有事实依据也有法律依据。

判　　决

法院于1948年3月25日作出如下判决：

以15∶1投票决定，驳回阿尔巴尼亚政府提出的初步反对意见。

1. 单独意见

巴德望（Basdevant）、阿尔瓦雷斯、维尼亚斯基（Winiarski）、佐里契奇（Zoricic）、德维舍（De Visscher）、巴达维·帕沙（Badawi Pasha）和克雷洛夫（Krylov）等法官同意法院判决。但是，对于英国提出本案是存在法院管辖权的新案件这一观点，他们不赞同。他们认为，本案应列入为双方达成一致将争端提交国际法院而由联合国安理会推荐立案的案件类型。

2. 不同意见

达斯纳专案法官（Judge ad hoc Daxner）认为《联合国宪章》第二十五条并没有赋予联合国安理会根据其第三十六条第3款作出的推荐任何的强制性。他也不赞同诉讼程序可以经申请而启动。仅仅由双方接受联合国安理会的推荐，不产生将案件提交国际法院的效力。通过分析1947年7月2日阿尔巴尼亚的信件及强调阿尔巴尼亚的法律地位（对于《国际法院规约》而言是一个普通国家，而非缔约国），他断定该信件仅仅是"承认"阿尔巴尼亚"有权无视英国单方面提出的诉讼申请"。达斯纳专案法官最后认为，英国的申请从一开始就不合法，阿尔巴尼亚未采取任何行动使之生效，其初步反对意见应该得到支持。

判　决

1949 年 4 月 9 日法院作出如下判决（法律理据：阿尔巴尼亚对于 1946 年 10 月 22 日爆炸事件的责任）：

·法院以 11 票对 5 票决定，认定根据国际法阿尔巴尼亚对该爆炸事件以及由此造成的财物损失和人员伤亡负有责任。

·以 10 票对 6 票决定，保留将来进行赔偿数额评定的权利。

·以 14 票对 2 票决定，英国在事先未获阿尔巴尼亚政府允许的情况下派军舰通过海峡的行为，没有侵犯阿方主权。

·全体一致决定（英国法官麦克奈尔爵士亦投赞成票），判定英国扫雷行为侵犯了阿方主权。

1. 单独意见

为支持法院判决，阿尔瓦雷斯法官在判决后面附上了自己的一份个人意见。

2. 不同意见（初步反对意见）

维尼亚斯基法官不赞同判决的第一部分。他不同意在解释阿尔巴尼亚责任时的法律推理意见。他支持法院驳回英国提出的第一个主张（即阿尔巴尼亚清楚知晓雷区的存在）。如果想要法院支持这一主张，必须查明阿方确实知晓水雷布设的情况。他也赞同法院驳回英国提出的第二个主张（即阿方布设了水雷），考虑到英国收集到的间接证据并非决定性证据，既不能证明水雷是南斯拉夫舰只在萨兰达湾（Saranda Bay）布设，也不能证明两国政府之间存在冲突。英国的第三个主张坚持认为如果阿方政府不知情，布雷行动是不可能成功的。对于法院认定阿方知情的决议，维尼亚斯基法官认为不合理，因为针对一个国家的如此重大的指控，需要有一定程度的把握，但本案中并没有。他也指出，特别协议并没有请求国际法院进行赔偿数额评定，因此他不赞同法院这一方面的判决。

巴达维·帕沙法官赞同法院驳回英国关于阿尔巴尼亚亲自布设水雷或与布设水雷者有串谋的主张。虽然阿方有很大的纵容他人嫌疑，但并未经法院证实。另一方面，英国主张阿方不可能不知晓导致 1946 年 10 月 22 日爆炸事件的水雷布设情况，法院采纳了英国这一主张，巴达维·帕沙法官对此表示不赞同。虽然阿方也有很大的纵容嫌疑，但无充分的证据证实。他也不赞同法院关于赔偿数额评定的判决，因为特别协议中并未提到法院有这样的司法管辖权。

克雷洛夫法官赞同法院驳回英国关于阿尔巴尼亚纵容他人在北科孚海峡布雷的主张。为了支持这一判决，他指出指控阿方的只是间接证据。他认为虽然在几个国家的国内法中认定间接证据足以定案，但仅凭单方提供的间接证据，不可能推断出另一国的责任。

至于阿尔巴尼亚事前是否知晓水雷布设，克雷洛夫法官坚持认为这是未经证实的，因为并没有充分的证据证实，这一论点不能采纳。他也指出，一个国家的国际侵权行为，如应承担责任，最起码该国要有"疏忽"的表现。但是，不能简单地根据发生在一国领土内的事实而将责任强加于该国身上，从而带来国际法律责任。

此外，对于大多数法官认为法院有权判定阿尔巴尼亚的赔偿数额的观点，克雷洛夫法官表示不赞同。他认为根据特别协议条文以及达成该协议的背景，法院无权判定赔偿数额。

阿泽维多（Azevedo）法官认为"疏忽"的概念一直在变化，并且正在经历一个缓慢的演化过程，正远离传统的"轻率"和"粗心大意"要素，转变为一种客观责任的体系。他认为这导致一些学者在探讨基于风险的理论时否认"疏忽"必定是单一的。阿泽维多法官也认为当特别协议未要求金钱处罚时，就不能以任何形式作出金钱处罚的判决。

埃瑟专案法官（Judge ad hoc Ecer）不赞同关于阿尔巴尼亚政府不可能不知晓水雷布设的判决认定。他认为阿方政府知晓水雷布设的事实未经依法确认。判决认定阿方知晓雷区的存在，实际上是一种推测，不足以抵销一国根据国际法作出相应行为的法律推定。

判　决

1949年12月15日，法院作出如下判决（赔偿数额评定）：

· 法院以10票对6票决定，英国—阿尔巴尼亚达成的协议方案，赋予法院评定赔偿损失数额的权利。*

不同意见（赔偿数额评定）

埃瑟专案法官认为法院无资格评定赔偿数额。他认为各方向法院提起的是确认之诉，并没有请求法院判定一方支付赔偿。

---

* 关于赔偿数额的判决，是根据英国的主张和专家报告，于1949年12月15日作出的。阿尔巴尼亚被判令支付总额为843947英镑的赔偿金。

三、海洋划界类案例

（一）海洋划界仲裁案（格里斯巴达纳）

当事方	挪威和瑞典
争议事由	海洋边界划定
审理法庭	按照 1908 年 3 月 14 日协议由 3 位成员组成的仲裁法庭
裁判日期	1909 年 10 月 23 日
发表刊物	—《美国国际法杂志》，1910 年第 4 期，第 226—236 页 —《国际仲裁裁决报告》，第 14 期，第 147—166 页 — G. FR. 德马腾斯，《一般新条约汇编》系列三第三册，第 85 页
选评著作	— S. M. 李，《二战之前国家之间的海洋划界》，《美国国际法杂志》，1982 年第 76 期，第 555—588 页 — J. P. A. 弗朗索瓦，《常设仲裁法院仲裁法的起源与未来》，国际法学院，《汇编课程一》，1955 年，第 498 页

案 情

1661 年 10 月 26 日，瑞典和挪威（当时属于丹麦的一部分）签订条约，确立了双方之间的海上边界。19 世纪初，丹麦将挪威割让给瑞典。1905 年，挪威和瑞典分成两个独立国家。作为分立的结果，领海边界划定对于两国来说具有重大的意义。挪威和瑞典曾于 1897 年 8 月 18 日完成海洋划界，并经 1904 年 3 月 15 日的一份皇家决议批准。但是，双方在格里斯巴达纳沙洲的利益重叠问题一直没有解决。

按照 1908 年 3 月 14 日的一份协议，挪威和瑞典将双方之间关于格里斯巴达纳沙洲的海洋边界争端提交给在海牙新成立的常设仲裁法院的一个法庭审理。

该仲裁法庭由 3 位成员组成：贝克曼（Beichmann，挪威）、哈马舍尔德（Hammarskjöld，瑞典）和莱奥夫（Leoff，荷兰，审判长）。常设仲裁法院书记官处根据 1899 年 7 月 19 日的《关于和平解决国际争端的海牙公约》

（The Hague Convention for the Pacific Settlement of International Dispute）第四十五条第 1 款规定给予了协助。

争议事由

1. 提交仲裁法庭审议的问题
（1）双方之间的边界线，总体或部分是否经 1661 年边界条约确定下来。

（2）如果边界线并未经上述条约确定，那么请求仲裁法庭综合考虑具体情况和国际法原则确定边界线。

2. 各方主张
对于边界线的位置，双方均提交了详细的意见：

（1）挪威主张：

① 根据 1658 年的《罗斯基勒和平条约》（Peace Treaty of Roskilde），本案争议的领海已在挪威和瑞典（未提出异议）之间自动分割。

② 1661 年条约划定边界线的规则是：边界线必须沿着岛屿、岛状孤立地带和暗礁之间的中间线。因此，解决双方之间对格里斯巴达纳沙洲的争端，也应适用同样的规则。

（2）瑞典主张边界线应沿有人居住的岛屿之间的中间线向西延伸，这样一来整个格里斯巴达纳以及相邻的斯科特格伦登（Skjöttegrunden）沙洲大部分将归属瑞典。

仲裁法庭的分析

法庭查明，双方至少在实践中采用了沿着双方的并不一直处于水下的岛屿、岛状孤立地带和暗礁之间的中间线划界的规则，因为双方均认为该规则已被 1661 年条约采用。在不考虑上述条约有无实际采用该规则的情况下，法庭依照达成 1661 年边界条约时适用的法律原则来审理本案，同时考虑了同时代的各种情形（比如当时一直处于水下的暗礁不能作为当前的边界线）。

对于挪威主张根据 1658 年的《罗斯基勒和平条约》，本案争议的领海已在挪威和瑞典之间自动分割的观点，法庭完全支持。法庭研究了国际法的基本原则之后，认定该海域为陆地领土的附属物，在1658年名为"布胡斯"（Bohuslan）的陆地领土割让给瑞典时，与之构成不可分割的整体的海域必定自动成为这次割让领土的一部分。因此，法庭指出，1658年割让之时，为了确定何处为自动分割线，肯定有当时生效的法律原则依据。

法庭还指出，在有人居住的岛屿之间划中间线的规则，在18世纪生效的国际法中还没有足够的法律依据，1661年条约有无预见到这一规则也存在疑问。同样，法庭认定航道分界线或"最重要的海峡"规则是不适当的，因为划界时引用的文件并未提到本案中采用的规则。

此外，法庭认定，如果划界必须按照17世纪的思路以及当时盛行的法律理念，那么如果争议领土的自动划界是根据陆地领土（附有海上领土）的一般方向来进行的，法庭就应该适用目前的同一规则，以便实现公正的、合法的边界划分。

法庭指出了支持将格里斯巴达纳划归瑞典的几个事实：

1. 与挪威渔民相比，瑞典渔民在格里斯巴达纳浅滩捕捞龙虾的时间更长、范围更广、人数更多。

2. 瑞典在格里斯巴达纳地区实施过各种各样的行为（比如建造灯塔、海洋测量和设置灯标船），均投入成本，使之确信这些地区属于瑞典所有。同时，该国这样做不仅认为自己在行使权利，更重要的是在履行自己的义务。

根据挪威的自认，法庭查明挪威在上述事务中的参与度要少很多。

仲裁裁决

法庭于1909年10月23日作出仲裁裁决。法庭通过划出一条与海岸一般方向垂直的线作为边界线，将格里斯巴达纳沙洲划给瑞典。法庭认定，此方案符合"当前存在并已存在一段很长时间的事物状态，应该尽可能少作变动"这一国际法原则，并且认定此规则尤其适用于"私有利益如果一度被忽视，则相关方所属政府不论做出何种形式的牺牲亦无法保护"的案件。

因此，法庭作出决议并宣布挪威和瑞典之间的海上分界线划定如下：

从1897年8月18日挪威和瑞典专员方案所附地图上的XVIII点，划一条直线至XIX点 [即从罗斯卡伦（Röskären）最北端暗礁划至斯瓦兹卡（Svartskjär）最南端暗礁的直线的中间点，以灯塔为标志]。

从上述 XIX 点，划一条直线至 XX 点 [即从斯托拉德拉蒙（Stora Dranmen）暗礁群最北端的暗礁划至海尧群岛（Heja Islands）东南部的赫杰诺布（Hejeknub）的直线的中间点]；从 XX 点朝西南 19 度的方向划一条直线，经过格里斯巴达纳和斯科特格伦登南部之间的中间地带，直至连接公海为止。

（二）北海大陆架案

当事方	丹麦、前联邦德国和荷兰
争议事由	划界、大陆架、相邻国、等距离线法
审理法庭	国际法院（ICJ）
裁判日期	1969年2月20日
发表刊物	《国际法院：判决书、咨询意见和命令的报告》，1969年，第3—257页 《国际法律报告》，第41期，第29页
选评著作	- K. N. 格恩西，《北海大陆架案》，《北俄亥俄大学法律评论》，2000—2001年，第141—160页 - N. W. 弗里德曼，《北海大陆架案：一种批判》，《美国国际法杂志》，1970年第64期，第229—240页 - E. 格里赛尔，《大陆架的横向边界与国际法院在北海大陆架案中的判决》，《美国国际法杂志》，1970年第64期，第562—593页 - M. D. 布莱彻，《大陆架的公平划界》，《美国国际法杂志》，1979年第73期，第60—88页 - R. Y. 詹宁斯，《大陆架管辖范围：北海大陆架案判决的可能影响》，《国际法与比较法季刊》，1969年第18期，第819—832页 - M. L. 朱厄特，《大陆架法律制度的演变》，《加拿大国际法年鉴》，1984年第22期，第153—193页 - D. N. 哈钦森，《关于大陆架领域划界法中的自然延伸概念》，《英国国际法年鉴》，1984年第55期，第133—187页 - F. 蒙康杜伊，《北海大陆架案》，《法国国际法年鉴》，1969年，第213—244页 - J. 朗，《北海大陆架案：国际法院的判决》，1969年2月20日

案　情

1964年12月1日，前联邦德国和荷兰就海岸部分边界的划定达成一项协议。1965年6月9日，前联邦德国和丹麦达成了相似的协议。

然而，上述三国无法对已划边界部分之外的边界线达成一致意见。丹麦和荷兰都主张应该按照"等距离线原则"（the principle of equidistance）划定边界线。海岸附近的边界一直按照该原则划定，但前联邦德国认为这些边界的延长部分会对其边界划定造成不公平。

1966年3月31日，丹麦和荷兰根据"等距离线原则"，就双方认定为各自大陆架的其他部分边界划定达成一项协议。这次划界认定荷兰和丹麦主张主权的区域是相连接的，尤其是前联邦德国和丹麦之间、前联邦德国和荷兰之间议定的边界线已经根据等距离线原则划定完毕。

1967年2月2日，前联邦德国分别和丹麦、荷兰签订了两份特别协议，将它们之间关于北海大陆架的划界争端提交给国际法院审理。上述两份特别协议进一步指出，各国政府"应该按照国际法院判决达成的一致意见来划定北海的大陆架边界"。

争议事由

1. 提交法庭审议的问题

对于各方位于1964年和1965年协议确定的部分边界线之外的北海大陆架区域，适用何种国际法原则和规则来进行划分？

2. 各方主张

（1）前联邦德国

· 北海各方之间的大陆架划界原则为：在考虑北海独特的地理状况的情况下，每个沿海国均获得公平公正的份额。

· 划定边界的等距离线法并不是国际习惯法中的一项规则。此外，《日内瓦大陆架公约》（Continental Shelf Convention）第六条第2款第2项中提到的规则并未转变为国际习惯法。即使各方适用过该规则，但该规则含义中的特殊情形也会排除等距离线法在本案中的适用。此外，只有经过协议、仲裁或其他方式，确认等距离线法可以实现相关国家之间的大陆架公平公正分配时，才能将等距离线法适用于大陆架划界。由于该方法不能实现公平分配，丹麦和荷兰不适用该方法来对北海各方之间大陆架进行划界。

（2）丹麦和荷兰

·各方之间的划界由1958年《日内瓦大陆架公约》第六条第2款*中阐明的国际法原则和规则来决定。丹麦和荷兰认为，即使在签订《日内瓦海洋公约》之时没有支持等距离线法的国际习惯法规则，《公约》第六条也没有将等距离线法具体化，无论如何等距离线法自从《公约》出台以后便出现了，部分原因是其本身具有影响力，另一部分原因是根据后来的国家实践而来。有异议的国家，除非有特殊情形表明划定另一个边界更合理，否则两国之间的边界划定适用以每一点均与测算每一国领海宽度之基线上最近各点距离相等的原则。

·如果不存在表明划定另一个边界更合理的特殊情形，那么各方之间的边界应该适用等距离原则来划定。

·如果《日内瓦大陆架公约》第六条第2款中阐明的国际法规则和原则不适用于各方之间，那么根据各方对与其海岸相邻的大陆架的专有权，以及边界应沿各方大陆架上尽量靠近各自海岸的点来划定的原则划定边界。

法院的分析

首先，法院指出，《公约》第六条"适用于'邻接'国家之间的划界，丹麦和荷兰显然不是邻接；或适用于'相向'国家之间，但法院同样认为两国并不属于这种情形"。

法院也指出，《日内瓦大陆架公约》第六条并非对本案中所有当事方都有约束力，前联邦德国由于没有认可该公约而不算是缔约国。

然后，法院认定《公约》第六条提到的等距离线原则的对抗性问题，对于前联邦德国来说是一项国际习惯法的规则。丹麦和荷兰主张"等距离线特殊情形"原则是习惯法的一部分。两国认为在会议之前，大陆架法仅仅处

---

* 1958年《日内瓦大陆架公约》第六条具体内容如下："1. 同一大陆架邻接两个以上海岸对向国家之领土时，其分属各该国部分之界线由有关各国以协议定之。倘无协议，除因情形特殊应另定界线外，以每一点均与测算每一国领海宽度之基线上最近各点距离相等之中央线为界线。2. 同一大陆架邻接两个毗邻国家之领土时，其界线由有关两国以协议定之。倘无协议，除因情形特殊应另定界线外，其线应适用与测算每一国领海宽度之基线上最近各点距离相等之原则定之。3. 划定大陆架之界线时，凡依本条第一项及第二项所载原则划成之界线，应根据特定期日所有之海图及地理特征订明之，并应指明陆上固定、永久而可资辨认之处。"

于成形阶段,国家实践缺乏一致性。不过,通过国际法律委员会(International Law Commission)开展工作、各国政府对该工作的反应以及日内瓦会议的策划运作,对新兴习惯法进行定义和统一,最终由大会正式通过了《日内瓦大陆架公约》。法院进一步认定下列事项:

首先,法院指出《公约》第六条提到的等距离线原则,是国际法律委员会深思熟虑之后提出来的,基于某些实验性的基础,至多算是应然法,根本不是实在法或者新兴的国际习惯法规则。

其次,《公约》第六条是指根据《公约》第十二条,任何国家都可能作出保留意见。一般来说,这就是纯协约法的一项特色。然而,就其本质而言,这不能算是对国际社会所有成员都有同等效力的普通法或习惯法规则。因此,通过常规推理可得出:任何没有被排除出第十二条规定的保留权范围的条款,都不能被认定为是对之前已存在或新兴法律规则的宣告。

再次,法院认为该第六条以一种特殊形式体现在《公约》中,并且考虑到该条文与《公约》其他条文的关系,认定等距离线原则并不具有规范形成的特征。一开始,第六条专门将强制使用等距离线法放在次要地位,将之排在协商同意划界方法的主要义务之后。而且,与第六条提到的等距离线法相关的"特殊情形"概念所起的作用,以及对概念的含义和范围的争议,对该规则的潜在规范形成特点产生了进一步的疑问。

最后,法院分析了一项协定规则成为国际法一般规则必须具有其他一些要件:在本案中,各国普遍加入《公约》(假设包含有利益特别受到影响的国家)的程度是不足够的。在大陆架划界方面的国家实践并不能满足此要求。至于"法律必要性"要件,法院查明根据等距离线原则划定边界的少数一些国家,并不是因为有习惯法规则强迫这些国家这样做才采用这种原则来划界的。

判　　决

法院于1969年2月20日作出判决,以11∶6投票决定,在每个案件中:
1. 各方之间划定边界时并不需要强制使用等距离线法。
2. 如果没有其他划界方法,则在任何情况下均必须使用等距离线法。

3. 对于各方位于 1964 年和 1965 年协议确定的部分边界线之外的北海大陆架区域，适用如下国际法原则和规则来划定边界：

· 边界划定须按照各方一致同意的公平原则划定，并考虑所有相关情形，以便将各国陆地领土自然延伸到海洋和海洋之下的所有大陆架部分划归各国，同时又不侵占他国陆地领土的自然延伸区域。

· 如果采用此方法后，划归各方的区域有所重叠，则按照一致同意的比例划分；如未达成一致意见，则公平划分，除非双方决定共同管辖、共同使用或共同开发利用重叠区域或任意部分区域。

4. 在各方谈判过程中，必须考虑如下因素：

（1）各方海岸的一般形态以及存在的任何特征或不同寻常之处。

（2）本案所涉大陆架已知的或容易查明的物质和地理结构以及自然资源情况。

（3）合理的均衡程度因素。根据公平原则，划定从属于沿海国的大陆架区域的延伸部分与按照海岸线一般方向测算的海岸线长度之间的边界，以及为了使同一地区的相邻国家之间的其他大陆架划界行为生效，不管是实际的还是潜在的，都必须考虑这一因素。

法律断言、单独意见、不同意见

1. 法律断言

查弗鲁拉汗（Sir Zafrulla Khan）法官：虽然同意法院判决，但他补充了一些意见：

（1）本案争端的本质在于荷兰和丹麦认为双方之间根据 1966 年协议生效的边界划分对于前联邦德国也有约束力，但前联邦德国并不接受。

（2）前联邦德国不能反对《日内瓦大陆架公约》第六条，根据 1966 年协议生效的边界划分并非来自该条款内容。

（3）即使《公约》第六条第 2 款适用于本案争端，前联邦德国的海岸形态亦应被认定为一个"特殊情形"。

查弗鲁拉汗法官认为等距离线法并不是大陆架概念中固有的。

本格松（Bengzon）法官作出了一项法律断言：《公约》第六条是可适用

的国际法，并且对于双方来说等距离线法是划界规则。

2. 单独意见

法院院长布斯塔曼特·里韦罗（Bustamantey Rivero）同意法院的观点，但对判决第五十九项持保留意见。

布斯塔曼特·里韦罗法官的单独意见认为，大陆架概念虽然是新近出现的，但已被非常广泛地使用。然而，即使一些基本概念已经根深蒂固，合理地纳入一般国际法当中，布斯塔曼特·里韦罗法官仍然认为应从已被公众接受的大陆架概念中推断出其他原则。沿海国陆地领土的"自然延伸"概念，暗示了陆地领土的海岸线长度和从属于该领土的大陆架延伸部分之间的一种均衡关系。此原则产生了测算海岸线长度的问题，布斯塔曼特·里韦罗法官认为不能从低潮线开始测算。北海的地理形态也是对大陆架法律制度产生影响的一系列原则的基础，包括：

（1）会聚原则。此原则产生一个新要素，即大陆架接近中央点时逐步收窄。

（2）合理适用于所有案件的原则，以便获得承认为各种原则和规则的合法、适当变体，此为大陆架法律制度的基础。

（3）公平原则。根据该原则划定前联邦德国大陆架的中央点界线方为有效。

杰赛普（Jessup）法官赞同法院的判决，但希望阐明各方对于各自大陆架划界问题的担心，亦即已知或潜在的北海海床中石油和天然气矿床问题。基于这一意图，杰赛普法官引用了一些文章，从中显示出各方在表明针对大陆架矿产资源的诉求时呈现出一种矛盾心理。虽然各方均有考虑到石油和天然气资源的开发利用问题，但更倾向于在其他法律原则上做文章。杰赛普法官进一步指出，与各方在本案中的诉求相反的是，各方之间的谈判均明确针对这些资源进行。他认为，各方协商一致达成的、符合法院判决的大陆架划界协议，似乎不会影响大部分区域，而且已经事实证明是富有成效的。但是，可能存在两国同样享有正当主权、主权有所重叠的区域。对于这种情形，法院认为可以通过协商对重叠区域进行划界或共同开发利用来解决。

杰赛普法官得出结论：即使他的分析不算是提出一项新的国际法规则，也会被认为是对各种因素的详细阐述，各方在展开必要谈判时必须充分考虑这些因素。

帕迪亚·内尔沃（Padilla Nervo）法官的单独意见着重于法院审议的主要问题。他分析了各方针锋相对的论点和推理分析，从而赞同法院的决议。他认为：在这个具体案例中，等距离线规则不适用；没有任何一般习惯法规定，要求前联邦德国遵从荷兰和丹麦之间达成的特别协议来划定大陆架边界线；各方应寻求并采用另一种公平公正的划界方法；各方应以达成一致意见、按照法院判决执行为目的展开新的谈判，以划定北海大陆架边界。

帕迪亚·内尔沃法官认为，《公约》第六条中暗示的唯一一般国际法原则，是各方有展开谈判的义务（即相邻各国大陆架之间的边界线"应按照各方之间达成的一致意见来划定"）。

福阿德·阿蒙（Fouad Ammoun）法官在对本案争端分析后，赞同法院判决认定《日内瓦大陆架公约》第六条第2款提出的等距离线法是一项条约法规则，前联邦德国无权反对，以及该规则还未成为习惯法规则的观点。但是有一点他不赞同。他认为，等距离线法可能会根据特殊情形产生追索权，这是一项适用于本案的法律原则，它来源于一项一般法律原则——"超越法律的公平"：必须适用的公平原则，并非判决所预期达到的抽象公平，而是填补空缺的，比如超越法律的公平原则就是一种法律的辅助性渊源。

3. 不同意见

副院长科列茨基（Koretsky）认为，判决将等距离线原则与三大要素中的另外两个割裂开来：一致同意—特殊情形—等距离线。这3个互相联系的要素已经进入国际法一般原则的领域，因此《日内瓦大陆架公约》第六条第2款应该适用于这些案件。即使有人不完全同意此领域适用于这些案件，在具体划定大陆架边界时采用的规则和原则也必须与上述3个决定领海边界的、互相联系的原则（一致同意、特殊情形和等距离线）有本质的联系。由于大陆架是领海的延续或自然延伸，划定其界线必须按照两个相邻国家之间一致同意的领海划界原则、规则和条约规定来进行。

关于前联邦德国和荷兰、前联邦德国和丹麦之间的海上边界，有无实际存在特殊情形的问题，科列茨基副院长认为法院并未完全解决这一问题，对此表示遗憾。

科列茨基副院长不赞同法院将"公平规则"作为一个判决理由，并认为将这样一个模糊概念引入国际法院的法律体系中，会为主观评价和自由心证大开方便之门。他指出，法院有根据公允及善良原则作出判决的权力，如果各方同意即可；同时也指出，从来没有过当事人同意这一程序的先例，由此可见各国并不愿意诉诸该程序。无论如何，本案中并无要求法院根据这一权力来作出判决。不过在他看来，法院曾经往这一方向考虑过。

对于法院提出各方在谈判时必须"考虑的几个因素"，科列茨基副院长表示不赞同。他认为，法院这是提出了具有相当经济性和政治性的注意事项，给出了某种建议，甚至可以说是某种指示，但并没有给出他个人所想的那种司法判决内容。

田中（Tanaka）法官认为，作为整体产生影响的一些事由，如果与一个契约责任之外的理由联系起来，也就是《公约》的习惯法本质，那么就促成《公约》第六条第2款提到的等距离线原则对前联邦德国产生了黏合力。在这些事由中，他举出了几个例证：德国积极参与《公约》的制定和签署，1964年1月20日的《政府公告》（Government Proclamation），1964年5月15日对《大陆架权利的临时确定法案》（Bill for the Provisional Determination of Rights over the Continental Shelf）作出的解释性备忘录，以及前联邦德国于1964年12月1日、1965年6月9日分别与荷兰、丹麦签署的两个"部分边界"条约。

田中法官指出："1958年之前等距离线法是否作为一项国际习惯法的规则而存在尚不确定，有无并入《公约》第六条第2款也是如此……但可以确定的是采用中间线形式的等距离线在国际法中早已为人所熟知……因此它并非国际法律委员会专家们的发明创造，此规则最终通过《日内瓦大陆架公约》的立法功能获得了国际习惯法的地位。"

田中法官继续论证认为，本案中存在的两个习惯法的创造性因素（运用和法律确信）。如果这两个因素无法证实，那么纳入《公约》第六条第2款中的等距离线原则作为划界方面的逻辑结论，来源于大陆架的基本概念。等距离线原则被整合到了大陆架的概念中。

莫雷利（Morelli）法官认为，为了找到关于大陆架划界的一般国际法规则和原则，把公约当成一项对于一般国际法而言相当重要的证据因素是很有帮助的。这一考量背后的原因是，《公约》的目的就是编纂一般国际法，因为这个目的已经在一定范围内有效实现。与法院观点不同的是,他认为关于"《日内瓦大陆架公约》的目的,至少大体上是编纂一般国际法"的说法并没有与"《公约》承认保留意见的可能性"这一事实相抵触。

莫雷利法官认为,涉及大陆架分配的规则必须被认定为赋予不同国家大陆架权利的规则的组成部分。因此,法律其实已经提供了一套分配的标准,该标准可以从赋予不同国家一定的大陆架权利的规则中推断出来。该标准只能间接地从"邻近"的概念推断出来,从"邻近"可推断出"接近",最终推断出"等距离"。

根据莫雷利法官的观点,任何关于"公平"的考量都会超出等距离线规则的范围。传说中的公平分配规则是无法接受的。如果一些事由引起了严重不公平的适用等距离线标准,利益受损的国家将获得主张调整大陆架边界的权利。其中一个事由是一国海岸线对于另外两个相邻国家海岸线的布局,以及适用等距离线标准对第一个国家大陆架进行划界后分别对其他两个国家大陆架产生的影响的混合效应。莫雷利法官认为本案正是这种情形。

最后,莫雷利法官提到了适用等距离线标准会导致严重的不公平结果,主要原因一方面是属于各国的大陆架区域不均衡,另一方面是各自海岸线的长度不均衡。

拉赫兹(Lachs)法官也认为本案可以适用等距离线原则,并补充认为本案中不存在适用其他原则更合理的特殊情形。

在详细分析了习惯法的创造性因素后,拉赫兹法官认为《公约》第六条第2款的条文更确切地说是等距离线规则,达到了可辨认的一般性法律地位,只有在特定案件中,一国拒绝赋予其本身对抗性权利的时候才能提出质疑。因此,通过分析前联邦德国积极接受《公约》的行为(签署《公约》、1964年1月20日的《政府公告》、1964年5月15日对《大陆架权利的临时确定法案》作出的解释性备忘录),他断定该国承认《公约》第六条第2款有约束力,后来其态度的改变没有法律效力(此情形既不能比作一国"一向反对任何情况下适用"某一项规则,也不能比作一国"否定"了相关条约)。

至于"特殊情形"的概念,他认为不能对这一术语进行独特的、任意的解读,应该对应于一系列事实要素的组合,这些事实要素须创造出无视带来明显的困难或困境的情形。在他看来,并没有出现解除使用上述规则的证据，也没有特别的困难情形，也未对前联邦德国造成过度的负担或严重的困难。

索伦森专案法官（Judge ad hoc Sorensen）也认为《日内瓦大陆架公约》的条文必须被认定为被普遍接受的国际法规则，可适用于前联邦德国，即使对非缔约国也同样适用，其第六条第 2 款与《公约》的其他条文一样，已成为被普遍接受的国际法的一部分。无论如何，他不认为等距离线原则是大陆架法律概念中固有的，也不是通过必要的隐含方式作为该概念的一部分。

索伦森专案法官也发现在《公约》第六条第 2 款的定义范围内，不存在能证明"另一个边界比适用等距离线原则而来的边界更合理"的特殊情形。

（三）大陆架仲裁案

当事方	法国和英国
争议事由	大陆架划界
审理法庭	按照1975年7月10日仲裁协议由5位仲裁员组成的仲裁法庭
裁判日期	1977年6月30日作出裁决；1978年3月14日作出解释性裁决。
发表刊物	《国际法报告》，第54期第6—138页与第139—213页
选评著作	- J.G. 梅尔里斯，《英法大陆架仲裁案》，《西加利福尼亚国际法学报》，1980年第10期，第314—364页 - D.W. 鲍伊特，《英法就英吉利海峡和西南大陆架边界的仲裁案》，《英国国际法年鉴》，1978年第49期，第1—29页 - D.M. 麦克雷，《英法大陆架划界：海峡仲裁案》，《加拿大国际法年鉴》，1977年第15期，第173—197页 - D.A. 科尔森，《英法大陆架仲裁案》，《美国国际法杂志》，1978年第72期，第95—112页 - M.D. 布莱切，《大陆架公平划界》，《美国国际法杂志》，1979年第73期，第60—88页 - C.R. 西蒙斯，《英国近海大陆架和渔业限制边界：重叠区域分析》，《国际法与比较法季刊》，1979年28期，第703—733页 - K.B. 贝里，《划界与英法大陆架仲裁案》，《澳大利亚国际法年鉴》，1974—1975年第6期，第139—152页 - D.N. 哈钦森，《关于大陆架领域界定法中的自然延伸概念》，《英国国际法年鉴》，1984年第55期，第133—187页 - J.P. 奎内德克，《英法大陆架划界案》，《国际法委员会年鉴》，1979年第83期，第53—103页，第133—187页 - E. 佐勒，《法国与大不列颠及北爱尔兰联合王国的大陆架划界案》，《法国国际法年鉴》，1977年第23期，第359—407页

案　　情

1960年至1970年之间，英国通过谈判成功地划定其在北海的大陆架边界。在同一时期内，法国也通过谈判划定了其与西班牙之间的大陆架边界。

经过 1964 年和 1965 年间的非正式接触之后，英国和法国于 1970 年 10 月开始谈判，目的在于划定位于双方之间区域的大陆架边界。谈判促成了对格林尼治西经 30 分以东边界的部分协议，然而双方对于格林尼治西经 30 分以西的大陆架边界部分有着根本的分歧。为了解决这一争端，双方于 1975 年 7 月 10 日达成一项仲裁协议，将争端提交给特设仲裁法庭。

双方均为 1958 年 4 月 29 日《日内瓦大陆架公约》的缔约国。问题出现在法国对《公约》第六条保留意见的效力以及有 3 个独特的地理区域可能影响划界：1. 埃迪斯通群礁（Eddystone Rocks）——位于普利茅斯（Plymouth）以南大约 8 海里的一个礁石群；2. 海峡群岛（Channel Islands）——属于英国的群岛，但位于接近法国海岸的布雷顿—诺曼德湾（Golfe Breton-Normand）；3. 锡利群岛（Scilly Isles）——位于康沃尔（Cornwall）西南部大约 21 海里处的小岛群。

争议事由

1. 提交仲裁法庭审议的问题

双方请求法庭按照国际法，明确位于英吉利海峡西部、格林尼治子午线以西 30 分属于各方的大陆架部分，直至 1000 米等深线之间的边界线。

2. 各方主张

（1）法国认为：由于其对 1958 年的《日内瓦大陆架公约》提出保留意见，加上英国反对法国的保留意见，因此对于双方来说该公约并无效力。然而，即使法院认定该公约适用于本案，公约中涉及划界的第六条也因为法国的保留意见而仍旧不能适用。

根据法国的观点，适用于本案争端的国际法规则是北海大陆架案中提到的习惯法规则。因此，应遵照自然延伸的原则和公平原则划定边界。

但是，法国又提出，如果法庭认定《公约》第六条可适用，海峡群岛和大西洋部分的"特殊情形"也禁止采用等距离线法。

对于海峡部分，法国认为应按法国海岸与英国陆地之间的中间线来划定边界；而对于海峡群岛，法国只在面对英吉利海峡的岛屿一侧拥有 6 海里宽度范围的司法管辖权。

在大西洋部分，法国认为应沿着由显示出英国和法国海岸一般方向的两条线形成的夹角平分线来划定边界，这样一来更符合自然延伸原则和公平原则。

（2）英国主张《日内瓦大陆架公约》整体对双方均有效力。此外，英国认为其反对法国的保留意见并不妨碍《公约》对双方产生效力。无论如何，即使法国的保留意见被认为可以适用，也不会对相关法律原则的适用产生任何影响。

因此，英国认为《公约》第六条第 1 款可以适用，并坚持认为划界须采用等距离线原则，在此过程中完全发挥测算领海的基本点的作用，包括锡利群岛和海峡群岛。英国进一步认为法国并未证明相关区域的情形构成第六条提到的"特殊情形"。

英国提出：如果法庭查明本案适用习惯法，与《公约》第六条规定截然不同，那么应该在不侵占另一方大陆架自然延伸的情况下，为各方留下尽可能多的自然延伸区域，以此方式来划定边界。由于大陆架本质上是陆地的延续，等距离线应该可以把两个国家的自然延伸区域划分开来。

英国进一步提出，如果法庭认为海床和底土中存在结构上的不连续，从而中断大陆架的地质连续性，那么按照国际法规则，应沿着此结构上不连续的轴线来划定边界，从而把构成各国陆地领土的自然延伸的大陆架部分划给各国。

仲裁法庭的分析

1. 仲裁法庭的管辖权

由于仲裁协议特别涉及大陆架，并且根据 1958 年《公约》，大陆架被定义为"领海以外的一定区域"，便出现了法庭有无资格解决涉及各国领海或渔区海上边界的争端的问题。

法国认为法庭无权处理涉及法国领海范围内的任何区域的争端，而英国认为法庭有权判定整个仲裁区域的大陆架边界。

法院认定，法庭无权划定海峡群岛和法国海岸之间狭窄海域的边界，因为其管辖权来自双方的一致同意，但双方对此问题并没有达成一致。

其他与管辖权相关的事由是，有一条法—英边界，在仲裁区域中的1000米等深线以东的三岔口处，与英—爱（爱尔兰共和国）边界交会。英国主张法国和冰岛之间是一种被压缩的中间状态，就像前联邦德国在北海大陆架案件中的情况一样。法国质疑这种对比的有效性，认为法国和英国之间、爱尔兰和英国之间均不是"海岸互相毗连"的状态。

法庭查明，其任务是在排除因英国—爱尔兰边界导致区域重叠的情况下，明确英国和法国的边界，如果产生了区域重叠，则应由相关的3个国家之间进行谈判解决。

2. 适用的法律

法庭一开始重点审议赋予法国的保留意见的效力以及英国的反对。后来查明，英国并非想要通过反对法国的保留意见来阻止1958年的《日内瓦大陆架公约》在双方之间生效。

然后，法庭转为审议法国对《公约》第六条的保留意见的效力问题，查明：法国提出的3个保留意见[1958年《公约》之后确立的从基线测算的等距离边界；超过200米等深线的边界；特殊情形区域，包括格兰维尔海湾（Bay of Granville）和海峡群岛区域]是适当的，因此改变了《公约》第六条的法律效力。但是，法庭又查明：根据一致同意的相互关系原则以及1969年《维也纳条约法公约》（Vienna Convention on the Law of Treaties）第二十一条第3款，在双方之间《日内瓦大陆架公约》的第六条仅对法国的保留意见不适用。因此，法庭认为，在保留意见有效的情形中，适用习惯法原则。这就意味着对海峡群岛区域适用习惯法，对大西洋部分适用《公约》第六条。法庭指出，在"本案的情况中，习惯法原则可以带来与《公约》第六条大致相同的结果"，并且目前正由第三次联合国海洋法会议讨论中的划界条款如果适用的话，也不会给本案带来不同的结果。

对于《公约》第六条与公平原则之间的相互关系，法院查明第六条并未确立两项不同规则——等距离线规则和特殊情形规则，但确立了一项合二为一的"等距离线—特殊情形规则"（为按照公平原则划定大陆架边界的习惯法一般规范做准备）。法庭认为："等距离线—特殊情形规则有着同样的目标：按照公平原则划定边界。"

法院考虑到等距离线规则作为一种划界方法（并且回顾了北海大陆架

案中提出的原则），查明该规则基于《公约》第六条而具有一种强制力，而基于习惯法规则时则没有这种强制力。然而，第六条中的等距离线—特殊情形规则有着表达一项一般规范的目的，即"两国之间无法达成一致意见时，双方邻接在同一个大陆架上的边界按照公平原则来划定"。最终，无论在何种情况下，等距离线法能否达成一个比固有性质法更加公平的解决方案，取决于地理条件和其他情形。

3. 边界走向

关于埃迪斯通群礁。对于该群礁能否用作决定边界走向的基点，双方意见不一致。法国认为它是低潮时出现在海面上的礁石，未被赋予领海的权利，因此不能作为等距离线基点。英国则认为它是一座岛屿，拥有领海，因此可作为测算等距离线的基点。

法庭并没有对埃迪斯通群礁的岛屿性质问题发表意见，而是从发生争端前的谈判活动推断出法国已经将这些群礁接受为1971年的一条中间线的起始点，因此认定法国由于自己的默认而对其有约束力。

关于海峡群岛。法庭认为，在海峡群岛区域应该适用习惯法。各方原则上同意将等距离线作为边界线，但对于该线如何划定存在严重分歧。法庭采纳这样的观点：如果海峡群岛不存在，将按照公平原则以一条海峡中间的等距离线作为界线。然而，由于确实存在海峡群岛，它们的存在干扰了地理环境的平衡（即本地区中双方因为各自辽阔的、相等的大陆海岸线带来的平衡状态）。因此，法庭认为有必要评估此种干扰的程度并研究下列因素：

（1）必须将海峡群岛作为英国岛屿来对待，因此要评估英法之间的法律和地理因素，而不是评估海峡群岛和法国之间的。

（2）海峡群岛有着显著的经济和政治重要性。

（3）该地区现有的司法体制：法国的12海里领海，英国的12海里渔区和潜在的海峡群岛12海里领海。

（4）双方的航行、防卫和安全利益。

研究了上述因素之后，法庭认为："这些英国岛屿的位置靠近法国海岸，如果完全考虑它们在划定大陆架时发挥的作用，显然会导致划归法国的大陆架区域大幅度减少。在法庭看来，这个因素是一个表面证据，一个不平等的创造性情形，需要采用一种在某种程度上纠正不公平的划界方法。"

另一方面，法庭认为：对海峡群岛的面积、人口和经济状况作一些公平的考量，可能会不利于法国完全接受，但不能移除法庭提出的公平性中的总体不平衡。

因此，法庭认定：首先，应该在与法国海岸和英国大陆海岸等距离的位置划定主要边界线。其次，在海峡中间等距离线南部的法国大陆架和海峡群岛之间划一条边界线。法庭认为，这条线应该划在距离海峡群岛基线12海里处，以防止侵占已经确立的12海里渔区。由此，海峡群岛的大陆架在法国大陆架范围内形成了一个英国飞地。

关于大西洋地区。法院认定《公约》第六条适用于此地区。法国主张存在有特殊情形，可以证明其他方法比等距离线法更合理，尤其是在英法海岸一般方向上存在有锡利和韦桑小岛屿群的情况下。另一方面，英国提出从测算各国领海宽度的基线划定等距离线。法庭宣布《公约》第六条是一项详尽的规则，其第二项可以适用于本案。

然后法庭继续审查，在实际情况中，锡利群岛向西延伸一段距离、超过韦桑岛的部分是否会使从英法两国海岸基线划定的等距离边界变得"不公正"或"不公平"。法庭查明，有一个会对英国海岸造成更大影响的"特殊情形"存在，并断言完全发挥群岛的作用会造成不均衡的结果。然而，由于它们相对来说离英国大陆比较近，又不能与面积和人口因素一同被忽略，因此法庭只考虑了它们的"一半作用"，在第一阶段中完全考虑锡利群岛的影响，然后在第二阶段中完全忽略它们，采用以此划定的各自等距离线之间的中间线作为最终边界线。

裁　　决

仲裁法庭于1977年6月30日作出裁决。全体一致同意，按照适用于双方之间争议的国际法规则裁决如下：

"除下面第二项所述之外，属于英国的大陆架部分和属于法国的、格林尼治子午线以西30分直至1000米等深线之间的边界线，是本裁决中所附边界线图上的黑线。

"海峡群岛北部和西部，属于英国的大陆架部分（海峡群岛）与英国的大陆架部分之间的边界，是由从根西行政区基线划出的12海里范围圆弧部分和本裁决中所附边界线图上的黑线组成的线。"

布里格斯先生（Mr. Briggs）的法律断言

布里格斯先生完全赞同法庭划定的边界线。但是，他不赞同法庭对法国保留意见的评估观点。他指出，法国的3个保留意见仅仅是为了防止其他国家根据等距离线原则单方面划定边界，因此在仲裁程序中没有适用性。他进一步强调，法国对《公约》第六条的前两个保留意见是无效的，因为它们的真正效果已被《公约》第一和第二条所调整；而第3个保留意见并不是恰当的保留意见，因为在实际上，"格兰维尔海湾"并不意味着整个海峡群岛区域，而且在法律中它仅仅是一个解释性的声明。

1977年6月30日的解释性裁决

1. 案情

在收到1977年6月30日的法庭裁决后，英国告知法国，在研究了裁决的条款、所附的边界线图以及技术报告之后，对裁决的含意和适用范围产生了一些技术性问题。

英国提议两国政府代表进行紧急对话以解决这些问题，同时保留其基于仲裁协议第十条第2款*而来的权利。法国拒绝参与这种对话，着重研究协议第十条第1款要求的裁决约束力。

因此，1977年10月17日，英国向仲裁法庭提出了两个关于1977年6月30日英国大陆架划界裁决的意图和适用范围的问题。

2. 争议事由

英国方面。第一个问题是关于12海里专属边界的，该边界划在海峡群

---

* 1975年7月10日在巴黎签订的仲裁协议第十条具体内容如下：
　1. 两国政府同意接受法庭就本协议第二条所述问题作出的裁决，对两国均有最终约束力。
　2. 在裁决作出后3个月内，任何一方均可将双方之间对于裁决的含意和适用范围产生的争议提交法庭处理。

岛北部和西部。据英国陈述，划在裁决所附边界线图上的边界和裁决主文阐明的边界不符合裁决一般说明中的边界（即12海里渔区的外部界限）。

第二个问题是关于在发挥锡利群岛一半作用的情况下、在大西洋部分使用来确立中间线的技术方法的。法庭在裁决主文中使用了墨卡托投影（Mercator projection）图上的一条直线（恒向线），恒向线在地球的球状表面上会产生比例上的扭曲，在本案中即表现为缩小英国区域的面积。英国的申请书中主张按法庭查明部分陈述的等距离边界线必须为测地线，而不是恒向线。

法国答辩认为，英国的申请超出了规定时限，而且提出的争议与"裁决的含意和适用范围"无关。法国还主张，英国实际上是请求法庭"纠正"裁决中的一些要素，包括边界，但法庭无权假借"释疑"的方式来这样做。

对于大西洋部分，法国认为使用墨卡托投影法是符合法庭意图的，此法被普遍使用，具有明显的优势。

3. 仲裁法庭的分析

对于英国提出的第一个问题，法庭承认裁决主文中存在一个实质性错误，必须根据法庭查明的结果来解决这一矛盾。重新明确的边界线稍微扩大了海峡群岛的大陆架区域。

对于在大西洋部分中使用的技术方法，法庭指出在海洋划界中没有已经固定下来的、以测地线法代替恒向线法的国家实践。法庭宣布，本案适用的恒向线法虽然不能纠正比例错误，但可与本案中为适用"一半作用解决方案"而简化的框架相得益彰，从而否决了重新审议适用何种方法的问题。

4. 裁决

仲裁法庭于1978年3月14日作出裁决。全体一致同意，裁决如下：

（1）英国在规定时限内向法庭提交申请，可予以受理。因此，驳回法国关于英国申请的反对意见。

（2）关于海峡群岛区域的边界，应在考虑之前未考虑到的基点情况下予以纠正。

法庭以4票对1票决定：

"对于大西洋部分，未发现边界线与法庭查明的情况相抵触。因此，大西洋中的边界线与法庭之前提出的划界方法并无不符之处。据此，英国的请求理由不足，予以驳回。"

5. 单独意见、不同意见

单独意见

汉弗莱·沃尔多克爵士（Sir Humphrey Waldock）法官附上了一份关于大西洋部分的单独意见。他认为，法庭对于不纠正比例错误以及墨卡托投影法的缺陷，应该进行更加充分的说理。然而，即使认为法庭的分析和投影法的应用上有矛盾之处，他也怀疑是否有"实质性错误"的存在。如有错误存在，就允许法庭行使纠正权。

不同意见

对于大西洋部分的裁决，布里格斯先生认为使用墨卡托投影法不妥；根据仲裁协议第十条第 2 款，法庭有必要的能力纠正错误。

（四）大陆架纠纷案

当事方	阿拉伯利比亚人民社会主义民众国和突尼斯共和国
争议事由	划界、大陆架、公平
审理法庭	国际法院
裁判日期	1982年2月24日
发表刊物	- 《国际法院：判决书、咨询意见和命令的报告》，1982年，第18—323页 - 《国际法报告》，第67期，第4页
选评著作	- E. D. 布朗，《突尼斯—利比亚大陆架案：一个错过的时机》，《海洋政策》，1983年第7期，第142—162页 - D. C. 霍奇森，《突尼斯—利比亚大陆架案》，《国际法西部案例储备杂志》，1984年第16期，第1—37页 - J. I. 查尼，《海洋国界线：一种理论进步》，《美国国际法杂志》，1984年第78期，第582—606页 - M. B. 费尔德曼，《突尼斯—利比亚大陆架案：地理上的公证还是司法上的让步？》，《美国国际法杂志》，1983年第77期，第219—238页 - L. L. 赫尔曼，《法院的得与失：突尼斯—利比亚大陆架案分析》，《国际法与比较法季刊》，1984年第33期，第825—858页 - B. 克维亚特科夫斯卡，《法官小田对海洋法案例的观点：海上边界的公平界定》，《德国国际法年鉴》，1993年第36期，第225—294页 - M. L. 朱厄特，《大陆架法律制度的演变》，《加拿大国际法年鉴》，1984年第22期，第153—193页 - D. N. 哈钦森，《关于大陆架领域划界法中的自然延伸概念》，《英国国际法年鉴》，1984年第55期，第133—187页 - E. 德科，《国际法院在大陆架案中的判决（突尼斯/利比亚）：1982年2月24日》，《法国国际法年鉴》，1982年第28期，第357—391页 - H. 斯利姆，《国际法院在1982年2月24日和1985年12月10日在突尼斯—利比亚大陆架案的判决》，《国际研究》，国际研究协会（突尼斯），1986年12月，第21期，第97—143页

案　　情

双方按照1977年6月10日达成的特殊协议，请求法院明确：在协商分别属于阿拉伯利比亚人民社会主义民众国和突尼斯共和国的大陆架区域的划界条约时，采用什么样的国际法原则和规则。

双方还特别请求法院考虑公平原则和体现大陆架特征的相关情形，以及为第三次联合国海洋法会议新近接受的趋势。

争 议 事 由

1. 提交法庭审议的问题

（1）在对分别属于利比亚和突尼斯的大陆架区域进行划界时，采用什么样的国际法原则和规则？

（2）明确本案中特定形势下如何适用原则和规则，便于两国的专家们轻松划定大陆架边界。

2. 各方主张

双方在诉辩状中均同意按照1969年北海大陆架案法院确立的原则，均有获得大陆架"自然延伸"的权利，即按照公平原则划定各自有效的自然延伸部分。

双方在诉辩状中均同意等距离线法不适用，在本案的情形中不能带来公平的结果。

（1）利比亚依据板块构造论和附属证据，主张裂谷作用的过程一直在南北方向进行。因此，该国认为争议的区域——佩拉杰地块（Pelagian Block），是从大陆陆块向北延伸至南部的大陆架区域。

由此，并且根据"自然延伸"，争议区域是大陆陆块向北的延伸，证明沿着这个延伸自拉斯亚杰迪尔（Ras Ajdir）的方向的北向边界是合法的。

不管如何，利比亚承认突尼斯萨赫勒海角（Sahel Promontory）的突出布局，而且近海的克肯纳群岛（Kerkennah Islands）也不能忽视。因此，该国认为该区域应该被分割成两块：第一块的边界应从拉斯亚杰迪尔向北划，第二块的应向东偏向萨赫勒海角的总路线，以体现出这种相关的地理环境因素。

（2）突尼斯的目的是不让处于直线基线后面的整个突尼斯内水被分割，正如1973年该国公布的那样。

此外，该国也主张寻求将其拥有历史性权利的区域、50米等深线靠近陆地的所有海域和海床排除在外。这个区域由于是无可争议的突尼斯领土，因此不在本案争议的任何区域之内。

突尼斯认为，位于加贝斯湾（Gulf of Gabes）之内以及东部的区域是西部的突尼斯大陆陆块的向东自然延伸，这一主张有深测术证据和地貌证据可以证实。

为了划出一定与上述主张相一致的界线，突尼斯提出了3种不同的划线方法：

· 第一种，沿两个海底地形，即齐拉（Zira）和祖瓦拉（Zuwarah）的脊线（或称"脊顶"），从临海边界端点（位于拉斯亚杰迪尔）往东北方向划出的线。

· 第二种，从拉斯亚杰迪尔到地中海中央的爱奥尼亚深海平原（Ionian Abyssal Plain）中央的线。

· 第三种，根据几何原则，也就是所谓的"平分线"，把加贝斯湾西南角的海岸角转移到位于拉斯亚杰迪尔处的实际边界点，然后平分该角。

法院的分析

对于双方来说，对适用的原则和规则的讨论开始于北海大陆架案中的1969年2月20日法院判决。双方均认为，如该判决所述，本案中的边界"按照各方一致同意的公平原则划定，并考虑所有相关情形，以便将各国陆地领土自然延伸到海洋和海洋之下的所有大陆架部分划归各国，同时又不侵占他国陆地领土的自然延伸区域"。

法院认为，公平原则必须服从于实现公平结果的目的，并取决于个案的相关情形。

本案中的双方认为构成各自陆地领土的自然延伸和底土的划界会带来正确的划界。法院不支持"公平的划界和自然延伸的物理限制是同义的"观点，驳回了利比亚关于"使自然延伸原则生效的划界必须是公平的"的主张。

对于"自然延伸"的解读，利比亚的"板块构造论"理论以及突尼斯基于深测术和地貌学的论点均被法院否认，这是因为基于法律意图，仅仅参照或主要参照这些论点来划定分别属于各方的大陆架区域是不可能的。

法院指出，双方各自的海岸构成了必须确立的起始线，以便确定分属各方的海底区域朝海洋方向延伸多长的距离。

对于表现区域特征的"相关情形",这些情形包括突尼斯海岸方向的变化、突尼斯近海岛屿哲巴(Jerba)群岛和克肯纳(Kerkennahs)群岛、拉斯亚杰迪尔的陆地边界位置和双方过去的行为。作为此行为的一部分,突尼斯主张从拉斯亚杰迪尔划出的45°线从来没有被承认为一线海洋边界或是利比亚1955年《石油法》确立的正北线。但是,在21世纪初,法国和意大利曾经将一条与海岸总路线垂直的线接受为临时边界线,并且突尼斯和利比亚曾经基于授予石油开采权的目的将一条26°线(与垂直线极为相似)作为实际上的海上界限。

对于突尼斯主张的基于确立已久的利益及其国民开发利用海床和海域渔业资源的活动而来的历史性权利,法院查明:由于这些权利来源于与大陆架不同的法律制度,并且法院设想的线实际上不会进入突尼斯基于"历史性权利"主张的区域,因而上述权利与本案无关。无论如何,基于适用比例原则的目的,从属于历史性权利的区域和确实属于突尼斯基线后面的内水区域必须被认定为突尼斯的自然延伸部分,即使此类区域可能不是法律意义上的"大陆架"。

然后,法院审议了划界方法,认为争议区域必须认定为两个不同的部分,因为适用何种划界方法比较适当由地理位置来决定。在第一部分,法院提出采用26°线方法,因为此方法与各方的行为相一致。在第二部分(从一个与加贝斯湾最深部分相同纬度的点开始),法院承认突尼斯在萨赫勒海角和克肯纳群岛的海岸方向有明显的变化。法院并未采纳利比亚关于忽视克肯纳群岛以及完全考虑群岛的影响划一条与它们平行的线的观点。(要注意的是,利比亚最终承认,不能忽视突尼斯萨赫勒海角和近海的克肯纳群岛的突出布局。)法院采用的是发挥它们的"一半作用",使用在代表突尼斯海岸的"无作用"和"完全作用"线之间的一条中间线划一条与之平行的边界线,如此便在第二部分产生了一条具有52°倾角的边界线。

法院认定,由上述两条在两个部分中划出的线条组合,作为一个公平因素,符合比例原则的要求。

判　　决

法院于 1982 年 2 月 24 日作出判决。以 10 票对 4 票，判决如下：

分别属于突尼斯共和国和阿拉伯利比亚民众国的大陆架区域以及它们之间处于争议中的佩拉杰地块之划界，所适用的国际法原则和规则，经过在执行本判决时达成的一致协议方为生效……这些原则和规则具体如下：

1. 符合公平原则并考虑所有相关情形的划界方为有效。

2. 涉及划界的区域构成了双方陆地领土自然延伸的单一大陆架，因此在本案中，同样地，自然延伸原则不会产生大陆架区域的划界标准。

3. 在本案的独特地理环境中，大陆架区域的物理结构决定了不可能带来一种公平的边界线。

为实现公平的划界，法院列举了要考虑的相关情形，包括：本案中涉及划界的区域与从拉斯亚杰迪尔到拉斯卡波迪亚（Ras Kaboudia）的突尼斯海岸、从拉斯亚杰迪尔到拉斯塔尤拉（Ras Tajoura）的利比亚海岸、经过拉斯卡波迪亚的纬度圈和经过拉斯塔尤拉的中间线连接；各方海岸的整体布局；双方之间的陆地边界和双方在 1974 年之前的行为；合理的比例程度要素。

法院指出，在本案的特定情形中适用前述国际法原则和规则的实用方法，是按照法院的决定把争议区域分成两个部分。随后法院对各个部分采用的边界线的路线提供了一个详细的说明。

单独意见、不同意见

1. 单独意见

阿戈（Ago）法官赞同法院的决议，尤其是把"划界区域"分成两个不同部分来考虑的观点。

由此，他也对法院在这两个部分采用的两个不同角度的边界线，或者说把一条边界线分成两段的办法表示赞许。

然而，阿戈法官对边界线第一段的倾角的理由表达了一些保留意见。他不赞同法院关于在之前的殖民地自治化期间两国之间不存在真正意义上的"海洋边界"的观点。他认为，一些事实证明了划定双方之间各自领海边界的默许，以及该边界可以延伸以便为新目的服务。因此，他认为为划定分割各方大陆架区域的线而采用的实用方法，法院引用的论点顺序应该调换过来。

施韦贝尔（Schwebel）法官支持判决，除了一点：由于克肯纳群岛是数量庞大的岛屿群，法院没有解释为何发挥克肯纳群岛的全部作用会导致实际它们的"比重过大"，尚不清楚法院仅凭群岛的一半作用来划界是否正确。

希门尼斯·德阿雷恰加专案法官（Judge ad hoc Jiménez de Aréchaga）经过彻底的研究之后，完全赞同法院大部分的分析推理意见，但他对判决最终决议的一些部分表达了些许异议：26°历史线一直没有足够的重要性，而顺时针转向的52°线又太过明显。

2. 不同意见

格罗（Gros）法官、小田（Oda）法官和埃文森专案法官（Judge ad hoc Euensen）的不同意见中，均对法院缺乏处理方式表示担忧。他们都对法院在两个划界区域的处理方式表达了批评，并认为法院对公平性的评定应该适当地采用等距离线作为起始点。而且，法院判决对划界法则和公平原则的中心法律概念，倾向于给出模糊和主观的观点，为此他们也表达了忧虑，尤其对大部分判决内容中使用的比例感到困扰。法院现在把划界法则概念重要性扩大到超过1969年北海大陆架案判决和1977年仲裁法庭对英法大陆架划界案作出的仲裁裁决中的有限作用程度。

首先,格罗法官批评称判决中包含的司法判决约束力缺乏精确性。其次，他不赞同法院寻求公平地划定双方之间大陆架区域边界的方法，认为这个方法与1969年北海大陆架案中采用的大陆架划界方式公平性背道而驰。他认为：在界线的推理上判决依据了有争议的和脆弱的论点；没有确立任何历史性权利；构建公平的边界线时仅仅根据没有事实根据的计算和对本案事实的认定、显而易见的因素以及适用法规则。最后，格罗法官指出判决未能给出真正平衡双方利益的解决方案。

小田法官在多个方面均不赞同法院判决的观点。他认为法院并没有遵从第三次联合国海洋法会议接受的"趋势"，并且在很大程度上忽略了与大陆架概念同时出现的变化，以及涉及海底矿产资源开发利用的新概念"专属经济区"可能带来的冲击。判决甚至没有尝试去验证等距离线法，而此法经常体现为大陆架划界的一项法律规则，这会带来不公平的结果。法院为确定适用各项原则时的实用方法而提出的界线，没有任何具有说服力的观点依据。

　　埃文森专案法官不赞同判决中为决定分属各方的大陆架区域界线而确定的实用方法观点。他认为，法院似乎没有注意到这样一个事实：1981年的第三次联合国大会公约草案条文对等距离线—中间线原则给予了特别的考量。此原则为广泛提出公平性的唯一具体原则，这也是第三次联合国海洋法会议在涉及专属经济区、相邻和对向国家的大陆架划界时一直讨论的问题。他也认为，法院忽视了现实中存在的极为丰富的国家实践行为，即大量的划界协议和展示（用于大陆架和专属经济区划界的）等距离线原则的现实意义的法令。埃文森法官认为法院没有提出有关划界的判决须基于何种法律原则。法院似乎把"基于相关情形的划界"当作一种纯粹的自由裁量活动，而在进行该活动时法院或多或少地可以忽视相关的地理因素。他认为，本案判决接近于一个按照公允及善良原则作出的进步性判决。他不赞同法院关于"等距离线原则如能带来公平的解决方案则可适用，否则就采用其他方法"的评定。这样是把等距离线法降低到实用方法的最后面，与该方法被国家实践、多边和双边公约、1969年北海大陆架案判决的法院查明事实以及1977年法英之间大陆架划界案的仲裁法庭查明事实等认定为"压倒性的国际法原则"的情况不一致。

（五）缅因湾海洋划界纠纷案

当事方	加拿大和美国
争议事由	划界；大陆架；专属渔区
审理法庭	国际法院（分庭）
裁判日期	1984年10月12日
发表刊物	《国际法院：判决书、咨询意见和命令》，1984年，第245—390页 《国际法报告》，第71期，第74页
选评著作	- L. H. 勒高，B. 汉基，《从海洋到海床：缅因湾单一海洋划界案》，《美国国际法杂志》，1985年第79期，第961—991页 - A. F. 谢莉，《海洋法：缅因湾划界：关于缅因湾区域海洋边界划界案（加拿大/美国）》，《哈佛国际法季刊》，1985年第26期，第646—654页 - L. E. 克莱恩，《缅因湾：单一海洋边界划界案的一个令人失望的开端》，《弗吉尼亚国际法杂志》，1985年第25期，第521—620页 - J. 施耐德，《缅因湾案：公正结果的性质》，《美国国际法杂志》，1985年第79期，第539—577页 - M. D. 埃文斯，《海洋划界与扩大相关条件类别》，《国际法与比较法季刊》，1991年第40期，第1—33页 - L. A. 威利斯，《从先例到先例：实用主义在海洋划界法中的胜利》，《加拿大国际法年鉴》，1986年第24期，第3—60页 - L. H. 勒高，D. M. 麦克雷，《缅因湾案》，《加拿大国际法年鉴》，1984年第22期，第267—290页 - M. L. 朱厄特，《大陆架法律制度的演变》，《加拿大国际法年鉴》，1984年第22期，第153—193页 - M. D. 埃文斯，《划界与共同海洋边界》，《英国国际法年鉴》，1993年第64期，第283—332页 - R. 贝尔梅霍，加西亚，《海域公平划界原则：分析突尼斯/阿拉伯利比亚民众国并应用于缅因湾案》，《海牙国际法年鉴》，1988年第1期，第59—110页 - E. 德科，《国际法院在缅因湾海洋划界案中的判决》，《法国国际法年鉴》，1984年，第304—339页

案 情

1979年3月29日,加拿大与美国签署特别协定,双方决定就缅因湾(Gulf of Maine)渔区和大陆架的海洋划界这一长期性纠纷向法庭提交诉讼。

在向国际法院提交了一份特别协定后,诉讼程序于1981年11月25日启动。该协定恳请法庭依据"双方在此问题上所适用的国际法原则和规则"对各方不一致的主张进行审理。

依照《国际法院规约》第四十条,双方请求法院根据规约第二十六条第2款设立5人分庭来受理本案。*

争议事由

1. 提交法庭审议的问题

在由直线连接以下地理坐标(北纬40°,西经67°;北纬40°,西经65°;北纬42°,西经65°)为界形成的区域内,应通过何种方式来分割加拿大和美国从北纬44°11′12″,西经67°16′46″到由分庭认定的某坐标之间的大陆架及渔区?

2. 各方主张

双方的主张都基于同一基本原则:"按照公平原则并考虑该海域内的相关情况来进行划界,以达成公平的解决方案。"

双方同意将划界的起点(北纬44°11′12″,西经67°16′46″)称为坐标A,作为双方主张的渔区范围线的第一个交会点。该两条线分别为加拿大与美国决定将其渔区管辖权扩展至200海里处的范围线。

在开始时,双方已同意将缅因湾分为两部分,美国将其称为"内海(interior)"和"外海(exterior)",而加拿大将其称为"内湾(inner)"和"外湾(outer)"。之前另有协定同意缅因湾的大陆架属于单一、不间断的北美洲大西洋沿海地区的一部分,其地质构造是"本质上连续的"。

---

* 缅因湾案首次应用了《国际法院规约》中的"分庭"程序,在诉讼程序上有所创新。本案也是针对涉案双方要求就大陆架资源和专属渔区的"单一海洋边界"划出实际分界线,而非仅仅给出适用于划界的国际法原则和规则以及对实际事实措施的明确这一请求的第一案。

（1）加拿大认定的两条主要适用法律：第一条为 1958 年《日内瓦大陆架公约》第六条。加拿大认为该条法律是唯一适用本案且对双方有约束力的清晰的条约规定。第二条适用法律是对 1982 年《联合国海洋法公约》第七十四条和八十三条类似措辞体现的大陆架和专属经济区划界原则，并以此形成对专属经济区概念的两条结论：在海洋划界方面，至少在 200 海里的范围线内，海岸线距离从接近性因素来说应是标准的新重点；对争议海域内资源的经济依赖也应作为重点考虑的因素。

加拿大坚决主张每个沿海国在不侵犯其他主体在 200 海里内的权益的情况下，应尽可能获得其自身的同等权益，最能精确体现该诉求的方案就是等距离线原则。

加拿大同时坚决主张，正如专属经济区一词所表达的意思，经济区的中心目的就在于体现沿海国对于海岸线资源的特殊依赖。因此，加拿大主张位于新斯科特岛西南部（South West Nova Scotia）沿岸的大量人口对乔治滩（George Bank）的渔业资源存在重大依赖性。加拿大还坚持其在乔治滩的渔业拥有长久的历史。

加拿大声称与本案相关的地理情况应指缅因湾本身的情况，而非任何宏观意义上的北大西洋地理走向。其引证的相关情况指该海域的社会经济或"人文地理"，包含居住在新斯科特岛沿岸，在迪格比（Digby）和卢嫩堡（Lunenberg）之间，在马萨诸塞州（Massachusetts），以及从格罗斯特（Gloucester）至纽波特（Newport）的罗德岛（Rhode Island）沿岸的群体才是在乔治滩从事捕捞的主要人群这一事实。加拿大对相关情况的依赖还与涉案双方的作为有关，包括美国和加拿大就东海岸渔业资源的协定，以及加拿大对探索和利用乔治滩东北部的石油和天然气资源发放的许可。

加拿大将科德角岛（Cape Cod）和南塔科特岛（Nantucket）视作附属于马萨诸塞州沿海基本凸起海岸线的"附加特殊地貌特征"。如果在本案中应用等距离线方案，这些地貌特征将产生 8 倍于该领土的海域，并造成本质上不公平的结果。

加拿大还主张，美国的作为也表达了其对应用等距离线方案的同意，可以从 3 种不同的重点来考量：默许的证据、临时分界线已实际存在（Modus Vivendi）和禁反言原则。

（2）美国基于"公平原则"提出4条原则来阐述其对整个乔治滩的所有权请求：

①双方的海岸线以及海岸线前海域的关系：该近海延伸原则应基于"主要海岸"——沿着大陆海岸线一般走向的整体和"次要海岸"及对主要海岸线的垂直延伸概念的区分。

②资源保护和管理。该原则基于两个前提：第一，美国认为为了便于保护和将发生国际纠纷的可能性降到最小，专属经济区应尽可能由单一国家来管理，这是专属经济区的基本主题之一；第二，美国强调缅因湾海域有"3条不同的、可辨认的海洋学及生态学体系"，且在东北水道已形成天然的分界线。

③将发生国际纠纷的可能性降到最小。该第三原则可通过把整个乔治滩裁定给美国来实现，并以此将两国对潜在资源发生纠纷的可能性降到最小。

④海域的相关情况。美国提出了与本案相关的9项地理情况，包括：缅因湾北部远角的地界位置；缅因湾区域海岸线的一般走线；缅因湾的海岸凹陷形状；将东北水道（Northeast Channel）、乔治滩、布朗斯滩（Browns Bank）和斯科特大陆架（Scotian Shelf）上的舍曼滩（Sherman Bank）作为特殊地貌特征。美国还提出了与本案相关的非地理情况：3块分处缅因湾内湾、乔治滩和斯科特大陆架的不同的、可辨认的生态学体系，东北水道作为乔治滩和斯科特大陆架生态学体系的"天然分界线"，以及其他一系列国家活动。

基于防御、导航与搜救活动等多个相关因素，美国提出其对整个缅因湾享有"主要利益"的宽泛主张来补充支持这4个原则。

从历史角度，美国宣称1945年的《杜鲁门宣言》（Truman Proclamation）中就坚持缅因湾的分界应通过双方协商来解决。因此，美国主张乔治滩符合其在《杜鲁门宣言》中对大陆架的定义，且其之后的行为和主张均与其对宣言的理解相一致。

分庭的分析

特殊协议已消除了所有关于管辖权的先决问题，分庭注意到唯一的初期问题在于管辖权在什么程度上受双方选择起点的影响，并认为必须负责双方所定义的条款。

分庭注意到，当前没有任何国际法规定反对同时为大陆架和渔区或专属经济区划分单一分界线，绘制该分界线也没有实质性不可能之事。

分庭对所谓的"缅因湾区域"，即需要进行划界的地理区域作出了更精确的定义。分庭指出，缅因湾是一处开敞的近乎矩形的近海凹陷区域，三面有陆地环绕，另一面敞开朝向大西洋。分庭注意到划界不仅限于缅因湾本身，还包含了越过海湾闭合线的涵盖整个乔治滩的另一处海域延伸，这也是本次争议的主要焦点。

分庭随后考量了该区域的地质特征。分庭注意到双方均同意海床的统一性和划一性，因此并无地貌理由去区分划界区域内美国和加拿大海岸各自在大陆架上的自然延伸。

水柱方面，分庭的结论是划界区域内大体量水体的归属同样拥有统一性和划一性的特征，因此也无法划分出任何可作为基础来实施双方所要求的划界方式的天然分界线。

分庭驳回了加拿大"权利基础"的论点和美国关于主要及次要海岸的论点，继而将相邻国家之间海洋划界的一般国际法规定总结如下：

1. 多个国家的相向或相邻海岸的海洋划界不应受到其中一个国家单方面的影响。该划界应寻求和通过一致同意的方式作出，双方应抱有善意，以达成积极成果为真正意图来进行协商。当无法达成一致时，该划界应要求拥有必要能力的第三方来作出。

2. 在任何情况下，划界应在应用公平标准和采用考虑该区域的地理配置与其他条件，能够保证获得公平结果的实际方法来作出。

分庭认为，虽然1958年《公约》第六条对加拿大和美国的大陆架划界或有约束力，但并没有义务将该条款应用到对大陆架和上覆渔区的单一海洋边界划界上。

针对加拿大提出的美国对加拿大大陆架许可的执行的争议，分庭裁定禁反言和默许原则在这些情况下是缺乏根据的。

分庭称美国的1976年界线所包含的标准过分注重目前存在问题的某个单一方面，例如避免分割渔滩，使得该界线就本案特征来看无法被认定为公平。而针对1982年的界线，分庭认为"按照距离海岸的垂直线或根据海岸的一般走向的划界方法在相关条件有利于采用的案情下或可予以考虑，但对于相关条件会带来许多调整，彻底扭曲其特征的案情并不合适"。

关于已被加拿大采用的基于相同标准，据加拿大所称都应用了等距离方案的两条界线，分庭重申对等距离方案的应用对双方均不是强制性的，但分庭也明确这不意味着加拿大在作出其所建议的划界主张时必须放弃应用该方案。

最后，对于划出单一海洋边界这一问题的最终执行，分庭再次对划界所必需的全新特点做了强调，认为该划界"仅能通过应用一种标准或几种标准的组合来实施，该标准或标准组合不能为两个客体中的其中一个提供优待，并损害另一个客体"。

因此，分庭觉得有必要归向"应用专门由地理学得出的针对本案的标准"，可以理解为"主要为海岸的地理，首要从物质方面考虑，如有必要增加的，将政治方面作为第二位考虑"。缅因湾海岸线的配置排除了以一条单向线划分海洋分界的可能性。因此，在A点和南塔科特岛—塞布尔角半岛（Cape Sable）封闭线之间，这条分界线显然必须分两段形成。

第一段界线属于最靠近国际边界终点的区域，分庭从A点画出分别垂直于两条基本海岸线（从伊丽莎白角到国际边界终点以及从该处到塞布尔角半岛）的两条线条，将形成的夹角一分为二。第一段界线的结束点由其和下一段界线的交叉点处自然决定。

对于第二段界线，分庭处理了新斯科特岛和马萨诸塞州之间的"拟平行性"，还认识到为了将双方海岸线长度的差异考虑在内，必须作出相应的调整。使用两个国家海岸峰的比例，在海湾距离新斯科特岛和马萨诸塞州的海岸最接近处划一条分界线。界线的第二段应从修正后的中线与从A点划出的二等分线相交处开始，在和南塔科特岛—塞布尔角半岛封闭线的相交处结束。

第三段界线实际上穿过了乔治滩。因为这段划界不可避免地横穿了整个开放海域的长度，在分庭看来，"很明显，唯一可以考虑的针对最后一段划界的可行方案，还是一个地理学方法"，而且"是最恰当的，也因其简单性而最为推荐的方案，在本案情况下，也就是垂直于海湾封闭线进行划线的方案"。最终，由分庭在海湾封闭线上决定准确的一点，然后垂直向海延伸划线。

对前两段界线在本质上是否公平的考量似乎并不是绝对必要的，因为两段界线的地理指向参数已经提供。而第三段界线，因为横跨乔治滩，成为本次争议中的主要争论区域。分庭已考虑双方的论点均无法作为相关条件或作为决定划界线的公平标准，而且分庭认为该界线并不太可能对双方的经济和生活安定性带来灾难性的后果。

分庭判决

国际法院分庭在 1984 年 10 月 12 日以 4 票对 1 票通过判决，判称：

加拿大和美国在 1979 年 3 月 29 日签署的特殊协定中提到的划分该海域大陆架和专属渔区的单一海洋边界线，应规定为连接下列各坐标点的大地线：

	北纬	西经
A	44° 11' 12"	67° 16' 46"
B	42° 53' 14"	67° 44' 35"
C	42° 31' 08"	67° 28' 05"
D	40° 27' 05"	65° 41' 59"

单独意见、不同意见

1. 单独意见

施韦贝尔法官投票支持分庭的判决，认同法院分析和认定的必要性，觉得结论的分界线不存在"不公平"的情况。他认为，分庭因美方和加方的主张在法律和公平性上均缺乏证据，所以未予以参考的做法是正确的。

施韦贝尔法官不同意分割线的位置。他觉得分庭对芬迪湾的处理使得其对分割线作出的调整是不公平的。他认为应当将对新不伦瑞克省（New Brunswick）海岸线占比的计算考虑在内，因为该岸线"实质上正对着缅因湾"。

2. 不同意见

格罗法官不同意分庭的判决。他认为 1982 年 2 月 24 日的大陆架案（突尼斯/利比亚）否定了法院在 1969 年北海大陆架案作出的判决以及 1977 年英法仲裁法庭作出的裁决中对 1958 年《日内瓦大陆架公约》的解释所带来的结论。这个转折点意味着对第三次联合国海洋法会议所完成的海洋划界解决方案，即所谓的"同意及公平"方案的单独依赖。他对此表示反对。

本案所谓的公平"在不进行控制的情况下，不是根据法律，而是对结果的权宜性评估后作出的判决，是对仲裁的重新定义"。这使得"法官无法完成其使命，而是成为一名调解人。后者并非法官被要求扮演的角色"。

最后，格罗法官强调了等距离线在法律中的作用，认为分界线应为一条以大陆基准点划出的等距离线。

（六）海洋划界仲裁案

当事方	几内亚和几内亚比绍共和国
争议事由	分解；领海；专属经济区；大陆架；解释
审理法庭	依据1983年2月18日的特殊协定在1983年10月14日组建的三人仲裁法庭
裁判日期	1985年2月14日
发表刊物	《国际仲裁裁决报告》
选评著作	K. A. 麦克拉奇，《几内亚与几内亚比绍关于海洋划界的争议，1985年2月14日》，《马里兰国际法律和贸易杂志》，1987年春季第11期，第93—121页 傅，《关于几内亚/几内亚比绍海上边界划界仲裁的说明》，《中国国际法律和事务年鉴》，1987年第7期，第120—123页 阿奎龙，《1985年几内亚/几内亚比绍海洋划界案及其影响》，《海洋开发与国际法》，1995年第26期，第413—431页 M. D. 埃文斯，《海洋划界与扩大相关条件类别》，《国际法与比较法季刊》，1991年第40期，第1—33页 L. A. 威利斯，《从先例到先例：实用主义在海洋划界法中的胜利》，《加拿大国际法年鉴》，1986年第24期，第3—60页 M. D. 埃文斯，《划界与共同海洋边界》，《英国国际法年鉴》，1993年第64期，第283—332页 E. 大卫，《1985年2月14日关于几内亚与几内亚比绍海洋划界的仲裁裁决》，《法国国际法年鉴》，1985年，第350—389页

案　　情

1886年5月12日，法国和葡萄牙签署关于划分各自在西非的主权的公约。

在1958年之前，《公约》第一条的执行没有难度。葡萄牙于1958年将石油开采权授予一家外国公司。葡萄牙和随后的几内亚、几内亚比绍共和国启动程序来制定定义各自领海范围的法律和法令。结果，几内亚和几内亚比绍共和国主张行使其管辖权的海域出现了重合。

双方发起协商，并于 1983 年 2 月 18 日采用特殊协定，通过仲裁来划分它们的海洋领土。

仲裁法庭于 1983 年 10 月 14 日设立。

争议事由

1. 提交仲裁法庭审议的问题

（1）1886 年 5 月 12 日签署的法国—葡萄牙公约是否决定了在西非的法占和葡占区的海洋界线？

（2）以解释《公约》为目的，1886 年公约的附加协议和文件有多大的法律意义？

（3）应采用何种方式来用单一界线划分领海、专属经济区和附属于几内亚与几内亚比绍共和国的大陆架？

2. 各方主张

双方同意，尽管双方并非 1969 年签署《维也纳条约法公约》的各方，但该公约的第三十一和三十二条是适用于解释 1886 年公约的相关国际法规定。

针对海洋划界的争议，双方同意仲裁法庭应尊重惯例的国际法、判决和仲裁裁定以及由联合国赞助召开并达成的公约。

（1）几内亚坚称：

①"南部界线"（the southern limit）不仅确立了归属于葡萄牙的岛屿，同时代表一条通用海洋界线。

②划界应寻求对 1886 年公约中的"南部界线"的适用，尽可能延伸，越过洛克索角子午线，直到 200 海里的界线处。

（2）几内亚比绍共和国主张：

①在 1886 年公约中提及"南部界线"的唯一目的是指明归属于葡萄牙的岛屿。

②几内亚比绍共和国随后主张划界线应为一条从双方海岸低水位线处开始的等距离线。

仲裁法庭的分析

仲裁法庭注意到1886年的公约在法国和葡萄牙之间保持有效,直至殖民时期结束。然后,根据占领地保有原则,该公约在几内亚和几内亚比绍共和国之间也产生约束力。仲裁法庭按程序依据双方同意的1969年《维也纳条约法公约》的条款来解释该公约第一条最后一段的条款。仲裁法庭认为"界线"一词的含义不确定,虽然从提交的案情可以清楚发现,在争议出现前,法国、葡萄牙、几内亚和几内亚比绍共和国都将1886年公约第一条最后一段解释为已建立一条海洋边界。

仲裁法庭重新审视在1885至1886年协商时的会议纪要,除了在第一条中提出的一份草案文本,没有其他关于领海划界的文献参考。当时法国突然提交该草案,在葡萄牙的要求下该草案被立即撤回。会议纪要中没有对该草案的提交和撤回给出解释,所以仲裁法庭认为两个国家当时并无确定一条通用海洋界线的意图。

对于给出划界线的方法,仲裁法庭注意到双方均认可最近形成的1982年《联合国海洋法公约》中保留的惯例国际法法规,尽管该公约还不具有法律效力。仲裁法庭明确,根据该公约第七十四条第一段和第八十三条第一段规定,任何划界程序的目的都是根据相关条件完成一个公平的解决方案。为了保证划界建立在公平、客观的基础上,应通过各种手段保障各个国家能控制其海岸前的海域和邻近海域。

定义存在争议的海岸线相对简单,因为该段海岸线由从洛克索角开始,属于两个国家的全部海岸组成。洛克索角是几内亚比绍共和国和塞内加尔的国界,最远延伸至塞拉利昂的国界开始处,即萨拉图克角(Point Sallatouk)。但这两个最远点均没有考虑到海洋界线,因为并不存在关于第一个点的纠纷,而关于第二个点仅在几内亚的一部分有单边划界。不仅如此,该海域有无数的海岛,部分沿着海岸线,部分属于比热戈斯群岛(Bijagos Archipelago),其余一些则零散分布。在这种情况下,最有效的划界因素是海岸线的一般走向和配置,包括岛屿。

仲裁法庭注意到,两个国家的海岸,包含岛屿部分,呈凹状,等距离线会对几内亚海岸前的海域作出分割,并且被属于几内亚比绍共和国和塞拉利昂的海域包围成飞地。关于"南部界线",仲裁法庭针对第一个问题作出的推断是,尽管该界线并未建立一条海洋界线,朝着阿尔卡特拉斯岛划界也可能造成分割,还有可能导致飞地,会对几内亚比绍共和国造成损害。

基于这些原因,仲裁法庭将目光从较短的海岸线转向较长的海岸线,决定关注整个西非地区。仲裁法庭决定本案的公平划界应遵循将整个西非海岸线凸形通盘考虑的走向,并且应可用于作为本地区当前和未来划界的方案。在研究了各种考虑非洲西海岸一般配置的方案后,仲裁法庭认为从塞内加尔的阿勒曼迪点(Almadies Point)到塞拉利昂的先令角(Cape Shilling)形成的一条直线能够最忠实地反映出这个情况。

由此,仲裁法庭取得一条公平的划界线,首先延续"南部界线"(飞行员海峡和平行的北纬10°40'纬线)到阿尔卡特拉斯岛以西12海里,然后转向西南,形成一条几乎垂直于阿勒曼迪点到先令角连线的直线。

仲裁法庭认定双方就本案提出的其他条件的检查不适用于质疑本次裁定是否达成公平的结果。根据各个国家大陆界线自然延伸的概念,没有可能对任何特征提供证明,因为几内亚和几内亚比绍的大陆架组成了单一的整体,没有足够的标记划分。应用于需要分割海域的范围和海岸线长度的均衡性规则,不允许任意一方争取额外的优势,因为划界是以两个国家的海岸(包含岛屿)的一般走向为基础的。作为划界目的,应认为它们拥有相同的长度。最后,仲裁法庭认为以划界作为目的时,经济因素并非足够持久的性质。仲裁法庭仅强调说,对经济的担忧应促进双方在实现双方发展权益的观点下实施共赢互惠的合作。

仲裁法庭的裁决

仲裁裁决于1985年2月14日下达。仲裁委员会全体一致认为:

1. 法国与葡萄牙于1886年达成的公约并未确立双方各自在西非所占有的海域。

2. 在解释上述公约时,附加的协议及文件起到关键的作用。

3. 划分几内亚共和国和几内亚比绍共和国各自所属海域的界线如下:

· 自卡捷特河深泓线和子午线经度15°06'30"以西的交界处起。

- 以斜航线形式连接以下坐标：

	北纬	西经
A	10° 50' 00"	15° 09' 00"
B	10° 40' 00"	15° 20' 30"
C	10° 40' 00"	15° 34' 15"

- 自 C 坐标起按斜航线偏转 236 度划分，直至一般国际法认定的海域外界线，分属于各国。

（七）大陆架纠纷案

当事方	阿拉伯利比亚人民社会主义民众国和马耳他共和国
争议事由	划界；大陆架；平衡法
审理法庭	国际法院
裁判日期	1985年6月3日
发表刊物	《国际法院：判决书、咨询意见和命令》，1985年，第12—187页 《国际法报告》，第81期，第238页与第726页
选评著作	- G. P. 麦金利，《国际法院调停：利比亚／马耳他大陆架案》，《国际法与比较法季刊》，1985年第34期，第671—694页 - E. D. 布朗，《利比亚／马耳他大陆架案（1985）》，《国际法当代问题：纪念乔治·施瓦岑贝格八十岁生日随笔》，史蒂文斯父子，伦敦，1988年，第3—18页 - E. 德科，《1985年6月3日国际法院在利比亚—马耳他大陆架案中的判决》，《法国国际法年鉴》，1985年第31期，第294—323页 - B. 孔福尔蒂，《国际法院在利比亚马耳他之间的大陆架划界案判决》，《国际法委员会年鉴》，1986年第90期，第313—343页 - M. 利，《关于大陆架的案例（利比亚／马耳他）》，《美国国际法杂志》，1986年第80期，第645—648页 - B. 克维亚特科夫斯卡，《法官小田对海洋法案例的观点：海上边界的公平界定》，《德国国际法年鉴》，1993年第36期，第225—294页 - L. A. 威利斯，《从先例到先例：实用主义在海洋划界法中的胜利》，《加拿大国际法年鉴》，1986年第24期，第3—60页 - T. 麦克道曼，《利比亚马耳他案：对立法庭》，《加拿大国际法年鉴》，1986年第24期，第335—367页 - M. D. 埃文斯，《划界与共同海洋边界》，《英国国际法年鉴》，1993年第64期，第283—332页

案　　情

1976年5月23日，阿拉伯利比亚人民社会主义民众国（Socialist People's Libyan Arab Jamahiriya）和马耳他共和国签署特殊协定，向法院提交了关于两国大陆架划界的争议。

双方大体上同意了适用于本案的法律渊源，但不同意法院所指示的对这些原则和法规的实际适用方式。马耳他希望法院划出划界线，而利比亚希望法院仅仅宣布适用的原则和法规。

在审查了双方在特殊协定中的意图，并从特殊协定中推导出法院的管辖权后，法院认为特殊协定的条款没有阻碍法院给出划界线的指示。

特殊协定发起的划界仅和属于双方的大陆架区域相关，排除了可能属于第三个国家的区域。尽管双方实际邀请法院将其判决不限于正处于争议要求中的领土，但法院认为其不应自由作出该判决，特别是考虑到在诉讼程序中涉及的意大利的利益，后者在1984年申请依据规约第六十二条实施干涉的许可。法院拒绝了该申请。

争议事由

1. 提交法院审议的问题

（1）就归属于马耳他共和国的大陆架区域和归属于阿拉伯利比亚人民社会主义民众国的大陆架区域之间的划界，应采用哪些适用的国际法原则和法规？

（2）在实际情况下，针对该特定案件，为避免出现难点，双方应如何应用相关的原则和法规来划分协议中的相关海域？

2. 各方主张

因为仅有马耳他单方属于1958年《日内瓦大陆架公约》的一员，双方均同意：该公约，特别是公约第六条，不适用于双方之间的关系。双方均签署了1982年的《联合国海洋法公约》，但该公约尚未生效，因此无法作为条约法来实施。此外，特殊协定中未包含适用的实体法规定。因此，双方同意本次争议应适用国际习惯法。双方还同意1982年《联合国海洋法公约》内的部分规定在某种程度上构成了对本案适用的国际习惯法的解释。但是，双方不同意确定有具有这类状态的规定或是按规定的方式处理。

双方同意大陆架的划界应按照公平原则来实施，同时将所有相关条件都考虑在内，以得出公平的结果。

马耳他构成一个岛屿国家的事实引起了双方就大陆架划界时对岛屿的

处理方式的争议。双方同意岛屿应拥有和大陆相同的对大陆架的主权。利比亚坚持认为，出于这个目的，岛屿国家和与大陆国家有政治关联的岛屿之间不应存在区别。马耳他解释其并未以岛屿国家身份请求任何特权地位，而是以岛屿国家和与大陆国家有政治关联的岛屿之间的大陆架划界为目的请求区分。

（1）利比亚。自然延伸原则是对大陆架区域的法定权利的根本基础。利比亚指出本案仅和大陆架的划界有关。利比亚强调"距离原则"并非关于大陆架的一项积极的国际法规则，而且将"距离标准"应用在地中海并不恰当。利比亚提请法庭注意，大陆架未被包含在专属经济区的概念中。根据利比亚的意见，1982年的《联合国海洋法公约》，特别是其第七十八条，保持了将大陆架、海床和底土的法律制度从上覆水域的制度中分离出来。

利比亚接下来进一步主张在划界区域内"破裂带"的存在。对自然延伸的争论，从物理方面来说，其针对从陆地到海洋界线的自然延伸的争论依然是大陆架所有权的主要基础，可以理解为：如果临近一方的大陆架区域与临近另一方的大陆架区域之间存在本质上的不连续性，该界线应沿着基本不连续线来划分。根据利比亚的意见，"破裂带"分割出了两块不同的大陆架，划界应"根据和沿着破裂带的基本走向"来实施。

利比亚还主张将海岸线后的大陆加入对地理因素的考量，因为大陆为国家拥有的大陆架权利提供事实基础和法律管辖权。拥有更多大陆的国家应拥有更显著的自然延伸。

最后加入了均衡的重要性，特别依赖于1982年关于《（突尼斯/阿拉伯利比亚人民社会主义民众国）大陆架案》的法庭判决。利比亚主张对当前案的划界应在一定程度上反映均衡性。这一点可以通过遵循公平原则，即根据属于各自国家的大陆架区域范围和各自相关海岸线部分的长度进行划界。

（2）马耳他。根据马耳他的意见，延伸不应继续以物理特征、地理或测深为参考来定义，而是应该以离海岸的适当距离为参考。

马耳他依赖于专属经济区概念的形成，并引用了1982年《联合国海洋法公约》作为对"距离原则"在大陆架法中的重要性以及将大陆架概念从任何物理延伸标准中分离的确认。对于马耳他来说，1982年《联合国海洋法公约》第七十六条中对距离的参考代表了对"距离原则"认定的贡献。

依赖于"距离原则",马耳他主张,以为对向海岸的大陆架划界为目的,对距离理念的新重要性赋予了等距离方案的第一重要性。马耳他认定,要将距离原则作为划界过程的出发点,需要考虑一条等距离线,应以对初次划界得出结果的公平性的核实为准。马耳他随后主张,在对公平性的评估中,相关的公平考量应包括经济因素(马耳他岛缺乏能源资源、其现有捕鱼活动的范围等)、安全防卫利益等。

马耳他还提出国家主权完整的原则作为从根本上支持等距离方案的主张。马耳他指出,既然所有国家都是平等的,其主权也是完整的,无论其中一个国家的海岸线是否比另一个长,每个国家主权所产生的海洋延伸必须拥有同等的司法价值。

法院的分析

法院认定,根据适用于相邻国家的大陆架区域划界的法律,即适用1982年《联合国海洋法公约》第八十三条,公约已确定了应予以取得的目标,即"达成公平的解决方案",但未能提供达成的方式。

依据法院的看法,在考虑本案时,构成专属经济区体系的原则和法规不应被忽略,两个概念——"大陆架"和"专属经济区"——在现代法律中是被联系在一起的。一个国家对其大陆架享有的权利也会被该国家用于享有其可能宣告取得的任何专属经济区内的海床和底土的权利。附属于一个国家的专属经济区的合法容许范围是在为该国家的大陆架划界时需要考虑的一个相关条件。考虑实际和管辖权的原因,可以得出距离标准必须同等应用于大陆架和专属经济区这一结论。因此,法庭无法同意利比亚提出的海岸距离并非本案判决相关元素的论点。

法院认定在"破裂带"无法组成阻断马耳他大陆架南向延伸和利比亚北向延伸的本质不连续性,不能认定是某种天然界线。国家可以依法宣称从其海岸和无论何种相应的海床与底土的地理特征往外延伸最远200海里的大陆架的主权。对这个距离,没有理由去归因于任何地理或测深因素。

法院无法同意必须使用等距离方案,哪怕是用于确定划界线的前置或临时步骤。根据法庭的意见,沿海国或有权以从海岸线的距离为由取得大陆架的权利，且不考虑介于其中的海床和底土的物理特征，但不存在将等距离作为唯一适合的划界方案的必要。在特定相关条件下应用公平原则，哪怕是从最初就应用，可能还需要采用另一种划界方案或多种划界方案的组合。法院也考虑了国家惯例，但认为其不足以证明有规定使用等距离方案的法规的存在，或者实质上将任何方案变成责任。

法院驳回了利比亚提出的大陆为大陆架权利的所有权提供司法理由的主张。法院也没有赞同马耳他提出的划界应受到两个争议中国家相关经济地位的影响的主张。关于安全防卫的利益，法院指出判决给出的划界不会距离任何一方的海岸太近，亦不会导致安防成为本案中需要特别考虑的问题。法院驳回了马耳他由国家主权平等推导出的，无关海岸长度，由国家主权产生的海洋范围应具有同等司法价值的主张。

法院认为，根据法律本身和从开始起，如果沿海国对它们大陆架拥有同等的所有权，不代表其大陆架的范围是相等的。此外，在一开始无法将对海岸长度的参考作为相关考量之一的方案排除在外。

针对"均衡性主张"，法院重申，根据法理学，均衡性是众多需要考虑的因素中某个可能的相关因素，甚至没有在"适用于划界的国际法原则和法规"中提及。

法院认为通过临时步骤，即在马耳他和利比亚海岸之间划一条中线，相比符合其他标准导出的要求，通过该步骤达成最终公平的结果是最谨慎的司法程序方式。法院比较了其他标准推导出的要求，可能需要对该初步结果作出调整。

法院随后继续调整等距离线。在需要考虑的相关条件中，法院发现各方海岸长度存在巨大差异，因此决定对中线进行调整，给予利比亚更大的大陆架区域。

也因此，法院认定有必要调整划界线，使其更靠近马耳他的海岸。双方的海岸相对，而等距离线为由西至东，通过将划界线往北向移动来实现调整。法院接着建立这次移动的极限界线。法院认定，假设利比亚和马耳他之间的公平界线应在利比亚和西西里岛的中线以南是合理的，并判决将中线向北移动并穿过北纬18'纬线，应形成这条公平的划界线。

最后，对于剩下的问题，法院在其对北海大陆架案判决中提出"合理程度均衡性的元素……在附属于沿海国大陆架范围之间和其海岸长度"。在法院看来，没有任何理由和原则来证明类似于突尼斯/利比亚案中使用的形式的均衡性测试，即所谓对"相关海岸"的鉴定、对大陆架"相关区域"的鉴定、对海岸长度和大陆架区域的数字比例的计算，以及最终对这些比例的比较，不应该被用来判定对向海岸的划界公平性，对临近海岸亦然。

法院达成的结论是没有证据证明归属于各方的大陆架区域是不平均的，因此也不能认定将均衡性测试的组成要件当作公平方面未得到满足。

判　　决

1985年6月3日，法院以4票对3票作出判决。法院认定，引用了双方海岸之间的大陆架区域在前次判决时已定义的界线，也就是子午线东经13°50'和子午线东经15°10'。

1. 适用于划界的国际法原则和法规应通过当前所实施的协议来实现。针对归属于阿拉伯利比亚人民社会主义民众国和马耳他共和国各自大陆架区域的划界，判决如下：

（1）划界的实施应符合公平原则以及所有相关条件，从而取得公平的结果。

（2）附属于各方的大陆架区域不会超过从双方涉及的海岸往外延伸的200海里之外，从物理意义上，没有可以从自然延伸原则推导出的大陆架区域划界标准。

2. 在本案中用于达成公平划界的条件和因素如下：

（1）双方海岸的基本配置，它们的对向性和它们彼此与一般地理情况的关系。

（2）双方相关海岸长度和之间距离的悬殊差距。

（3）避免对附属于沿海国大陆架区域范围和根据海岸线基本走向测量出来的相应海岸部分的长度造成任何过度不均衡的划界。

3. 结果，作为第一阶段的推进，可能得出公平的结果———条每个点距离马耳他相关海岸低水位线[弗尔弗拉群岛（islet of Filfla）除外]和利比亚相关海岸低水位线都相等的中线。这条初步划界线应根据上述提及的条件和因素作出调整。

4. 在上段中所指的对中线的调整应通过将划界线向北移动并穿过北纬18'纬线。（和子午线东经15° 10'相交于约北纬34° 30'处。）这条移动后的划界线就形成了各自附属于阿拉伯利比亚人民社会主义民众国和马耳他共和国的大陆架区域之间的划界线。

法律断言，单独意见，不同意见

1. 法律断言

哈尼（El-Khani）法官投出了赞成票。但是，他觉得在考虑双方海岸长度后，根据合理程度的均衡性，应该形成一条更加往北的划界线。

2. 单独意见

鲁达（Ruda）法官、贝德贾维（Bedjaoui）法官和希门尼斯·德阿雷恰加专案法官（Judge ad hoc Jiménez de Aréchaga）共同提出了单独意见。

鲁达法官、贝德贾维法官和希门尼斯·德阿雷恰加专案法官同意法院判决中的大部分发现和结论。但是,本案的部分观点迫使他们提出一些看法。第一点是因判决中完全没有对马耳他提出的请求作出回应而提出的。马耳他请求根据辐射投影原则从其海岸向周边全方位辐射，形成的梯形延伸至利比亚昔兰尼加（Cyrenaica）的班加西市（Benghazi）范围。根据3位法官的意见，法院应找到方式来表明其对该主张的意见，且不应避免提出声明来表明该请求在范围上实际已经超过了法院认定拥有管辖权的区域。第二点是基于法官觉得有必要处理马耳他提出的一项主张："如果马耳他不存在，利比亚也无法合理请求获得超越其和意大利海岸之间等距离线的大陆架范围……因此，马耳他的存在是否给予了利比亚将其所有权在实质上推至该等距离线以北的优势？"针对这两个看法，鲁达法官、贝德贾维法官和希门尼斯·德阿雷恰加专案法官后续根据以下4个概念发展出了一份对本案的分析：

（1）梯形的分析。

（2）意大利和利比亚之间的虚拟界线。

（3）海岸线长度的比较。

(4)对均衡性测试的应用。

3. 单独意见

副院长赛特·卡马拉（Sette-Samara）虽然认同该判决已经完全达成了一个公平的解决方案，但还是觉得有必要将其对法院分析的部分观点的看法给出解释。首先，赛特·卡马拉副院长强调对相关海岸线的定义是极其重要的，因为判决将海岸长度的不均衡性认作特定条件，需要因此对等距离线进行修正。然后，他重申等距离一直被当作划界的有效技术手段。赛特·卡马拉副院长试图为关于大陆架概念进化历史的判决"填坑"，以此为法院的重要发现来草拟成旁注，使其可以作为在更多条约法领域的重要考量背景。他对判决中关于专属经济区的附录提出了批评。依照他的看法，这没有必要，也没有为分析的明确作出贡献。他还质疑均衡性测试仅在最后正常使用，且仅用于测试最后结果的公平性。

姆巴耶（Mbaye）法官在他的单独意见中提出了两个主要的看法。第一点意见是关于法院对自然延伸的取自习惯法的两个含义。他认为，1982年《联合国海洋法公约》第七十六条的自然延伸原则是个纯粹的司法概念，而在物理意义方面，自然延伸能在大陆边缘的外缘找到切实的表达。第二点意见，姆巴耶法官觉得他的意见跟法院判决中关于"海岸之间恰当距离"的部分相左。按照他的意见，双方海岸之间的距离无法引起或证明对由法院在划界临时步骤中首先划出的中线的修正。

瓦尔蒂克斯专案法官（Judge ad hoc Vaticos）同意整体的判决意见，但希望对法院的部分分析和发现给出他的看法。瓦尔蒂克斯专案法官同意的点包括第三方的利益、地理和地貌特征的角色。但是，他对下述各点有看法：

（1）"中线"的标准。根据瓦尔蒂克斯专案法官的理解，选择中线作为划界线有众多理由，不仅仅是基于条约，而是拥有最终的基础。

（2）"均衡"因素和"海岸长度"的情况。在瓦尔蒂克斯专案法官看来，因为本案和临近海岸或任何非正常配置无关，没有需要考虑均衡的部分。此外，均衡性似乎难以准确计算。

（3）海岸间的距离。

（4）其他特定"相关条件"的角色。瓦尔蒂克斯专案法官也强调了在审理程序中提到的两个条件：经济因素和安全。

(5)划界海域。

4. 不同意见

摩斯勒（Mosler）法官认为法院应对双方争议中的区域和划界相关区域的地理名词作出定义。他指出，在地中海中部的哪些区域属于双方划界这一问题很明显未被讨论。在他看来，这应当通过对双方海岸之间的地理关系的评估后才能决定。他同样质疑法院针对意大利的干涉而作出的不应决定，即其没有能力处理意大利的请求。该决定并不能免除法院检查利比亚和马耳他海岸在整个地区内的地貌关系的工作。

摩斯勒法官同意判决中的划界方案，也认同中线是得出公平结果的正常方案，而且不仅仅是作为划界步骤的第一步，也是作为最后结果的准则，除非该中线另有特定条件需要得到修正。但是，他无法发现任何信服的理由可以使法院从中线偏离，并向北整体转移18角分。他的观点是所宣称的特定地理条件（对各自海岸长度的比较以及马耳他小岛在地中海中部的特殊位置）未能在计算标准的基础上得到考虑，而是用于未加规定的公平印象基础上。

根据小田法官的观点，法院没有完全抓住海洋法的当前发展，很危险地用对特定案件中什么是公平的主观意识来定义公平原则。他认为判决错误地将法院的任务限制在近海，只为了避免一个在司法上尚未成立的第三个国家的诉讼及干涉。除此之外，判决用均衡性测试来判定建议划界的公平性是矛盾的。在小田法官看来，对利比亚/马耳他中线的调整或移动，即向北移动，是缺乏根据的。尽管判决通过将利比亚/马耳他中线作为最初或临时的划界，最终建议的18角分移动的结果缺乏等距离概念中固有的所有属性。因此，结果产生的界线无法被正确认定为调整后的中线。事实上，判决采用的做法涉及将一方的整个领土视作影响划界（西西里/利比亚）的特殊条件，但法院没有作出传证，还将第三方排除在外。为了清楚解释他的质疑，他分析了之前突尼斯/利比亚大陆架案和缅因湾案判决中的相关章节和最初在北海大陆架案中提及的"均衡性"测试。小田法官认为"等距离/特殊条件规则"表明1958年《日内瓦大陆架公约》依然是国际法的一部分。此外，他认为，特殊条件的角色，如果无法用于决定任何等距离线的替代方案，能为这条线在避免受到任何妨碍的观点下进行矫正奠定基础。

施韦贝尔（Schwebel）法官从两个方面对本次判决提出异议：第一，在他看来，法院给出的划界线为了推迟意大利的请求，已遭到过度切割。法院给予意大利的准许是其干预请求得到准许才能给予的，而且一旦该请求获得准许，意大利是否能建立法院满意的"意大利有权海域和无权海域"依然存疑。因此，施韦贝尔法官依然深信法院驳回意大利的干涉请求的决定是个错误。第二，根据他的意见，法院划的线并非利比亚和马耳他对向海岸之间的中间线，而是不正确的"修正过的"中间线，是通过适用法律和公正原则作出的不恰当的判定。施韦贝尔法官无法认可法院提出的用于作为其结论证明的"相关条件"（海岸长度的悬殊差距；海岸之间的距离；基点的缺乏；是什么控制划中线的过程；通用地理内容）。按照他的意见，这些条件的相关性没有得到体现；其在传统或惯例国际法中，在司法或仲裁判决中，或者在国家惯例中的权力没有体现。

（八）海域划界仲裁案

当事方	加拿大与圣皮埃尔和密克隆群岛（法属）
争议事由	海洋划界；相向或相邻海岸线；公约；飞地和正面投影理论；均衡性原则；等距离；矿产资源；公平；附属领土
审理法庭	根据1989年3月30日协定组成的仲裁法庭
裁判日期	1992年6月10日
发表刊物	《国际法律资料》，1992年第31期，第1145—1219页 《国际法委员会年鉴》，1992年第96期，第673—751页
选评著作	C. V. 科尔，《圣皮埃尔和密克隆岛海上边界案和古代条约的关联性》，《加拿大国际法年鉴》，1993年第31期，第265—281页 M. R. 布莱克斯利，《遥远岛屿问题：圣皮埃尔和密克隆岛海洋区域划界的仲裁》，《格鲁吉亚国际和比较法杂志》，1994年第21期，第359—385页 拉法叶·露易丝，《加拿大—法国海洋划界仲裁》，《国际海洋与海岸法杂志》，1993年，第77—103页 D. J. 海伊特，《加拿大与法国海洋区域的划界》，《美国国际法杂志》，1993年第87期，第452—464页 J. I. 查尼，《国际海上边界定界法的进步》，《美国国际法杂志》，1994年第88期，第227—256页 M. D. 埃文斯，《不到一个海洋的距离：圣皮埃尔和密克隆岛和扬马延岛和海域划界》，《国际法与比较法季刊》，1994年第43期，第678—696页 H. R. 法夫里，《加拿大与法国的海洋划界：1992年6月10日仲裁裁决》，《国际法委员会年鉴》，1993年第97期，第67—106页 E. 佐勒，《加拿大与法国的划界案（1992年6月10日判决）》，《法国国际法年鉴》，1992年第38期，第480—500页 R. 霍恩比，V. 休斯，《加拿大／法国海洋划界案》，《加拿大国际法年鉴》，1992年第30期，第3—41页 H. 迪普拉，《1992年6月10日加拿大与法国之间海洋划界案的仲裁裁决》，《国际法杂志》，1994年第121期（3），第653—669页 D. 维涅，《适用法国、加拿大之间关于1972年3月27日渔业权相互关系的协议（根据1992年6月10日的仲裁裁决，于1994年12月2日签署）的备忘录》，《法国国际法年鉴》，1995年第41期，第728—741页

案 情

圣皮埃尔和密克隆岛（Saint Pierre and Miquelon）是靠近加拿大海岸线的两座法属小岛，位于加拿大纽芬兰岛（Newfoundland）以南，加拿大布雷顿角岛（Cape Breton）和新斯科舍省（Nova Scotia）本土的海岸线以东。该岛海岸沿线有众多海湾、小岛和列岛，东南方正对大西洋。1966 年，法国和加拿大以换文形式对加拿大与圣皮埃尔和密克隆岛大陆架的划界位置予以明确。双方对分属加拿大和法国管辖权的近海区域的分界线的划分标准持不同的立场。法国认为对大陆架的划界应基于等距离原则，而加拿大主张应适用"特殊情况"规定。自 1967 年起，双方开始了艰难的磋商过程，双方政府多次尝试达成真正的折中方案，但未能成功。

1970 年，加拿大将其领海往外扩展了 12 海里。1971 年，法国采取了同样的措施。1977 年，加拿大和法国扩展其海洋管辖权，从各自海岸线延伸至 200 海里处。加拿大宣布将沿海岸线 200 海里区域作为其专属渔区。法国宣布将圣皮埃尔和密克隆群岛领海外延伸至 188 海里处的区域作为其管辖的经济区。

1972 年 3 月 27 日，双方签署了关于共同捕捞的协议。1980 年 10 月 3 日，双方在该协议基础上签署某文件，明确 1981 至 1986 年期间法国船只在加拿大海域内的年捕捞量。20 世纪 90 年代中期，双方产生新的纠纷：加拿大指责法国的捕捞量超过允许定额，而法国指责加拿大通过管理措施剥夺了其捕捞的权利。

在 1987 年 1 月，双方发现没有解决争议的可能性且对争议解决有急迫的需求，因此同意协商一份仲裁协议。组建仲裁法庭的协议于 1989 年 3 月 30 日签署，在调停官安立奎·伊格莱希亚斯（Mr. Enrique Iglesias）的协助下，双方对仲裁程序期间的捕鱼配额作出认可。

法庭由 5 位仲裁人组成：希门尼斯·德阿雷恰加法官（主席）（Mr. Eduardo Jiménez de Arédchaga）、博斯普·韦尔法官（Mr. Prosper Weil）（法国政府指定仲裁人）、艾伦·E. 戈特利布法官（Mr. Allan E. Gotlieb）（加拿大政府指定仲裁人）、葛塔诺·阿兰吉奥·鲁伊兹法官（Mr. Gaetano Arangio-Ruiz）和奥斯卡·沙赫特法官（Mr. Oscar Schachter）。

法庭于 1989 年 9 月 7 日在西班牙圣地亚哥—德孔波斯特拉（Santiago de Compostela）召集会议。在会议中，根据 1989 年协议的第五条第二点，法庭在咨询双方的代理后，指定菲利佩·保利洛先生（Mr. Felipe H. Paolillo）为书记员，指定海军中校 P. B. 比兹利（Cdr. P.B. Beazley）作为本案专家。双方在 1990 年 1 月提交了诉状，然后在 1990 年 2 月 1 日提交了辩诉状。仲裁法庭于 1992 年在 6 月 10 日作出了裁定。

争 议 事 由

1. 提交法庭审议的问题

双方在 1989 年协定第二条中对法庭的任务作出了定义。法庭根据适用本案的国际法原则和法规，为双方对自纽芬兰岛以南及圣皮埃尔和密克隆岛环岛的归属于法国和加拿大的海域进行划界。该划界线通过 1972 年 3 月 27 日签署协定的第八条中的划界点 1 到划界点 9 来生效。

2. 各方主张

加拿大和法国要求法庭作出宣布和判决，以特定的方式对海域进行划界。

（1）加拿大提出以非侵占和均衡性原则来划分各自的区域，倾向于采用不超过圣皮埃尔和密克隆岛海岸 12 海里的投影，对向纽芬兰岛的海岸除外，该区域适用中线划界。

（2）法国认为法庭应尊重各国的主权平等、岛屿的同等容量和从大陆延伸至 200 海里界线的海域。法国认定，综合等距离法和"相关条件"规定能够确保在遵循这两个原则的情况下确定该海域的划界。法国还要求法庭决定 200 海里外大陆架的界线。但是，法庭宣称其无法执行任何会影响到之前未在本案中出现的一方的权利的划界。根据 1982 年《联合国海洋法公约》第七十六条第 8 款和附件二，大陆架界线委员会（Commission on the Limits of the Continental Shelf）单方无法作出该决定，因为该划界不仅牵涉到各方，还牵涉到国际社会。

仲裁法庭的分析

仲裁法庭不同意双方提出的相左的主张。实际上，法庭认为两个国家均采用了符合其需求的标准。因此，法庭指出，虽然法国声称应用了国家平等原则，但否定了纽芬兰岛南海岸重要部分的任何朝海的投影。同样的，加拿大提出了非侵入原则并尝试避免对其朝西南向的海岸投影造成切割，但否定了圣皮埃尔和密克隆岛从领海之外到海岸开口线的任何投影。结果，法庭决定不理会双方提出的解决方案，转而依赖于国际法院对缅因湾的判决。该判决主张："必须同意该委托任务的最终阶段，独立于双方建议之外形成自己的解决方案。"（《国际法院报告》，1984，第190段。）

关于法国和加拿大提出的原则或标准，法庭主张：

1. 法国提出的1958年《日内瓦大陆架公约》第六条（等距离规定）适用大陆架并不具有强制约束力。法庭驳回了法国对该条款的解释，强调这样的执行会关联且取决于从海洋水团到大陆架的状态。此外，法庭认为应用等距离原则的义务取决于环境和地质状况。因此，法庭认为等距离原则对本案不适用。

2. 1977年英法仲裁的裁决无法作为适用的前例，因为海峡群岛与圣皮埃尔和密克隆岛两者的情况存在本质上的不同。

3. 尽管双方海岸的长度差异是考虑达成公平划界的重要因素，但海岸朝海的投影距离不取决于其长度，还需要考虑地理环境。

4. 具有完整海床的连续性和一致性特征的连续性大陆架，无法被认定为一个国家的专属领土。法庭驳回了加拿大提出的圣皮埃尔和密克隆岛仅为大陆架上的叠加，因此没有其自己的大陆架这一主张。每个海岸段均享有一部分的大陆架。法庭倾向于使用距离，而非海床物理结构作为标准。法庭进一步指出，不应将海床的物理结构考虑在内，因为当仲裁的目标是设立一条多用途的单一划界时，该因素就失去其重要性了。

5. 根据国际法，岛屿的海洋权大小与政治地位无关。圣皮埃尔和密克隆岛依附于法国的事实并不能作为不平等对待的基础。针对这一点，法庭指出纽芬兰岛也是岛屿，且不处于独立或半独立的状态。

6. 均衡性原则虽然对检查划界的结果有用，但不适用于测试公平性或用于对定义界线的方案作出纠正措施。

7. 单一划界意味着单一界线。因此，法庭决定将法国的廊道范围在 200 海里界线处终止。

判　决

法庭强调了海域地理特征的重要性，并且认为相关海域包含了"由纽芬兰岛和新斯科特岛形成的地理凹状"。计算了纽芬兰岛与圣皮埃尔和密克隆岛的海岸线长度，法庭得出的结论是两条海岸的比例是 15.3 比 1，两者的关系是邻接。

法庭决定单独对西部区块和西南以南区块进行研究。在西部区块，法庭认定，考虑到专属经济区，在圣皮埃尔和密克隆岛获得其领海界线外额外增加的 12 海里是公平的。因此，该专属经济区覆盖了在《联合国海洋法公约》的第三十三条定义的毗连区外延 24 海里的区域。在西南以南区块，圣皮埃尔和密克隆岛拥有海岸开口，该开口不受任何横向或对向的加拿大海岸的阻挡。因此，法庭认定，法国有完整权利向西朝海面投影至 200 海里处，除侵占或分割纽芬兰岛南海岸临近区块的平行海岸投影的部分。因此，法国将获得一条宽 10.5 海里的廊道。另一方面，法庭并未将该区域扩展到公海，因此法国获得的海域被加拿大的海域包围。

因为该划界基于地理标准，法庭认定有必要检查其判决的公平性。关于渔业问题，加拿大和法国之间的渔业关系适用 1972 年 3 月 27 日签署的协议，该协议允许双方的国民在另一方捕鱼区完成通行。在法庭看来，划界对于双方的捕鱼权利和矿产资源均不会造成影响。法庭随后进行了均衡性测试，认定了本次划界的公平性。最后，法庭督促各方保持良好的相互关系。

仲裁法庭最终以 3:2 作出判决，戈特利布法官和韦尔法官提出了不同意见。法庭判决包括从点 A 到点 S 确定一条相对的划界线，每个点的坐标都在北美基准（1983）大地测量系统 [North American Datum（1983）geodetic system] 中标出。

不同意见

1. 韦尔法官（法方指定仲裁人）

韦尔法官不同意法庭提出的划界。他解释说，法庭选择了被大多数人认可为最公平的解决方式——"蘑菇形"来进行划界。但是，他认为这个解决方案对法国是不公平的，并且警告说这样的公平性是岌岌可危的，因为将划界的法律中加入了太多不确定性。他谴责仲裁法庭的作为就好像仅认可加拿大享有该海域的主权和自然权利（还是应该译作"天赋人权"）。他指出，鉴于划界后海域的形状，法国将永远无法理性地开采这片海域。

韦尔法官认为判决缺乏法律基础且非常随意。他无法理解用连续区域来定义西线跟本案有什么相关，也不同意对用于划分海洋界线的方法的选择。对于法庭选择前方投影而非辐射状投影，他表示遗憾。他还指出了法庭在应用侵占原则时的不公平方式。他对法庭在本案中采用了均衡性测试，尽管是在判决后，表示愤慨。

此外，韦尔法官对法庭在划分海域时未考虑经济、社会经济因素以及关于航行安全和导航的政治考量而感到遗憾。他提出更广义的公平空间方案，包含了对经济和政治因素的考量。他更倾向于采用空间而非地理的公平性，尽管他也承认，这样的方案可能存在让司法判决更近似于调解的风险。

特别针对渔业这个悬而未决的问题，韦尔法官觉得法庭应将其作为决定界线的标准之一，给予更多的重视。

2. 戈特利布法官（加方指定仲裁人）

戈特利布法官认为划界不公，不同意法庭判决。他认为法庭采用的方法与公平原则和国际法律不一致。

戈特利布法官注意到法庭使用了错误的海岸线数据和错误的比例标准。他不认可法庭使用的地理标准的精度。他还指出，法庭对两个区块的应用存在矛盾。他不同意法庭用于划分海域的投影和用于质疑划界公平性的比例，因此认为法庭得出的结论是错误的。他强调法庭忽略了布雷顿角岛的东向投影。

戈特利布法官还认为，毗连区的应用不仅与本案无相关性，而且还否认了法国对200海里以外宽大陆架的所有权利。

(九)格陵兰岛和扬马延岛海洋划界纠纷案

当事方	丹麦和挪威
争议事由	划分双方国家相对海岸大陆架和渔区
审理法庭	国际法院(ICJ)
裁判日期	1993年6月14日
发表刊物	《国际法院:判决书、咨询意见和命令》,1993年,第38—314页 《国际法报告》,第99期,第395—682页
选评著作	J.I.查尼,《国际海上边界定界法的进步》,《美国国际法杂志》,1994年第88期,第227—256页 E.L.理查森,《扬马延岛透视》,《美国国际法杂志》,1988年第82期,第443—458页 J.I.查尼,《格陵兰岛和扬马延岛间的海洋划界》,《美国国际法杂志》,1994年第88期,第105—109页 M.D.埃文斯,《不到一个海洋的距离:圣彼埃尔和密克隆岛和扬马延岛和海域划界》,《国际法与比较法季刊》,1994年第43期,第678—696页 M.D.埃文斯,《格陵兰岛和扬马延岛间的海洋划界案(丹麦诉挪威)》,《国际法与比较法季刊》,1994年第43期,第697—704页 M.D.埃文斯,《划界与共同海洋边界》,《英国国际法年鉴》,1993年第64期,第283—332页 E.德科,《格陵兰岛和扬马延岛间的海洋划界案》,《法国国际法年鉴》,1993年,第495—513页

案 情

1988年8月16日,国际法院收到丹麦就本国格陵兰岛与挪威扬马延岛之间的海洋划界纠纷提起的诉讼。根据《国际法院规约》第三十六条第2款,该程序必须由当事双方声明,接受法院的强制管辖方可生效。依据《国际法院规约》第四十条第2款,在开庭前该申请已与挪威及其他有权出席庭审的国家进行了沟通。

海域问题的具体诉讼内容为：格陵兰东岸和扬马延岛之间的大西洋海域，冰岛北部与处于格陵兰和冰岛之间的丹麦海峡。法庭认定格陵兰岛和扬马延岛之间的 3 块区域为当事双方的争议区域：第一块，"权利重叠区域（area of overlapping claims）"，一方面是丹麦主张的 200 海里界定线，另一方面是挪威认定的中间线，北面当事双方的界定线相交，南面则是紧靠冰岛的 200 海里经济区线。第二块，"潜在权利重叠区域（area of overlapping potential entitlement）"，位于丹麦 200 海里界定线和相对应的扬马延岛沿岸的 200 海里基线之间。第三块，"定界争议区域（area relevant to the delimitation dispute）"，特指当事双方基线之间的水域，北面当事双方的界定线相交，南面是紧靠冰岛的 200 海里经济区线。

1965 年，丹麦和挪威就大陆架划界问题达成了协议。协议第一条注明："在挪威和丹麦分别行使各自主权权利的前提下，大陆架之间部分的界线必须严格测算缔约方领海宽度，使界线上任意一点均处于双方最近的领海基线中间位置。"第二条则规定丹麦和挪威以相同的定义划分双方大陆之间的斯卡格拉克海峡（Skagerrak）和北海地区。在当前的案件中，当事方反对 1965 年协议的意义和效果。

1976 年，丹麦立法沿本国海岸扩张现有的渔区至相关基线 200 海里内。1980 年 6 月，丹麦又将渔区扩张到了格陵兰岛东海岸 200 海里处。但是，与之相对应的扬马延岛的渔区司法权，则在"未收到进一步通知前"不得越过中间线。在 1981 年 8 月，整个 200 海里获得了司法权。1976 年，挪威颁布法令，在其沿岸 200 海里设立经济区。1980 年 5 月，挪威在扬马延岛周围建立 200 海里的渔区。立法规定该区域不得超过与格陵兰岛之间的中间线。从 1980 年 6 月至 1981 年 8 月，中间线在实际上已经成为当事双方各自行使渔业司法权的区域。

尽管双方从 1980 年以来经过多次磋商，依然未在相关区域就丹麦和挪威渔区及大陆架的划界问题达成一致。

争议事由

1. 提交法庭审议的问题

丹麦提起诉讼要求法院宣判：

（1）格陵兰岛应与扬马延岛一样，获得完整的200海里渔区和大陆架区域。

（2）在格陵兰岛和扬马延岛之间划一条界线，在格陵兰岛基线200海里处划出渔区和大陆架区域。

（3）如果法院因任何缘由无法划出上述要求下的界线，丹麦请求法院决定：根据国际法以及当事双方的事实与争议，划分格陵兰岛和扬马延岛渔区和大陆架范围。

挪威请求法院宣判：

（1）扬马延岛和格陵兰岛之间中间线存在的意义即划分挪威和丹麦相关区域的大陆架。

（2）扬马延岛和格陵兰岛之间中间线存在的意义即划分相邻的渔区。

（3）丹麦的主张无理无效，驳回丹麦的意见和请求。

2. 各方主张

（1）丹麦

1965年协议

丹麦认为，1965年协议的内容和目的仅仅在于以中间线划分斯卡格拉克海峡和北海部分区域。该协议不适用于丹麦辖区内任何其他区域。

当事双方采取的行动

丹麦发现：丹麦依据1958年签署的《日内瓦大陆架公约》的规定，颁布皇家法令对丹麦大陆架行使主权。在1963年丹麦就注意到了一些特殊情况，但是并未特地提出，因为该皇家法令是以1958年公约作为参考的。

根据丹麦1976年12月17日颁布的法令，可以注意到丹麦政府不希望引起划界问题，200海里渔区并未越过格陵兰岛东岸北纬67度。

根据1976年法令颁布的1980年的行政命令，在该区域进行适度的捕捞调控（扩张至200海里的限定范围），其原因是避免与挪威发生冲突。

法院研究对象的性质

丹麦请求法院划出特定的分界线,并用精确的坐标表示该线。该线将构成渔区和大陆架的分界线。

为了实现公平应当考虑的情况

丹麦主张即便采取临时措施,也不应当使用中间线。扬马延岛应归为"特殊情况",因此不应对格陵兰岛的大陆架区域产生影响。该定位理由如下:扬马延岛是位于格陵兰岛对岸的小块领土,无法单独维持人类居住和经济生活。应当考虑其他诸如地理环境、人口、双方领土的宪法地位、社会经济结构、文化遗产,当事双方的均衡性问题,以及其他区域的划分方式。

均衡性。 相关海岸的长度差异(关于双方大陆架和渔区)是丹麦对划界问题决定性的考量因素。在本案中考虑到上述差异,其结果应当反映在划界时给予格陵兰岛 200 海里海域上。

资源通道。丹麦强调格陵兰岛的因纽特人对格陵兰岛东岸资源开发具有独立性,特别是捕猎海豹和鲸鱼。该项资源开发是在欧洲共同体签署的渔业协议框架下进行的,并且在格陵兰岛东部渔业开发中占比超过一半。

由于冰面的存在,丹麦辖内的格陵兰岛东部海岸 200 海里区域的可用面积并不完整,因此挪威主张的中间线将会使丹麦仅剩 10% 的无冰海域可用于开展渔业。

社会经济因素。 格陵兰岛和扬马延岛的人口和社会经济因素,将会是丹麦在划界问题上的重要考量。需要指出的是:扬马延岛没有常住人口,无法独立维持人类居住及经济生活,且实际上也无人居住和开展经济生活。关于社会经济因素,丹麦要强调渔业及渔业活动对格陵兰岛的重要性,因为这是格陵兰岛的经济支柱。文化因素和格陵兰岛人口对土地及周边海域的依赖也必须受到重视。

当事双方的行为。丹麦主张:1981 年 10 月 22 日挪威与冰岛签订的协议表明在该区域有一种特殊的划界方式(延长冰岛 200 海里经济区和大陆架区域),在格陵兰岛和扬马延岛的划界问题上应当沿袭这一方式。此外,应当指出:1977 年 6 月 3 日挪威颁布了皇家法令,在斯瓦尔巴特群岛周围建立了渔业养护区,其中包括熊岛,上述法令的颁布应当作为挪威的相关行为纳入考量。

(2)挪威

<u>1965 年协议</u>

挪威主张：基于 1965 年的协议（见上文"案情"部分），格陵兰岛和扬马延岛之间已存在明确的界线。该协议第一条内容在挪威看来是具有普适性、无任何限制且毫无保留的。内容的自然意义则是为双方"所有划界问题建立明确的基础"。协议第二条，在挪威看来，则是"关于划界的问题"。因此，当事双方在 1965 年协议中一如既往地承认了中间线这一原则性事实。

此外，1965 年签订的协议中并未提及任何有可能影响到大陆架边界划分的特殊情况，挪威只能认定该协议无任何"特殊情况"需要纳入考量。

<u>1958 年《日内瓦大陆架公约》</u>

挪威主张：以中间线为边界的形式，是 1958 年公约中第六条第 1 款生效（当时挪威和丹麦都为当事方）的结果。

挪威的论点基于如下观点：1965 年协议宣称双方在 1958 年公约共同声明了没有任何特殊情况的存在。挪威进一步表示：在事实上也没有公约第六条中所述的特殊情况。因此，没有任何协议和特殊情况下，公约第六条按照约定俗成自动生效原则，将中间线确定为边界。

<u>当事双方采取的行动</u>

挪威主张：当事双方在"联合行动"中早已意识到中间线的划分在双方关系中的适用性。

1963 年丹麦颁布皇家法令，对大陆架行使主权，而在法令中有关丹麦对岸及相邻国家划界问题上并没有提及 1958 年公约第六条的限制性条款："除非另一条界线由于特殊情况而合理存在。"在挪威看来，该项疏漏证明丹麦在立法过程中已经勘察过地理情况，并且没有发现任何特殊情况会因中间线引发划界问题。

挪威还注意到丹麦 1976 年法令第二条，宣布了 200 海里的渔区，其中说明："渔区在与距丹麦海岸不足 400 海里的对岸或相邻的外国相关时，边界应当为距双方海岸基线距离相等的点连成的线，即中间线（median line）。"

挪威进一步指出：丹麦 1980 年 5 月 4 日的行政命令，宣布按照 1976 年丹麦法令执行并扩张丹麦渔区司法权至格陵兰岛和扬马延岛之间，此行为也应当解释为丹麦承认并接受以中间线为界。

再次提及1979年当事双方在挪威和法罗群岛之间划界的协议。挪威强调：本协议采用中间线划分大陆架和渔区的边界。

挪威在1979年至1980年间，在当事双方之间利用信件、笔录和简短的讨论进行外交接触和交流，并且在第三次联合国海洋法会议上对划界问题表明了立场。

<u>法院研究对象的性质</u>

挪威主张：对司法权的争议应当以划界问题的裁决结果为基准，精确界定范围一事应当交由当事双方商议。挪威进一步认为：尽管大陆架和渔区边界在概念上并不相同，中间线依然构成了上述二者的边界。以上两条线虽然位置重合，但是适用于不同的法律，是由1958年公约划出了大陆架线，由习惯法划出了渔区线。

<u>为了实现公平应当考虑的情况</u>

挪威主张：相对海岸，尤其是对于几乎平行的相对海岸，以中间线为界通常来说是公平的划分方式。

均衡性。挪威并不认为海岸的长度是一个独立的划界原则，而是检测以其他方式和手段划界是否公平的准绳。需要强调的是：根据1958年公约第六条内容，海岸线的长度不能认定为特殊情况。

资源通道。挪威指出：扬马延岛和格陵兰岛之间长久以来都是挪威捕鲸、捕海豹和捕鱼的海域。此外，在扬马延岛海域各种捕捞活动的捕获量占挪威总捕获量的8%，这有助于扶持挪威沿岸社区脆弱的经济。

安全。挪威认为：如格陵兰岛200海里的海域归属丹麦，则会导致一国的平移距离大于另一国，这对前者潜在利益的保护是不利的。

当事双方的行为。挪威否认：1981年10月22日挪威与冰岛的划界协议表明，冰岛大陆架和经济区在扬马延岛和冰岛之间基线距离不足400海里情况下延长至200海里，可成为格陵兰岛和扬马延岛之间划界问题的先例。挪威强调：1981年的协议是仅针对冰岛作出的政治让步。挪威还强调：1977年6月3日颁布的皇家法令，是挪威在斯瓦尔巴特群岛及熊岛建立渔业养护区，其外部边界与挪威大陆经济区的边界一致，是属于挪威的领土，所以不存在任何需要国际法院划界的权利重叠区域。

法院的分析

1. 1965 年的协议

法院认为：1965 年的协议应当解读为，仅在丹麦和挪威之间的斯卡格拉克海峡与北海部分海域建立中间线。该协议不得在格陵兰岛和扬马延岛之间以中间线划界。法院认为：如果 1965 年的协议目的经当事双方认可为在所有大陆架范围以中间线划界，应当在随后的协议（例如 1979 年法罗群岛和挪威签订的关于大陆架和渔区的划界协议）中指出。法院没有发现 1965 年签订的协议与本案有任何关联。

2. 1958 年《日内瓦大陆架公约》

挪威的论点是：1965 年的协议（没有提出任何"特殊情况"）确认了双方当事人对于 1958 年《日内瓦大陆架公约》的解释，即没有出现任何特殊情况。这一论点被驳回，原因为 1965 年的协议与本案无关。

此外，挪威认为 1958 年公约第六条在格陵兰岛和扬马延岛之间现有大陆架界线之处划出了一条中间线。这一观点是否成立，法院在审查上述公约有无事先考虑到"特殊情况"时也一并作了分析研究。

3. 当事双方的行为

依照当事双方的行为，法院强调，主要检验的是丹麦的行为。

从丹麦公布的关于 1963 年颁布的皇家法令，丹麦宣布对大陆架拥有司法权一事来看，法院不认为该法令支持挪威关于丹麦行为的观点。

关于丹麦 1976 年颁布的法令，法院解释为：第二条条款内容（关于用中间线划分渔区）是当事双方为了不使局势更加紧张而等待最终的划界决定。法院不认为丹麦法律默认与对岸的扬马延岛之间存在中间线。

法院还强调：不能认定 1980 年行政命令的条款（在 1981 年 8 月某案件中修订，取消越过中间线的司法权）为丹麦承认相关海域的中间界线。

法院认为：在 1979 年协议中挪威和法罗群岛之间以中间线划界，不代表丹麦同意将中间线边界套用至不同区域。

当事双方的外交接触和交流以及在第三次联合国海洋法会议上的立场，没有对丹麦的论点产生任何影响。

4. 法院研究对象的性质

当事双方并没有在缅因湾海域划界（《国际法院报告》，1984 年）一案中划设海域疆界。由于 1958 年公约对双方都有约束力，而其作为适用法律约束的范围仅为大陆架定界而非渔区定界，因此法院分别研究了两条适用法律：1958 年公约第六条可用于大陆架划界，而习惯法则用于渔区划界。然而，法院会就本主题及该区域仍有未划分的渔区这一独立事实参考习惯法来解释和应用第六条。法院记述了大陆架（利比亚/马耳他）一案，案中认为大陆架和专属经济区在现代法律中是密切关联的，划分任何界线都应当重视诸如离海岸的距离等更加重要的元素，这是当事双方的正常观念。

至于适用于渔区划分的法律，法院注意到当事双方不反对依照国际习惯法对专属经济区的界线进行认定。

当事双方都是 1982 年《联合国海洋法公约》的签字方，这一点双方都没有否认。法院会将当中为实现所有划界协议"结果公平（equitable result）"的条款（《联合国海洋法公约》第七十四条和八十三条）与习惯法结合考量。

关于大陆架划界，法院认为：因受到 1958 年公约的约束，且在对岸之间，将中间线作为临时分界线然后询问是否有"特殊情况"需要"另一条界线"。法院还认为：即使必须要用习惯法（而非 1958 年公约第六条）也必须遵照已宣判的案件以临时中间线作为出发点，然后询问是否有"特殊情况"需要调整或移动中间线。

依照先前的裁决，尤其是缅因湾一案，法院认为：渔区的边界划分也应当以临时中间线作为出发点。

法院也仔细研究了本案的几个因素，认为需要调整临时中间线以获得公平的结果。1958 年《日内瓦大陆架公约》提出调查有无"特殊情况"（即修改由于等距离原则的不恰当运用造成的问题）；而习惯法则是基于公平原则，提出调查"相关情况"（即在界定过程中需要考虑的事实）。法院注意到这两个概念有同化的倾向，并且事实上这两个程序的结果将毫无意外地一致。

5. 为了公平的结果而需要考虑的情况

均衡性。 就目前的判例法，法院得出结论：两边海岸长度的差异符合 1958 年公约第六条内容所描述的特殊情况。所以，鉴于海岸线长度的巨大差异，使用中间线将会导致明显的不公平结果。故法院认为：应当调整中间线的位置，向靠近扬马延岛的方向划界。这并不代表直接利用数字来表明格陵兰岛东部和扬马延岛海岸线长度的关系，也不是支持丹麦主张的在离格陵兰岛东岸基线200海里处划界，在相关界定纠纷中只留给挪威一小部分海域。这样的分界线对扬马延岛的权利有损害，也不符合公平公正的原则。

资源通道。考虑到海底资源，法院记述了大陆架（利比亚/马耳他）(《国际法院报告》，1985年）一案的声明，概括来说即：大陆架的自然资源确为相关情况，在划界问题上需纳入考量。

关于捕鱼，法院在缅因湾（国际法院报告，1984年）一案中记述道：考虑到当事双方的捕鱼活动，不会因划界而对两国人民的生计和经济福利产生灾难性的影响，故认为中间线对于丹麦获取鱼类资源来说过于靠近西边，因此中间线将向东调整。

冰的存在。法院同意常年冰冻将会影响该区域资源获取这一论点，所以这构成了一个特殊的地理特征。就目前的案件来看，法院认为虽然冰面在很大程度上季节性地影响了海域资源的获取，但是实质上影响南部权利重叠区域的迁徙渔业资源。故不认定为特殊情况。

社会经济因素。丹麦认为在划界问题上不应将扬马延岛作为完整的岛屿进行对待这一观点，法院不予认同，也不认同丹麦基于"文化因素"提出的观点。主要考虑的问题是，扬马延岛的居民多少或其地位多么特殊，抑或本地居民捕鱼与否，会对划界问题产生怎样的影响。在本案中，法院得出的结论是：扬马延岛因为人口局限性以及当地社会经济情况，都没有理由纳入划界问题的考量。

安全。根据大陆架（利比亚/马耳他）(《国际法院报告》，1985年）一案，法院认为：划界应当考虑安全问题。法院进一步表示，在本案中，考虑到安全问题的特殊性，界线将不会靠当事双方任何一边太近。

当事双方的行为。挪威主张：当事双方的行为已经默认了以中间线划界，法院不认可这一点。丹麦基于挪威和冰岛的划界、挪威大陆和斯瓦尔巴群岛（熊岛）渔业养护区的主张也不予考虑。关于熊岛，法院认为：在本案中该地区位于与权利重叠区域不相关的位置，无须划界。法院还认为，当事双方没有法律义务将争议转置。原先为了解决争议，根据情况提出了一个特殊的解决方案。该解决方案倾向于援引冰岛和挪威之间签订的协议，因为这部分协议内容包含了扬马延岛。

丹麦援引了这些协议，并试图获得与冰岛同样的待遇。法院认为：国际法没有规定为了公平地解决争端，应当在岛屿周围海域或是特定国家沿海对所有国家一视同仁。国际法允许在不同的部分使用不同的界定方式。因此，法院得出以下结论：在本案中，当事双方的行为不构成对划界造成影响的元素。

法院同时得出以下结论：作为当事双方大陆架和渔区划界的初级阶段临时启用的中间线，必须向让丹麦获得更大面积的海域方向调整。如果将该线调整至丹麦格陵兰岛东部基线 200 海里外，将是不公平的。因此，该界线应当划在权利重叠区域。法院认为：两种类型的海域（渔区和大陆架）分界线的位置和意义相同。在本案的情形中，两个类别的海域（渔区和大陆架）的边界线是相同的，对大陆架和渔区适用的法律均可适用。

至于该条线的定义，权利重叠区域可以划分为 3 块区域，如文中裁决段落 2 号示意图所示（图略）。格陵兰岛 200 海里两标记处向标记方向移动，与挪威主张的中间线两标记处向标记方向会合——L—J 线和 K—I 线已经确定，创造出区域 1、区域 2 和区域 3。区域 1 对应的是主要渔区域，双方应享有平等的渔业资源，由 M—N 线将该区域平均分成相等的两块区域。区域 2 和区域 3 由 K—I 线上已经确定的点 O 来划分，从 I 点到 O 点的距离是从 O 点到 K 点距离的两倍。区域 2 和区域 3 分别由 N 点直线连接 O 点和 O 点直线连接 A 点构成。

判　决

1993 年 6 月 4 日宣判。以 14 票对 1 票，法院判决如下：

北方，在格陵兰岛东岸和扬马延岛西岸之间，离上述格陵兰岛海岸 200 海里线上与扬马延岛距离相等的点，在 2 号示意图上以 A 点标注。

南方，冰岛附近 200 海里界线处，由冰岛主张的、位于该界线与上述两条线交会点（亦即 2 号示意图上标明的 B 点和 D 点）之间，分割英国与丹麦的大陆架和渔区的边界线，按照当前裁决第 91 和 92 项所述来划定。

法律断言、单独意见、不同意见

1. 法律断言

在这份声明中,小田法官表示,在他看来,丹麦的起诉是错误的,应当驳回。考虑到法院设立的线在当事双方达成协议的情况下有无数种选择方法,他决定:尽管他在几个点上有不同想法,不过还是听取大多数人的投票意见。

埃文森(Evensen)法官一并声明强调:《联合国海洋法公约》在当时还没有生效,这反映出一般国际法的几个原则。在第一二一条中,公约明文规定:适用于其他领土如领海、毗连区、专属经济区和大陆架的法律也适用于岛屿。因此,尽管扬马延岛面积小,而格陵兰岛规模堪比大陆,也必须全面考虑扬马延岛的海域划界问题。

埃文森法官强调:法院拥有自由裁量权来获得公平的结果,用合适的规定来让双方公平地获取权利重叠区域的渔业资源。

虽然阿吉拉尔·马德斯利(Aguilar Mawdsley)法官同意裁决背后的推断,但是他认为由法院划立界线能够获得公平的结果。根据当事双方海岸线长度的差异来看,格陵兰岛应当在争议地区占更大比例。

兰杰瓦(Ranjeva)法官表示,他投票赞成裁决的执行部分,因为这达到了公平的结果。他认为,法院应当将界限划分得更加明确并且详述划界理由。当事双方有权要求对界线到达的位置进行更详细的解释。法院决议的权威性是用诸如法律的标准、方法和规则等对已知因素的剖析来决定的。他还强调:法院应当详细说明特殊和相关的情况有时候应当在划界问题上纳入考量。他还指出:法院没有在这些商议中结合当事双方在联合国第三次海洋法会议上的立场考虑程序规则的特殊性质。一些相关及特殊情况会影响到所涉及国家对现有法律承认的其所属海域的权利,其范围有可能是包括所有的权利或具体行使的某项主权。

2. 单独意见

小田法官持不同意见,认为丹麦向法院的申请行为错误,是对海洋法某些概念的误读。他主要批评了专属经济区的概念,尤其是涉及另一个共存概念渔区时,丹麦的理解有偏差。同时,他认为丹麦请求划界的行为也忽略了大陆架制度不同的背景和演变。在这方面，他指出：在本案中当事双方的争议海域并不是1958年公约中描述的大陆架，而应当是1982年《联合国海洋法公约》中或者是现在公约中所述习惯法提及的大陆架。丹麦似乎在权利重叠区域的划界问题上混淆了大陆架和专属经济区的概念。其次，在他看来，在海域上用划定边界的方式来实现公平不是法院的职责，除非当事双方要求法院划出此类界线，即在法律允许的范围内行使权力和在公平合理的原则下决定解决方案。如果法院按照规约第三十六条第1款，在当事双方要求下划定海域界线，就不必应用国际法的规定，单纯地"在公平合理的原则下裁决案件"。但是在本案中，规约第三十六条第2款只在严格的法律纠纷中赋予权利，法院用划界行为来实现公平合理属于越权。

再次，即使法院有权利对专属经济区和大陆架进行划界，在裁决中划出的每一条线都没有令人信服的理由。

施韦贝尔法官声明法院的裁决有理有据，但自己并不全盘认可。他认为法院的做法有以下3个问题：

（1）海域界定法律是否应当直接用于公平分配？法院通过采用分配正义原则，背离了关于本案争议的公认法则，这些法则是国际法院在之前的审理案例中塑造定型的。

（2）双方海岸线的长度差异是否应当影响界线的位置？从立法机构对1958年《日内瓦大陆架公约》第六条的分析来看，他总结如下：没有任何迹象表明相对的海岸线长度可以认定为特殊情况。他对本案中法院对相对海岸线长度这一条件的应用表示批评，认为用相对海岸线长度作为判断依据毫无理由，纯属主观臆断。

（3）是否应当支持最大化的要求？法院划定的界线给人的感觉是给予丹麦的最大化要求以鼓励，而给予挪威的适度要求以惩罚。他质疑上述做法的公平性。同时，他认为从长远来看，这会鼓励无节制的要求，阻碍适度的要求。

施韦贝尔法官在总结中质疑法院是如何依照1958年《日内瓦大陆架公约》第六条，以及国际习惯法中有关渔区部分的程序，用同一条线划分出大陆架和渔区的。

沙哈布丁（Shahabuddeen）法官阐述了他的观点：本案中适用于划界的

法律依据是 1958 年《日内瓦大陆架公约》第六条。他认为第六条中的等距离规则为法律规定的组成部分，在没有任何协议和特殊情况时，应当以中间线为界。一般国际法中的特殊情况并不等同于 1958 年公约中的特殊情况，故不应当生效。因此，他支持挪威的意见，在没有协议和特殊情况的条件下，"以中间线为界"。

沙哈布丁法官指出：过去均衡性问题受到大陆架物理学定义的影响和限制，即大陆架为"领土的自然延伸"。在他看来，自然延伸概念可引申为赞同以距离作为中立原则来衡量相邻大陆架，减少了相关限制。以新的几何学原则来划界，让平衡性问题有了自由操作的空间。而非侵犯原则依然有效，禁止一个国家在另一个国家"眼皮底下行使司法权"。均衡并不是一种划界的方法，而是一种需要纳入考量的特殊情况。

至于沿岸长度的差异，沙哈布丁法官强调：一种情况是否属于特殊情况，要看它的存在是否让中间线的使用变得不公平。格陵兰岛和扬马延岛海岸线长度的差异确使中间线的划分变得不公平，因此确是特殊情况。

上述观察结果在原则上也适用于渔区，就相关情况而言，以中间线为界不符合公平这一原则。

沙哈布丁法官还认为：由法院划出公平的分界线这一行为有可能因其裁决的自由裁量特性引发批评。虽然法院有一定程度的自由裁量权，我们还要注意海域划界问题的难点在于以下二者必选其一：法院要么行使任何特定自由裁量权都难以找到一个令人信服的法律依据，要么无中生有划出一条线来。他强调，司法自由裁量权需要定义明确的界限，或在相关规定范围内行使。

关于法院是否有权力划一条线，法官认为：当事双方需要为这条线签署协议，而当前案件中当事双方并没有签署协议，唯一能在大陆架和渔区划一条线（即两条线完全一致）的情况是在运用国际法通常适用原则时偶然得出两线一致的结果。尽管心存疑虑，他还是支持法院的决议。

最后，在司法权问题上，他发现：当事双方已经接受由法院来决定界线，而不是单纯地在纠纷磋商问题上声明己方原则。所以，他认为：当事双方在边界问题上无法达成一致，在进入法院程序之前可以依照《国际法院规约》第三十六条第 2 款内容签署任择条款。

卫拉曼特雷（Weera mantry）法官同意法院的裁决，并对法学内容和实际程序上的公平概念作出了进一步分析，因为公平性很大程度上依赖这一裁决。在这种情况下，针对海域划界问题和更广泛的公平问题提出意见。需要强调指出：法院裁决在原则公平、程序公平和方法公平的应用上扮演着重要角色，既是推导出结果的依据，也是检验结果的准绳。然而，法院并没有依照公平合理原则在现有规则范围内按照法律习惯寻求公平。在本案中，法院在司法权利范围内使用了《国际法院规约》第三十八条第 2 款以外的公平概念和公平程序。裁决是具有参考意义的，这意味着该裁决的概念和评估过程需要在实体法中体现。只要法院没有遵照法律习惯，那么就意味着法院没有按照公平合理原则行事，所以当事双方的明确同意非常必要。

卫拉曼特雷法官还对公平原则的不确定性是否可以拿来作为定界类案件的准则表示了担忧，例如本案。分析了部分不确定因素之后，他认为考虑到海洋法的发展，在本案和通常情况下并不足以否定用这种方式达到公平。

阿吉博拉（Ajibola）法官大力支持法院的决议，不过同时也表示有些裁决需要详细阐述。依照评估过程,阿吉博拉法官分析了法院的司法权问题，诸如：划出界线而不是给予明确判决；划一条双重意义的线或两条重合的线；直接划分界线而当事双方并没有达成协议。他总结指出：在本案中，根据相关法律，法院只要认为出现了纠纷问题，那么就可以正当对案情进行决议。只要认为法院可以划分界线，下面的问题就是决定是划一条双重意义的线还是两条重合的线。他觉得，同意法院的做法，对大陆架和渔区两种截然不同的政体，至少要在表面上保持谨慎、公正以及法律强制性，然后两条线可以在法律执行中重合。

阿吉博拉法官还分析了挪威的论据，认为丹麦主张的是 200 海里大陆架和渔区，而非请求划界。在这种情况下，他支持以下观点：虽然格陵兰岛和扬马延岛的大小存在差异，但当事双方都要承认，海岸线的权利主要源自主权，这在国际法中是正当且获得认可的。

阿吉博拉法官对于本案适用法律问题同意法院的观点：1958 年《日内瓦大陆架公约》与大陆架和国际习惯法有关，与渔区有关。他还分析了过去 40 年来公平原则的适用性及其发展。他总结道：就海域划界问题来看，公平原则是习惯法的基本原则，也许在未来也是这个领域法律的本源。他坚决认为，国际习惯法对于海域划界问题是严格按照公平原则进行裁判的。

至于1958年《日内瓦大陆架公约》和国际习惯法中所提到的"特殊情况"，他总结指出：前者的协议结构、特殊情况及等距离原则和后者的协议结构、相关情况及公平原则在概念上完全一致。另外，他还认为：公平原则的应用是习惯法在海域划界问题上的最高准则。

3. 不同意见

尽管费舍尔专案法官（Judge ad hoc Fisher）表示对法院的某些理由表示赞同，但他依然对决议投出了反对票。然后，他分析了在一些问题上的不同看法。首先，他并不认为1958年《日内瓦大陆架公约》是本案唯一的法律依据，因为公约第六条需要习惯法的补充解释。他也不赞同法院的做法，认为根据第六条，在划界过程第一阶段应当暂时划出一条中间线。法庭没有拿出任何实质性的论据来支持将中间线作为划界过程的出发点。然而，法院先入为主且毫无根据地使用了中间线。法院如此做法是为了公平解决问题。在他看来这不符合自1958年来国际法的发展，尤其是于1982年编纂的《联合国海洋法公约》，已经削弱了中间线原则的重要性，只作为公平解决问题的一个要素。

费舍尔专案法官认为法院没有分清"权利（entitlement）"和"界线（delimitation）"的概念。二者概念的不同非常关键，因为大陆架和渔区拥有权利的依据和为其划分界线的法律完全不同。

费舍尔专案法官指出：在所有海域划界案件中，习惯法规定，公平原则的应用能够确保让划界结果公平。结果公平则是由权衡特定案件所有相关因素来决定。在本案中主要考虑的因素是地理特征。本案的特点是两个相对海岸线长度差异非常明显，因此均衡问题尤为重要。在本案中使用中间线，即便作为划界过程的出发点也不甚公平。

对于法院没有将人口和社会经济因素纳入考量，费舍尔专案法官也表示反对，理由是这些因素都会随时间而改变，但划界则是永久性的。他认为格陵兰岛和扬马延岛的人口、社会经济和政治结构是本案的要点，应当纳入考量。

费舍尔专案法官认为冰岛和扬马延岛的界线是格陵兰岛和扬马延岛划界问题强有力的参照，因为目前情况与前者相关因素非常相似。

最终，费舍尔专案法官不同意对权利重叠区域的划界方式（区域1、2和3），他认为这种划界方式显然是种臆断。

因此，费舍尔专案法官总结指出：该裁决并不是最公平的解决方案。格陵兰岛和扬马延岛之间的大陆架线和渔区线应当位于格陵兰岛东岸200海里处才应该是本案的结果。

（十）第二阶段仲裁裁决（海洋划界）

当事方	厄立特里亚和也门
争议事由	海洋划界；仲裁；等距离法；基准线；岛屿；均衡性；捕鱼
审理法庭	根据1996年10月3日协定建立的仲裁法庭（在海牙常设仲裁法院的主持下诉讼）
裁判日期	1999年12月17日
发表刊物	- 《国际法律资料》，2001年第40期，第983—1019页 - 《国际法报告》，第119期，第417页
选评著作	- W. M. 莱斯曼，《厄立特里亚—也门仲裁，第二阶段裁决：海洋划界》，《美国国际法杂志》，2000年第94期，第721—736页 - N. S. 马奎斯，阿图内斯，《1999年厄立特里亚—也门海洋划界裁决与国际法的发展》，《国际法与比较法季刊》，2001年第50期，第299—344页 - B. 克维亚特科夫斯卡，《厄立特里亚—也门案仲裁：在领土主权和海洋划界问题上取得具有里程碑意义的进展》，《海洋发展与国际法》，2001年第32期，第1—25页 - J. F. 多拜，《厄立特里亚和也门于1996年10月3日在巴黎签署仲裁协议》，《法国国际法年鉴》，1996年第42期，第477—481页 - J. F. 多拜，《厄立特里亚与也门之间的争端和仲裁裁决：1999年12月17日海洋划界裁决》，《法国国际法年鉴》，1999年第45期，第554—565页 - G. 迪斯泰法诺，《对厄立特里亚和也门之间的1999年12月17日海洋划界裁决的一些补充意见》，《法国国际法年鉴》，2000年第46期，第255—284页

案　情

1996年5月21日，厄立特里亚和也门在法国政府、埃塞俄比亚联邦民主共和国和阿拉伯埃及共和国的见证下签署了原则协议，双方在该协议下有义务和平解决因双方各自对红海数个岛屿和海域所享有的主权而引发的争议。

1996年10月3日，厄立特里亚和也门签署仲裁协议，双方根据该协议将争议提交给仲裁法庭。

厄立特里亚指定斯蒂芬·M.施韦贝尔（Stephen M.Schwebel）法官和罗莎琳·希金斯（Rosalyn Higgins）法官作为仲裁员；也门指定阿默德·萨迪克·库沙里博士（Dr. Ahmed Sadek El-Kosheri）和基斯·海特先生（Mr. Keith Highet）作为仲裁员。4位仲裁员经双方推荐，于1997年1月14日指定罗伯特·Y.詹宁斯爵士（Sir Robert Y. Jennings）作为首席仲裁员。

仲裁程序包括两个阶段，分别针对领土主权问题和海洋划界问题。在两个阶段中，仲裁法庭均将海牙常设仲裁法院国际事务局作为仲裁法庭的登记地。

仲裁法庭于1998年10月9日就第一阶段的争议事项作出裁决。仲裁法庭一致认为，争议相关的岛屿、小岛和岩礁的主权应在厄立特里亚和也门之间划分。然而，对于裁决认定的也门对群岛拥有的主权，仲裁法庭进行了限定，规定厄立特里亚和也门渔民的海域自由通过权及该地区的传统捕鱼体制予以保留。

针对海洋划界的仲裁裁决于1999年12月17日作出。

争议事由

1. 提交仲裁法庭审议的问题

仲裁法庭被要求决定厄立特里亚和也门两国之间在红海的海域边界。仲裁法庭认为"海洋边界"一词应按其通常含义理解，而不仅限于领海或毗连区。

2. 各方主张

双方均主张了一种中间国际边界线，但双方各自主张的中间线存在很大差异，并不重合。

（1）厄立特里亚

厄立特里亚要求仲裁法庭作出裁决，以保护"厄立特里亚人民对中海岛屿资源的历史性使用权，包括捕鱼、贸易、潜水采集贝类和珍珠、鸟粪层与矿物开采，以及其他相关的陆地活动，包括鱼类风干、汲水、宗教和丧葬活动，对用以睡眠、避难的庇护所的使用"。然而，厄立特里亚愿意与也门分享这些权利，并提议与也门通过谈判达成协议并将提交仲裁法庭。厄立特里亚就共享海域的外部边界的界定提出了方案。

对于中海岛屿的共享区域之外的海域，厄立特里亚设想将其"按照两岸之间的中线，该中线应包括两国在本仲裁开始的年代前根据《联合国海洋法公约》第一二一条在历史上拥有的岛屿"进行划分。

厄立特里亚指出，也门的主张存在根本上的矛盾：大陆架和专属经济区的边界应适用《联合国海洋法公约》第七十四条和第八十三条的规定，而该两条规定均未提及等距离法。因此，对这些区域的划界的要求应当是"实现公平合理的解决方案"。仅在两岸距离小于24海里的情况下，等距离法才能根据公约第十五条适用。厄立特里亚还主张，按照也门提出的方案，厄立特里亚拥有的若干小岛将无法通过也门的周围领海到达。而且，也门的方案也将导致主要的航运通道被划入也门的领水范围。

厄立特里亚提出的划界方案包括两部分：一条用以区分厄立特里亚所称的"共有资源区"或"岛周共享海域"的国际界线，以及在东侧的也门的专属水域和在西侧的厄立特里亚的专属水域——不仅包括领海，也包括中海岛屿以西和历史中间线以西的水域。厄立特里亚的主张的目的是保留传统捕鱼体制（但也门明确表示传统捕鱼体制不应对划界产生任何影响）。厄立特里亚提出的界线是大陆海岸之间的中间线，没有考虑也门的中海岛屿的存在，但考虑了厄立特里亚的岛屿。"共有资源块"的体系作为解决复杂的岛屿问题的灵活解决方案而被提出。就此，厄立特里亚主张，其在中海岛屿周围享有的传统捕鱼权没有被任何安排所保护。

对于历史性权利，厄立特里亚进一步坚持，也门最近（在仲裁第一阶段）就数个岛屿取得的主权使得这些岛屿不再是划界问题的重要考量因素，仅有两国在历史上拥有的岛屿应作为确立中间线的考量因素。事实上，厄立特里亚也指出，主权裁决书认为传统捕鱼体制通过历史上的固化为双方赋予了在缺乏领土主权的情况下的一种国际地役权。

在均衡性方面，由于也门提出的中部界线忽略了厄立特里亚部分岛屿的低水位基线，厄立特里亚在回应也门就均衡性提出的主张时，质疑也门所主张的中部界线实质上是否是《联合国海洋法公约》第十五条所设想的中间线。

（2）也门

也门提出了一条将一些小岛和岩礁考虑在内的中间线划界。也门的主张首先基于对中间线的通常理解，即中间线被适用于相对的海岸之间时通常会产生公平的结果。也门从而主张，仲裁法庭的一项首要任务是确定哪些海岸线作为基线。为此，也门将该区域分为3个部分——北部、中部和南部。也门表明了其提出的界线，并认为根据可适用的法律原则，适当的划界结果能够通过在相关海岸之间划定中间线而得出，而任何对基于公平原则划定的界线作出的调整都是不合理的。也门也提及了一些相关因素，例如均衡性、"非地理性的相关因素"，以及"也门的渔业社会对红海捕鱼的依赖"和"沿海国的安全因素"。

对于历史性权利，也门对厄立特里亚提出的仅有各国在历史上拥有的岛屿应作为确定中间线的考量因素的主张进行了回应。也门认为，其对此前有争议的岛屿的权属不是被主权裁决书中的裁决而创设的，该裁决实际上是对一项已经形成的权属的确认，而在仲裁中，权属问题的决定可以是对既有事实的回顾，也可以对既有事实发生追溯力。也门同时表示，其关注到厄立特里亚提议的共享资源区是建立在一种假设的基础之上，即仲裁第一阶段中裁决由也门享有的主权"仅仅是有限的或附条件的"。

在均衡性方面，也门的观点是，在划界已被其他方法所影响的情况下，均衡性是用以评估这种划界是否公平的一项考虑因素。尤其是，也门主张，考虑到一系列原因，相关的海岸长度在本案中不再具有重要意义，这些原因包括在某些区域，对中间线的任何修改都将涉及不侵犯原则，而在其他区域，公平划分本身就会保证划界结果的公平。

仲裁法庭的分析

1. 适用法

需要提及的是，仲裁协议将1982年《联合国海洋法公约》包括在适用法之中。厄立特里亚并非《联合国海洋法公约》的缔约国，因此这是一个重要的问题。仲裁法庭认为，在审理本案时还应适用海洋习惯法以及均衡性和不侵犯等原则，并考虑到岛屿的外在形态和"任何其他永久性因素"，以达到公平的结果。仲裁法庭还援用了伊斯兰教法以支持手工捕鱼体制的概念，尽管仲裁协议并未规定伊斯兰教法的适用。

2. 划界方法

厄立特里亚和也门均要求使用等距离法，尽管它们在两侧距离方面没有达成一致。

仲裁法庭根据学者著作、相关法学理论和《联合国海洋法公约》，表明"在相对的两条海岸线之间，中间线或等距离线通常是符合公约要求的公平界线"。

仲裁法庭确定了一条具有全部效果的单独中间线界线。中间线被定义为一条"其每一点都同被测算的两国中每一国领海宽度的基线上最近各点距离相等"的界线（《联合国海洋法公约》第十五条）。仲裁法庭精确地描述了其确定界线的方法，并对其作出了合理解释。仲裁法庭也回应了双方的主张。

仲裁法庭以低水位线作为基线，因为仲裁法庭认为这是国际法，尤其是《联合国海洋法公约》第五条的要求。也门提出的仲裁法庭应以厄立特里亚海岸的高水位线而非低水位线测量中间线界线的主张被仲裁法庭驳回。就此，需要指出的是，厄立特里亚国内立法对于领海的定义由埃塞俄比亚在1953年颁布，其将埃塞俄比亚的领海定义为"从海床末端的年最高水位线处的延伸"。

仲裁法庭仔细研究了岛屿的整体地理情况和沿岸的社居情况，以决定哪些岛屿应作为相关的基点。实际上，仲裁法庭强调了界线受岛屿外观的影响。仲裁法庭援引《联合国海洋法公约》第一二一条第2款，即：岛屿，不论多小，即使是岩礁，在其确实在高潮时是四面环水的岛屿的前提下，便能产生12海里范围的领海，从而得出了一串彼此间距小于24海里的岛屿可以产生一段连续领海的结论。因此，仲裁法庭在计算时包含了小岛，认为这些小岛是《联合国海洋法公约》第七条定义的"紧接海岸的一系列岛屿"的一部分。然而，也门主张应作为基线的岛屿中有一部分被仲裁法庭拒绝，由于仲裁法庭认为这些岛屿荒芜而不适于居住，而且它们的位置也在远海，并不适合作为考虑因素。

仲裁法庭还援引了《联合国海洋法公约》第十五条，表明等分中间线可以根据历史权属或其他特殊情况进行调整。然而，仲裁法庭认定在本案中并不存在该等因素。双方均强调了捕鱼活动的重要性，并要求仲裁法庭在划界时尊重现存的历史惯例,不应影响当地渔民、人口、经济和居民的饮食与健康。然而,仲裁法庭认为"双方均未成功证实另一方所提出的界线将对其国民的捕鱼活动产生灾难性的或不公平的影响,或将对其渔业社群产生不利影响并产生国民经济失调"。仲裁法庭认可了渔业活动对两国的历史、社会和经济的重要性,但并不认为这对划界具有法律上的相关性。对于双方在仲裁开始前签署的石油协议,仲裁法庭在第二阶段表明,由于其已经在第一阶段作出了裁决,该协议不影响海洋划界。无论如何,仲裁法庭提出了对该区域共同开发。

仲裁法庭还适用了不侵犯原则,以保证划界的公平。

最后,仲裁法庭计算了双方海岸的长度,在本案中适用了均衡性原则,并认为不存在不均衡的情形。仲裁法庭认为,均衡性考量是"对通过其他方式得出的划界结果是否公平的检验",而非一种独立的划界方法或划界原则。

3. 传统渔业:对第一阶段裁决书的理解

仲裁法庭回顾了在第一阶段(领土主权),其裁决认为:"在行使对这些岛屿的主权时,也门应确保为了保障贫苦而勤劳的厄立特里亚和也门两国渔民的生存和生活,保护他们在传统捕鱼体制下的自由进入和享有的权利。"在裁决书正文中,仲裁法庭补充道:"该地区的传统捕鱼体制永久地附属于被认定为属于也门的主权,包括厄立特里亚和也门两国渔民的自由进入和享有权。"

厄立特里亚在第二阶段(海洋划界)中主张,第一阶段的认定意味着仲裁法庭应在第二阶段划定共享资源区。因此,厄立特里亚要求仲裁法庭明确第一阶段裁决书的含义。也门的理解是,第一阶段的裁决书要求也门独立承担保护传统捕鱼体制的义务。

基于该地区的法律传统和伊斯兰教的观念,仲裁法庭解释第一阶段的裁决书的目的是保护该地区的传统渔民固有的权利。仲裁法庭表明:"所有的法律权利,即使是事实上确由个人享有的权利,都会在西方的法律拟制下归于国家。没有理由将西方的法律拟制引入红海——这在任何意义上都丧失了重要性。"因此,在第一阶段被裁决由也门对岛周海域享有的主权既不是共有的,也不是有条件的。仲裁法庭只希望两国的渔民都可以由特定的保护而受益,使得他们能够继续在现在被视为也门的主权范围的区域从事捕鱼活动。然而,仲裁法庭将鸟粪层和矿物开采排除在了捕鱼特权的范围之外。

裁　　决

考虑《联合国海洋法公约》第十五条、七十四条和八十三条,仲裁法庭在厄立特里亚和也门之间划定了一条具有全部效果的单独中间线界线,以划分双方之间的海上界线。因此,厄立特里亚和也门之间的海洋界线是以根据1984世界测地系统(WGS 84)以经纬度的分、秒界定的,按照指定的顺序排列的点为交点的一系列测量线。

对于传统捕鱼体制,仲裁法庭赋予了厄立特里亚手工捕鱼渔民自由出入相关岛屿的权利,包括对也门领水的无害通过权。

对于油气开发和开采,仲裁法庭裁决认为:"双方有义务就任何跨越或紧邻双方之间的单独海洋界线上可能被开发的石油、天然气和任何其他矿产资源互相通知并协商。"

（十一）卡塔尔与巴林海洋划界和领土问题纠纷案

当事方	卡塔尔和巴林
争议事由	群岛主权；直线基线；海洋边界划分；单一海洋边界线；等距离线；特殊情况；
审理法庭	国际法院（ICJ）
裁判日期	- 1994 年 7 月 1 日（管辖权和受理性问题） - 1995 年 2 月 15 日（管辖权和受理性问题） - 2001 年 3 月 16 日（实体判决）
发表刊物	《国际法律资料》，2001 年第 40 期，第 847—899 页 《国际法院：判决书、咨询意见和命令》，2001 年，第 40—461 页
选评著作	- M. C. 雷赫尔，《卡塔尔与巴林的海洋划界与领土问题》，《丹佛国际法律与政策杂志》，1997—1998 年，第 725—766 页 - A. M. 坎贝尔，《国际法——海洋划界与领土争端，卡塔尔诉巴林，1994 年 7 月 1 日国际法院》，《萨福克跨国法律评论》，1996 年第 19 期，第 573 页等等 - J. 克莱伯斯，《卡塔尔诉巴林：国际法中的条约概念》，《国际法档案》，1995 年第 33 期，第 361—376 页 - J. 布洛克，F. 克拉布，《巴林—卡塔尔争端的最新动向》，《海湾报告》，1995 年第 50 期，第 3—51 页 - G. 普兰特，《卡塔尔与巴林之间的海洋划界和领土问题（卡塔尔诉巴林）》，《美国国际法杂志》，2002 年第 96 期，第 198—210 页 - J. G. 梅尔里斯，《卡塔尔和巴林关于海洋划界与领土问题案（卡塔尔诉巴林）》，《国际法与比较法季刊》，2002 年第 51 期，第 709—722 页 - Y. 田中，《关于卡塔尔/巴林海域划界问题的思考》，《国际法与比较法季刊》，2003 年第 52 期，第 53—80 页 - M. 门德尔松，《卡塔尔与巴林在国际法院上的古怪案例》，《英国国际法年鉴》，2001 年第 72 期，第 183—211 页 - B. 克维亚特科夫斯卡，《卡塔尔与巴林之间的海洋划界和领土问题案》，《海洋开发与国际法》，2002 年第 33 期，第 227—262 页 - E. 德科，《卡塔尔与巴林之间的海洋划界和领土问题，背景》，《法国国际法年鉴》，2001 年第 47 期，第 177—240 页

案 情

从 1976 年开始，沙特阿拉伯王国为解决巴林和卡塔尔之间关于某些岛屿主权及共同海洋边界的争议进行调停。双方未达成一致。1991 年 7 月 8 日，卡塔尔向国际法院递交申请，就两国之间关于"哈瓦尔群岛（Hawar Islands）主权、迪巴尔沙洲（Dibal）和吉塔特杰拉达沙洲（Qit'at Jaradah）主权，以及两国海洋界线"的系列争议启动诉讼程序。卡塔尔主张，依据两国在 1987 年和 1990 年签订的构成"巴林公式"（Bahraini formula）的两个"协定"，国际法院对该争议具有管辖权。巴林在 1991 年 7 月 14 日、18 日对卡塔尔援引的管辖权依据向法院提出书面异议。

法院在 1994 年 7 月 1 日的判决中认为：沙特阿拉伯王国主持下由卡塔尔埃米尔和巴林埃米尔进行的标题为"纪要"的换文，构成设立当事方权利义务的国际协议。同时根据协议条款，法院认为当事方已承诺将其之间的全部争议提交国际法院解决，与"巴林公式"一致。之后，在 1995 年 2 月 15 日的判决中，法院认定其对卡塔尔和巴林之间的争议具有管辖权。

在之后对案情实质审理的书面审理程序中，巴林对卡塔尔提交的 82 份文件的真实性提出异议。双方均就该问题提交了数份专家意见，法院发出了数项命令。法院在最终的一项命令中记载了对卡塔尔问题的决定，在本案中不予采纳该被巴林质疑真实性的 82 份文件。

本案例仅摘要该案中涉及海洋划界的相关问题。需要指出的是，为确定哪些海岸构成当事方的相关海岸，法院首先应确认哪些岛屿属于其各自的领土。

争议事由

1. 提交法庭审议的问题

（1）某些岛屿、小岛和沙洲的主权。

（2）卡塔尔和巴林之间的海洋划界。

2. 各方主张

（1）卡塔尔请求法院依据国际法进行判决并宣告：

- 卡塔尔对哈瓦尔群岛享有主权；
- 迪巴尔沙洲和吉塔特杰拉达沙洲为卡塔尔主权范围内的低潮高地；
- 巴林对贾南岛（Janan）不拥有主权；
- 巴林对祖巴拉（Zubarah）不拥有主权；
- 任何关于群岛基线和捕捞鱼类、贝类、浮游生物的活动区域的主张与本案的海洋划界问题无关。

另外，卡塔尔要求法院基于祖巴拉、哈瓦尔群岛、贾南岛属于卡塔尔而非巴林，在卡塔尔和巴林各自的海床、底土和上覆水域的海域之间绘制一条单一海洋界线。卡塔尔向法院指出了该界线的地理坐标和方向，即该边界线应以巴林和伊朗在1971年边界协议中确定的2号点为起点。

（2）在另一方面，巴林请求法院宣告：
- 巴林对祖巴拉岛拥有主权；
- 巴林对包括贾南岛和哈特贾南岛（Hadd Janan）在内的哈瓦尔群岛拥有主权。

此外，鉴于巴林对岛屿的主权及其他因素，包括迪巴尔群岛和吉塔特杰拉达群岛构成的巴林列岛，巴林在其备忘录的第二部分提出在巴林和卡塔尔之间的海洋边界。

法院的分析

法院注意到了卡塔尔半岛的地理状况，以及构成巴林的主岛东西海岸外的岛屿、小岛和沙洲的数量。

法院还简要追溯了双方之间的争端背景，即卡塔尔和巴林在1971年不再是英国保护国之前的复杂历史。

1. 祖巴拉主权

法院不接受巴林提出的英国一贯认为祖巴拉属于巴林的主张，因为英国政府和巴林统治者1868年协议、1913年和1914年公约，以及1937年的英国常驻政治官员和印度国务秘书的换文均有相反记载。1868年之后，卡塔尔在祖巴拉的统治权威日益巩固。1913年《英—奥公约》（Anglo-Ottoman Convention）对该权利予以认可，1937年明确确立。由此，法院认定卡塔尔对祖巴拉拥有主权。

2. 哈瓦尔群岛主权

法院认为双方对哈瓦尔群岛主权问题的长篇主张涉及几个法律问题：英国 1939 年决定的性质和效力；固有权利的存在；"有效控制"；法院对"依法占有原则"（uti possidetis juris）的适用。

巴林提出，基于国际常设法院的裁决倾向，1939 年英国政府关于哈瓦尔群岛属于巴林的决定应当视为仲裁裁决，具有既判力。另一方面，卡塔尔否认巴林援引的裁决与本案相关。

法院在审查 1939 年英国的决定是否应被认为构成仲裁裁决的问题上，认为"仲裁"一词在国际公法上通常指"通过自己选择的裁判机构依据法律解决国家之间的分歧"，联合国国际法委员会对该定义进行过重申。然而在本案中，法院发现双方并没有协商一致将案件提交由其选定的法官组成的仲裁法庭，并依据法律进行裁决或进行衡平仲裁。事实上，双方仅同意争议问题由"国王陛下政府"来决定，并由其指定以何种方式及机构形成裁决。基于此，1939 年英国政府的决定不构成国际仲裁裁决。因此，法院无须考虑巴林就法院是否就审查仲裁裁决合法性享有管辖权的主张。然而，一项决定不是仲裁裁决的事实并不代表该项决定全无法律效力。

卡塔尔主张其从未同意过由英国政府来裁决哈瓦尔群岛问题，并指出英国官员在处理该问题上存在偏见。

法院指出：于 1939 年裁决的请求以及相关换文显示巴林和卡塔尔同意由英国政府来解决其关于哈瓦尔群岛的争端。因此，1939 年裁决应被认为是对两国自始有效并在 1971 年两国不再是英国保护国之后持续有效的文件。法院认为：巴林对哈瓦尔群岛拥有主权，并指出在本案中无须对已存在的固有权利、有效性问题以及依法占有原则的适用问题进行裁决。

3. 贾南岛主权

法院在审查当事方对贾南岛的诉求时发现，卡塔尔和巴林对于贾南岛的构成存在不同理解。审查双方争议后，法庭决定将贾南岛和哈特贾南岛视为一个岛屿。双方还就贾南岛是否应归属于哈瓦尔群岛、应根据英国 1939 年决定归属巴林还是该决定并未涉及该岛的问题进行了冗长的争论。

此后，法院考虑了英国驻巴林的政务专员在 1947 年 12 月 23 日向卡塔尔和巴林的统治者发出的信函。在这些信函中，该政务专员代表英国政府向双方就英国政府对双方的海床作出的已生效划界进行了通知，并明确"贾南岛没有被认定为哈瓦尔群岛的一部分"。反之，英国政府认为贾南岛属于卡塔尔。法院认为英国政府对1939年裁决和其产生的结果给出了权威性的解释。因此，基于1939年英国政府的决定，法院认定卡塔尔对贾南岛，包括哈特贾南岛，拥有主权。

4. 海洋边界划分

双方均同意法院应根据国际法就海洋边界的划分作出决定。然而，巴林和卡塔尔均非1958年《日内瓦领海和毗连区公约》的缔约国；巴林批准了1982年《联合国海洋法公约》，但卡塔尔仅仅是签署国。法院从而认定编入《联合国海洋法公约》中的国际习惯法为适用法。

5. 单一海洋边界

法院注意到，在"巴林公式"下，双方要求法院"在双方各自的海床、底土和上覆水域的海域之间绘制一条单一海洋边界线"。就此，法院认为，单一海洋边界的概念并非源自多边条约，而是来自国家实践，体现了各国希望建立一条不受干扰的界线，以对其拥有的多样的、部分重合的海洋管辖范围区进行界定。

6. 领海划界

法院忆及沿海国对领海的权利并不是功能性的，而是领土性的，并及于海床、上覆水域和上层空间。法院考虑到其最终的任务是绘制一条单一海洋边界，同时使用了与领海划界相关的国际习惯法。

双方同意，《联合国海洋法公约》第十五条实际上与1958年《日内瓦领海和毗连区公约》第十二条第1款相同，是国际习惯法的一部分。第十二条第1款通常被称为"等距离/特殊情况"规则。

法院注意到，在领海划界过程中，最合理并被广泛使用的方法是先初步绘制一条等距离线，然后考虑该等距离线是否应根据特殊情况而调整。

7. 等距离线

法院注意到，等距离线是一条其每一点都同被测算的两国中每一国领海宽度的基线上最近各点距离相等的界线。仅在基线已知的情况下，该界线才能被绘制出来。

8. 相关的海岸

卡塔尔主张：对于划界，应适用大陆对大陆的方法绘制等距离线。卡塔尔认为适用大陆对大陆的方法时，不应考虑相关区域内的岛屿、小岛、岩礁、暗礁或低潮高地，这意味着该等距离线应根据高潮线而绘制。

巴林认为：巴林事实上是一个群岛国家或多岛国家，其特征是海洋地貌在类别和大小上复杂多样。由于海洋权利是由陆地决定的，因此应根据巴林所拥有主权的全部海洋地貌确定基点。巴林同时主张，根据国际习惯法，在对重合领海进行划界时，低潮线才是确定领海宽度的决定性因素。

法院忆及根据可适用的国际法规则，沿岸低潮线时测量领海宽度的通常基线，与1982年《联合国海洋法公约》第五条一致。

法院明确，在过往案件中，海洋权利来源于沿海国对陆地拥有的主权，可以总结为"陆地统治海洋"原则。因此，陆地状况必须被作为认定沿海国海洋权利的起点。

9. 低潮高地

沙特·阿兹姆（Fasht al Azm）。双方在沙特·阿兹姆岛是锡特拉岛（Sitrah）的一部分还是与锡特拉岛自然连接的低潮高地的问题上产生了分歧。对于就这一区域进行划界，法院不必对这个问题作出决定。

吉塔特杰拉达。对于吉塔特杰拉达是岛屿还是低潮高地，双方的意见相反。根据1958年《日内瓦领海和毗连区公约》第十条第1款和《联合国海洋法公约》第十条第1款，岛屿的法律定义是："四面环水并在高潮时高于水面的自然形成的陆地区域。"在对证据进行了审查后，法院认定吉塔特杰拉达岛在绘制等距离线时应被考虑，且巴林对该岛拥有主权。

沙特·迪巴尔（Fasht ad Dibal）。双方同意，沙特·迪巴尔岛是低潮高地。然而，卡塔尔主张沙特·迪巴尔作为低潮高地不能被先占，而巴林主张低潮高地可以根据领土取得的标准而被先占。法院认为，关键问题在于一国可否对同时位于两国领海范围内的低潮高地通过先占取得主权。

法院的结论是，低潮高地产生的权利与岛屿或其他领土不同。因此，在这些低潮高地位于争议区域重合处的情况下，不能认可巴林有权以其低潮线作为基线的主张，也不能认可卡塔尔有这样的权利。法院从而认定，在绘制等距离线时，这些低潮高地不应被考虑。

10. 直线基线法

法院认为，被巴林作为其向法院提出的地图的合理性依据的直线基线法，是确定基线的通常规则的例外，只能在某些条件被满足的情况下适用。这种方法应被有限制地适用。这些条件主要是，或者海岸线极为曲折，或紧接海岸有一系列岛屿。巴林主张，其主要岛屿的海洋地貌可以等同于和大陆构成一个整体的一系列岛屿。然而，法院没有把这种特征视为"紧接海岸的一系列岛屿"，并认定巴林无权适用直线基线法。

11. 特殊情况

法院认为，特殊情况可以构成初步绘制的等距离线的调整因素，以达到公平的结果。

一并考虑了特殊因素，法院决定，该海洋界线以沙特阿拉伯的海洋边界的交叉点为一端，以巴林和卡塔尔的不能确定的海洋边界的交叉点为另一端，沿东北方向，紧接着转向东，随后经过哈瓦尔岛和贾南岛之间；此后转向北并经过哈瓦尔群岛和卡塔尔半岛之间并继续向北，将低潮高地沙特·布·图尔（Fasht Bu Thur）和沙特·阿兹姆岛留在巴林一边，并将低潮高地吉塔·爱尔·额吉（Qita'a el Erge）和吉塔特·艾施·沙加拉（Qit'at ash Shajarah）留在卡塔尔一边；最后经过吉塔特杰拉达和沙特·迪巴尔之间，将吉塔特杰拉达留在巴林一边，而将沙特·迪巴尔留在卡塔尔一边。

在航行方面，法院强调哈瓦尔群岛和巴林的其他岛屿之间的水域不是巴林内水，但是是领海。因此，卡塔尔的船只和其他国家的船只一样，在这些水域中根据国际习惯法享有无害通过权。与此相似，巴林的船只和其他国家的船只一样，在卡塔尔的领海中享有同样的无害通过权。

12. 大陆架和专属经济区的划分

法院在待划分的部分覆盖大陆架和专属经济区的区域中绘制了一条单一界线。法院采用和先前案件中一样的方法，在划分超过12海里区域之外的海域时，先初步绘制一条等距离线，然后考虑是否存在需要调整该界线的因素。

就此，法院注意到了专门适用于领海划界的等距离/特殊情况规则，与涉及大陆架和专属经济区的划界时在判例法和国家实践中发展起来的公平原则/相关因素规则之间的联系。

关于为达到公平结果而调整等距离线成为必需的情形，法院没有按照巴林的要求考虑珍珠岩的存在，并将其作为将等距离线向东调整的合理因素，尽管这些珍珠岩过去主要由巴林渔民开采。

此外，法院也没有按照卡塔尔的主张考虑两国海岸正面长度的差异，并将其作为调整等距离线的必要因素。

为避免界线的扭曲和不均衡的结果，法院认为雅里姆岛（Fasht al Jarim），巴林的海岸线在海湾地区的一个微小突起，不影响北部地区的界线确定。在这个区域的单一海洋界线应由一条与等距离线会合的线构成，并按照雅里姆岛不存在的情况进行调整。因此，这条线应接上调整过的等距离线，直至其与伊朗的相关海域为一端、以巴林和卡塔尔为另一端的界线交会。

法院的结论是，分割卡塔尔和巴林的数个海域的单一海洋界线应由以判决书第250段列出的点为交点和特定拐点的测量线组成。

判　　决

2001年3月16日，法院判决：

1. 一致判定卡塔尔对祖巴拉拥有主权。

2. 以12票对5票判定巴林拥有对哈瓦群岛的主权。

3. 一致判定卡塔尔船舶在哈瓦尔群岛与其他巴林各岛之间的巴林领海内享有国际习惯法所赋予的无害通过权。

4. 以13票对4票判定卡塔尔对包括哈德贾南岛在内的贾南岛拥有主权。

5. 以12票对5票判定巴林对吉塔特杰拉达岛拥有主权。

6. 一致判定卡塔尔对迪巴尔低潮高地拥有主权。

7. 以13票对4票判定分割卡塔尔和巴林之间数个区域的单一海洋界线应按本判决第250段绘制。

法律断言、单独意见、不同意见

1. 法律断言

赫尔茨泽格（Herczegh）法官强调了判决书中的关键部分。法院在该部分表明，卡塔尔的船只在哈瓦尔群岛与巴林其他岛屿之间的海域享有无害通过权。他说，这一部分使得他对判决书中界定划分两国相关海域的单一海洋界线的部分投出了赞同票。

韦列谢金（Vereshchetin）法官称其不能赞同法院对哈瓦尔群岛的法律地位的认定和对吉塔特杰拉达的海洋地貌特征的认定。对于法院判决，他称，由于法院放弃了对1939年英国的决定在法律上是否正确的分析以及对其进行修正的权利，如果可以这样说的话，法院没有尽到在决定哈瓦尔群岛的法律地位时将所有必需因素全部考虑在内的义务。

对于吉塔特杰拉达，韦列谢金法官的观点是其微小的、物理特征不断变化的海洋地貌不能使其被认定为符合1982年《联合国海洋法公约》定义的岛屿。他把这种地貌认定为一种归属取决于其在一国或另一国的领海位置的低潮高地。由此，吉塔特杰拉达的归属应在双方的领海划界完成后确定，而不能以其确定领海划分。

希金斯（Higgins）法官称，如果法院愿意的话，本可以根据领土取得的法律确定巴林对哈瓦尔的主权。在哈瓦尔发生的一些行为对其法律权属确实有相关性。本案中的"有效控制"并不比其他认定了权属的案件中的微弱。即使卡塔尔在早先的"有效控制"时，将其主权延伸到哈瓦尔对面的半岛的海岸，其在哈瓦尔的"有效控制"与此没有可比性。希金斯从而认为，这些因素足以取代任何沿海国家对权属的推定。

2. 单独意见

小田法官不同意法院确定海洋界线的方法以及法院对该界线上的准确拐点的定位。他特别提到了法院对低潮高地和小岛的处理，尤其是将领海范围从3海里扩大到12海里与低潮高地和小岛自己形成领海的体制之间的不协调。就此，他表明，这种体制不应被视为国际习惯法，因为它仅仅被1982年《联合国海洋法公约》间接地提及。

小田法官也不同意法院对"单一海洋界线"这个词的使用，并提及了专属经济区和大陆架体系与领海体系的区别。因此，法院使用"单一海洋界线"是不合适的。

对于南部区域，小田法官反对法院将南部区域划分为领海的决定。他表明，即使法院对南部区域的处理是合适的，法院也误解和错误地适用了领海的相关规则和原则。小田法官指出,"等距离／特殊情况"规则适用于大陆架体系,被法院在领海划界中错误地使用。

最后,小田法官提及了石油开发对该地区的重要性和其政治历史,并表达了本案本应仅确定大陆架界线,而不应确定领海界线。

帕拉·阿朗古伦(Parra-Aranguren)法官称,他对判决书的重要部分投了赞成票,并不意味着他同意法院得出结论所依据的全部理由。尤其是,他认为卡塔尔在巴林拥有主权的领海中享有国际习惯法赋予的自由通过权。此外,他表明,在迪巴尔的低潮高地方面,开凿钻井和建立航运设施并不能视为巴林所主张的行使主权的行为。相应地,他不认为在确立主权方面,判决书有必要在低潮高地是否能完全等同于岛屿或其他陆上主权这一问题上阐明立场。

科艾曼斯(Kooijmans)法官就法院在判决书中对双方之间就祖巴拉、哈瓦尔群岛和贾南岛的处理发表了意见。他的观点与法院在所有3个问题上的分析均不相同。理由是:他认为法院采取了不恰当的形式主义的做法,将此前的保护力量的观点作为其基础,而不是以国际法的实体规则和原则为基础,这在领土取得问题上尤其明显。

哈苏奈(Al-Khasawneh)法官同意领土问题的大部分决定:祖巴拉和哈瓦尔。然而对于后者,他批评了法院将1939年英国的决定作为"对双方当事人有约束力的政治决定"而排他性地援用。他认为这种方式非常死板,而且是不当的形式主义。而且,他认为判决书处理哈瓦尔问题时没有援用任何实体法律,这也是不恰当的。他认为,如果法院采取另外的分析思路将更有说服力,例如"依法占有原则"、历史性的或固有的权属、"有效控制"和地理相邻性的概念。

孔泰专案法官(Judge ad hoc Fortier)认为卡塔尔的文件是卡塔尔对哈瓦尔群岛主张主权的仅有基础,尽管它们的真实性被巴林质疑。但是,尽管有对真实性的质疑,卡塔尔仍没有放弃其对哈瓦尔群岛主权的主张,并引入了并非源于其原有备忘录的新主张。孔泰法官认为,如果卡塔尔最后没有通知法院其决定放弃被质疑的文件,将对国际司法行政和法院的地位造成损害。

对于划界,孔泰法官对法院在海洋划界特定方面的理由表示了强烈的保留。他不同意单一海洋界线中哈瓦尔和贾南之间向西的部分。

3. 贝德贾维（Bedjaoui）法官、朗热瓦（Ranjeva）法官和科罗马（Koroma）法官的联合不同意见

就作为法院判决书的唯一基础的1939年英国决定，法官们认为法院作出了漏判的判决，因为其忽略了双方所依据的所有其他理由。而且，法院对1939年英国决定的正式有效性的分析是不完整的、可被质疑的。然而，法官们同意法院的认定，认为1939年决定是政治决定而非仲裁裁决，并且拥有既判力。

对于卡塔尔提交的大量地图文件，法官们为判决书没有对地图证据发表意见感到遗憾。尽管图表材料在证据意义上的重要性仅仅是相对的，然而地图是公众观点的明示或反映，是人所共知的。

对于划界，法官们表示，判决书中有关巴林领水的无害通过权的部分并不充分，在行使无害通过权时可能发生冲突的风险不应被轻视。法官们因此认为，法院本应把双方就哈瓦尔群岛的权利在国际地役权体制下达成协议作为争议问题的解决方式的一部分。

此外，法官们还批评了绘制初步中间线的方法，认为这与划界的基本原则相悖。根据"陆地统治海洋"这一法谚，在确定理论上的初步中间线时，陆地应当被考虑，而特殊因素不应过早地对此产生影响。

4. 托里斯·贝纳迪兹专案法官的不同意见

托里斯·贝纳迪兹专案法官（Judge ad hoc Torres Bernárdez）的反对意见主要涉及法院在哈瓦尔群岛上的多数认定，以及该认定的法律基础和对海洋界线划分带来的后果。根据他的观点，这种认定在事实上没有承认卡塔尔对哈瓦尔群岛的固有权属和相应的主权，这是一种通过历史上的固化而形成的权利，而且巴林对哈瓦尔群岛没有任何超越其上的派生主权。在此基础上，还应说明，在界定哈瓦尔群岛海域的单一海洋界线时，由此带来的海洋"特殊情况"并没有被作为高阶规则对待。

在托里斯·贝纳迪兹专案法官看来，不可能对基于1938—1939年英国程序的无效认可而作出的决定给出解释,英国程序产生的1939年英国"决定"在国际法上是清楚明显的无效决定，不论是形式上还是实体上，在作出当时便是无效的，现在仍然是。一项无效的殖民意义上的决定因与石油利益相关而在2001年复活，并依此来解决两国之间的领土争议，在托里斯·贝纳迪兹专案法官看来是一个非常难以接受的法律命题。

托里斯·贝纳迪兹专案法官因此不能接受判决书基于英国程序的认可，而认定巴林对哈瓦尔群岛享有派生主权。

（十二）喀麦隆与尼日利亚之间陆地和海洋划界案

当事方	喀麦隆和尼日利亚（赤道几内亚作为非当事方介入诉讼）
争议事由	海洋边界划定（本摘要仅涉及此一项事由）
审理法庭	国际法院（ICJ）
裁判日期	- 1998年6月11日（就司法管辖权、可受理性提出初步反对） - 1999年3月25日（要求就1998年6月11日之判决作出解释） - 2002年10月10日（与海洋边界划定相关的实质审理）
发表刊物	国际法院：判决书、咨询意见和命令的报告，1998年，第275页 国际法院：判决书、咨询意见和命令的报告，2002年，第303—602页
选评著作	- J.G. 梅里尔斯：《喀麦隆与尼日利亚海陆边界案（喀麦隆诉尼日利亚，赤道几内亚介入）之2002年10月10日实质性判决》，《国际法与比较法季刊》，第52期（2003年），第788—797页 - N.J. 乌东巴纳：《和谐曲还是杂音？非洲联盟条约和非洲发展新伙伴关系中的一体化之声》，《印第安纳国际法与比较法评论》，第13期（2002—2003年），第185—236页 - 《国际法院：喀麦隆与尼日利亚海陆边界案（喀麦隆诉尼日利亚，赤道几内亚介入），第94号案件（2002年10月10日）》，《国际法简报》（美国国际法协会刊物）2002年12月12日号

案　　情

1994年3月29日，喀麦隆向国际法院提交起诉书，就巴卡西半岛（Bakassi）主权争端对尼日利亚提起诉讼。喀麦隆同时还要求法院确定1975年《马鲁阿宣言》（Maroua Declaration）中并未确立的两国海洋边界，该《宣言》是当年两国元首在多年磋商之后为和平解决领土争端所签订的。

喀麦隆和尼日利亚根据《国际法院规约》第三十六条第2款分别声明承认法院的强制管辖。基于此，法院对该诉讼拥有司法管辖权。

1994年6月6日，喀麦隆提交补充起诉书，要求将扩大本案范围至与尼日利亚之间"乍得湖（Lake Chad）地区部分喀麦隆领土"的争端。喀麦隆声称这些领土也是被尼日利亚占领的。此外，喀麦隆要求法院详细界定两国间从乍得湖至海上的边界。

1995年12月12日，尼日利亚就法院的司法管辖权和喀麦隆诉讼请求的可受理性提出了8项初步反对意见。尼方主张，两国接受以现有双边机制解决边界问题的义务至少已有24年之久。1996年2月12日，喀麦隆要求法院指示在巴卡西半岛发生"严重武装事件"之后所应采取的临时措施。1996年3月15日，法院就临时措施下达了命令。法院判决驳回了8项初步反对意见中的7项，并宣布将在实质性判决中对第八项初步反对意见作出审理。法院同时还驳回了尼日利亚1998年10月28日对这一判决作出解释的请求。

根据1999年6月30日发布的命令，法院裁定受理尼日利亚对喀麦隆的反诉，并使之成为诉讼的一部分。

1999年6月30日，赤道几内亚提交请求书，请求准许介入案件诉讼，以保护其几内亚湾的合法权利，并让法院知悉其合法权利和利益，以确保这些权利和利益在法院处理喀麦隆与尼日利亚间海洋边界问题时不会受影响。然而，赤道几内亚表示并不希望法院对双方海洋边界作出裁定，而更倾向于在与邻国协商之下完成划定。

1999年10月21日，法院发布命令允许赤道几内亚根据请求书中所述的介入程度、方式和目的介入此案。

本摘要仅涉及该案件中海洋边界划定的部分。

争议事由

提交法院审议的问题

1. 喀麦隆要求法院宣告并裁定包括下述内容在内的争议：

· 为避免两国就海洋边界问题产生争端，将其与尼日利亚海洋边界线延伸至国际法规定分别属于当事国双方管辖的海洋区域的外沿。

· 根据第3433号英国海图上所记录的精确地理坐标划定分属于喀麦隆

和尼日利亚的海洋边界线。

2. 尼日利亚在其辩诉状中要求法院裁定并宣告下述内容：

· 喀麦隆所要求的海洋边界线已进入尼日利亚称归属于赤道几内亚的水域部分，法院对此缺乏管辖权，在那一程度上对喀麦隆的要求不予受理。

· 不予受理喀麦隆以通盘划分几内亚湾海洋区域为基础而提出的海洋边界要求：按照《联合国海洋法公约》第七十四条和八十三条，各方有义务本着诚意进行谈判，以期就公平划分各自海洋区域的边界达成协议；这类划定边界的过程要特别考虑到需要尊重1994年3月29日以前任何一方在没有书面抗议的情况下给予另一方开采及利用大陆架上矿物资源的现有权利，并需要尊重第三国合理的海洋要求。

· 喀麦隆以通盘划分几内亚湾海洋区域为基础提出的海洋边界要求缺乏法律依据，予以驳回。

· 即使在本案诉讼过程中喀麦隆的海洋边界要求被受理，喀麦隆对重叠许可区域以西和以南地区提出的海洋边界要求予以驳回。

· 两国各自领海以里奥德雷盆地（Rio del Rey）中间线为边界。

· 在里奥德雷盆地以外，双方各自的海域由一条根据等距离原则所划的线来划定，直到该线在大约北纬 4° 6' 和东经 8° 30' 与赤道几内亚的边界中间线会合的地方。

· 赤道几内亚在以口头听讯的形式介入诉讼后，忆及其要求法院将确定的尼喀两国海洋边界距赤道几内亚海岸线的距离不得小于与喀麦隆和尼日利亚两国海岸线的距离，同时不得表达任何可能在海洋边界问题上伤害其利益的观点。在诉讼中保证第三方利益，意味着尼日利亚与喀麦隆间划分的海域边界线将不得越过赤道几内亚比奥科岛（Bioko）与大陆之间的中间线以南。

尼日利亚就司法管辖权、可受理性提出的初步反对

尼日利亚在其第七项初步反对意见中提出，当时双方海洋边界划定问题上不存在适合该法院解决的法律争端。

对此，尼日利亚列出了两个原因：第一，在确定巴卡西半岛所有权之

前，海洋边界是不可能确定的；第二，在确定巴卡西半岛所有权问题的关头，在双方事先没有在平等的基础上采取足够行动，"通过基于国际法的协定"进行划界的情况下，海洋边界划定问题是不具有可受理性的。

尼日利亚的第八项初步反对意见是在第七项初步反对意见的背景下提出的，并作为该项的补充。在这一项反对意见中，尼日利亚认为，海洋边界划定必然会涉及第三国的权利和利益，就此看来，海洋边界划定问题是不具有可受理性的。在这一点上，法院和当事双方都注意到，第三国的权利和利益仅在喀麦隆请求将海洋边界向海延伸至 G 点（当事双方认定位于距海岸 17 海里左右）以外的情况下才会产生。因此，法院得出结论，尼日利亚的第八项初步反对意见并不具有排他的初步性质，且法院必须处理喀麦隆请求的实质问题。

各方主张（案情实质）

1. 喀麦隆主张：

- 根据《国际法院规约》第五十九条，本案中的边界划定不得影响赤道几内亚或圣多美和普林希比，法院的裁决须对喀麦隆和尼日利亚外所有国家奉行"排斥他人行为的原则"。法院须在不对赤道几内亚及圣多美和普林希比的权利作出预判的前提下对喀麦隆和尼日利亚各方的权利作出判定。法院的裁决将和双边海洋划分协议具有同等效力，当事双方能据此划定海洋边界，该边界将延伸至一个在不需要第三国介入的情况下决定的三方交界点。

- "边界争端"（布基纳法索诉马里共和国，《国际法院报告》，1986 年，第 554 页）和"领土争端"（利比亚诉乍得，《国际法院报告》，1994 年，第 6 页）这两件和陆地边界有关的诉讼的判决应当同样适用于海洋边界。因此，如果法院依照喀麦隆的要求详细划定当事双方之间的边界走向至"国际法规定分别属于当事国双方管辖的海洋区域的外沿"，这一外沿不应是涉及赤道几内亚或圣多美和普林希比的三方交界点。

- 有若干个保护赤道几内亚权利的方案，包括：充分考虑到其权利后对边界线作出移动；在存在问题的区域不作边界划定，使其不连贯；或是仅指明边界的走向，而不裁定其终点。凭借这些方案，法庭应为当事双方提供尽可能完整的争端解决方案。

·非当事方不得妨碍、干涉法院彻底解决争端，因此无论这一裁决是否会对干涉方产生约束，法院必须完成边界划定，否则这一干涉将被视作无效。此外，干涉方不得以各种奇特的要求妨碍法庭对跟这些要求有关的区域作出裁决。

·法庭须通盘考虑整个地区的地理情况，尤其是喀麦隆位处高度凹陷的海岸线中心位置，使得其邻国的要求对该国要求形成了"钳制"效应。喀麦隆提出其仅要求法院"挪动尼日利亚那部分'钳子'以体现实际地理情况"。

·喀麦隆和尼日利亚曾就整个海洋边界进行磋商，然而事实证明并不成功。根据《联合国海洋法公约》第七十四条第2款和第八十三条，应由国际法院审理喀麦隆所有边界划定要求。此外，尼日利亚方面的不诚信导致了磋商的失败。尼日利亚不得利用其自身不正当举动阻止喀麦隆向法院寻求争端的完全及最终解决。

·如法院拒绝在尼日利亚主张的磋商不足海域划定边界，这等同于默认了尼日利亚与赤道几内亚在无视喀麦隆权利的情况下达成的海域划分。这将成为双方产生重大冲突的根源。

2. 尼日利亚主张：

·法院对喀麦隆的海洋划界要求并无管辖权，因为它关系或影响到了第三国声称拥有的区域。喀麦隆所要求的海洋边界线侵犯了赤道几内亚声称拥有主权的区域。法院如果认可尼日利亚反对的边界线，意味着其必然明确否定了赤道几内亚对这些区域的主权。

·由于赤道几内亚并非作为当事方介入此案，其干涉并不会影响到法院的管辖权状况，也并没有在此基础上被接受。

·如赤道几内亚对所述区域主张的主权合法，法院的裁决必须避开和这些区域重叠的部分。赤道几内亚的主张在一条严格的等距线内，满足了信用度测试。

·尽管法院判决不会对赤道几内亚及圣多美和普林希比产生约束，但这并不足以使诉讼成立，因为法院的最终判决将给人一种大局已定的印象，并以此为推定进行实际操作。

· 《联合国海洋法公约》第七十四条第 1 款和第八十三条要求海洋划界纠纷当事方首先尝试通过磋商解决,而当事方并没有围绕喀麦隆主张水域(G点以外)进行过磋商,因而法院应拒绝裁定所述水域的划分。

法院的分析

1. 初步反对意见

法院首先回应了尼日利亚的第一项主张。法院同意,在巴卡西半岛所有权不明的情况下划定当事双方的海洋边界即使可行,也绝非易事。由于两件纠纷均已呈上法院,法院需对其处理顺序进行排序,以便分别作出妥善处理。然而,这属于法院酌情处理的范畴,并不足以成为初步反对的基础。因此,法院驳回这一主张。

关于尼日利亚的第二项主张,法院忆及在处理提起诉讼的案件时,法院必须遵照提交给它的确切请求。当事方之间的纠纷,即法院必须决定的问题,在于所谓不充分的谈判是否构成了法院受理喀麦隆要求的障碍。这一问题具有真正的初步性质,必须依据法院规则第七十九条决定。

关于这一点,喀麦隆和尼日利亚提及了《联合国海洋法公约》,两国均是其缔约国。

然而,法院提及其并没有完全依据《国际法院规约》第三十六条第 1 款,也没有完全根据《联合国海洋法公约》第十五章关于解决该公约缔约国就其解释或适用原则产生的争端的内容,而是依据了《国际法院规约》第三十六条第 2 款的声明。这些声明不包含任何与在一个合理的时间段内进行先期谈判有关的条件。因此,法院不认可尼日利亚的第二个主张。

此外,法院认为除裁决所附地图上的 G 点外,当事方之间争端已有足够详细的描述,法院能够有效地审理该争端。因此,法院驳回了第七项初步反对意见。

法院随后处理了尼日利亚提出的第八项也是最后一项初步反对意见。尼日利亚的这一项反对意见在第七项初步反对意见的范围内,并作为该项的补充。这一项反对意见认为,海洋边界划定问题必然涉及第三国的权利和利益，从这一层面考虑是不可受理的。

法院和当事方均注意到，第三国的权利和利益问题仅在喀麦隆请求将海洋边界向海延伸到 G 点以外时才会产生。因此，考虑到第八项初步反对意见，法院必须审查海洋边界的延伸是否涉及第三国的权利和利益，以及这是否会阻止法院处理该延伸问题。法院注意到，从在几内亚湾交界的其他国家的领土地理位置，特别是赤道几内亚与圣多美和普林希比来看，如果法院同意喀麦隆的请求，第三国的权利和利益似乎会牵涉其中。法院忆及，它强调了其规约中一条基本原则是在所涉国家未认可其管辖权之前，它不能对争端作出裁决。但法院同时指出，如果其被要求作出的裁决可能影响到非当事国的合法利益，未必会阻止法院进行裁决。

因此，法院在此案中不能对作为先决问题存在的第八项初步反对意见作出裁决。为确定海洋边界越过 G 点后将延长到什么位置，法院将在何种程度上满足其他国家可能提出的主张，以及其判决将会对这些国家的权利和利益造成什么样的影响，法院有必要处理喀麦隆请求的实质问题。与此同时，法院不排除以下可能性：喀麦隆所要求的判决对第三国权利和利益的影响可能使法院无法在这些国家缺席的情况下作出判决，因而尼日利亚的第八项初步反对意见至少有部分是必须被认可的。

在这种情况下，法院认为尼日利亚的第八项初步反对意见不具有排他的初步性质。

2. 案情实质

法院驳回了喀麦隆关于"边界争端"（布基纳法索诉马里共和国，《国际法院报告》，1986 年，第 554 页）和"领土争端"（利比亚诉乍得，《国际法院报告》，1994 年，第 6 页）中的论证同样适用于海洋边界的论点，但认为在海洋边界划定不影响赤道几内亚与圣多美和普林希比权利的情况下，法院对当事方的海洋边界划定拥有司法管辖权。法院驳回了尼日利亚关于 G 点之外区域磋商不充分的主张。

法院注意到喀麦隆和尼日利亚的海洋边界是直到最近才成为磋商主题的。于是，除了目前 1913 年 3 月 11 日与 4 月 12 日的《英德协定》（Anglo-German Agreements）制定的海岸线上的陆地边界终点外，所有关于两国之间海洋边界的法律文件都已早于两国独立。法院是基于当事方 1970 年、

1971 年和 1975 年的"声明"作出的裁决。

就此，两国同意于 1970 年 8 月 14 日在喀麦隆雅温得召开会议后建立一个"联合边界委员会"。会议通过了一项声明（下称《雅温得宣言》），称喀麦隆和尼日利亚两国决定分 3 个阶段完成边界划分，第一阶段即为海洋边界划定。该委员会于 1971 年 4 月 4 日达成第二项声明（下称《雅温得二号宣言》），表示两国元首就 3 海里以内的海洋边界达成协议，确立了一条从第 1 点到第 12 点的界线，这一界线被记录并签署在声明附件第 3433 号英国海图中。

4 年后，1975 年 6 月 1 日，喀麦隆和尼日利亚两国元首在马鲁阿（喀麦隆）签署了一项协议（下称《马鲁阿宣言》），划定了两国之间部分海洋边界。根据这项协议，两国同意将海洋边界从上述的第 12 点开始，经过一系列端点后延伸至被称作 G 点的位置。这一条界线被标在了同样被列入声明附件的第 3433 号英国海图中。

判　　决

1. 1998 年 6 月 11 日的判决（司法管辖权和可受理性）

在第八项初步反对意见的裁决中，法院认为，基于《国际法院规约》第三十六条第 2 款，法院对当事方陆地与海洋边界的争端具有司法管辖权，而喀麦隆于 2001 年 7 月 4 日修正后提交的申请是可受理的。

关于初步反对意见中的海洋边界划定，法院认为其安排巴卡西半岛所有权问题和当事方海洋边界划定问题的处理先后顺序是属于其酌情处理范畴的。此外，就海洋边界延伸至 G 点以外是否会影响第三国权利与利益这一问题，法院认为其并不具有排他的初步性质，并将在处理实质问题时加以解决。

2. 2002 年 10 月 10 日的判决（案情实质）

法院接受了喀麦隆的主张，开始认同《雅温得二号宣言》和《马鲁阿宣言》的有效性。这两项宣言是喀麦隆和尼日利亚两国元首分别于 1971 年和 1975 年签署的，同意两国间的海洋边界从阿克瓦亚非河口至位于（东经 8° 22'19"，北纬 4° 17'00"）的 G 点这一段的走向。

接下来，在向海更深处延伸的海洋边界问题上，法院基本采用了尼日利亚主张的划分方法，而边界线走向则采用了喀麦隆和尼日利亚间的等距离线。在法院看来，这条线对本案中的两国来说是一个公平的结果。

这一边界划分很大程度上考虑了现有的石油开采设施。它保护了赤道几内亚的权利，也保护了喀麦隆和尼日利亚两国在与赤道几内亚边界划分上的权利。法院判决如下：

（1）法院在 1998 年 6 月 11 日的判决中宣布，就本案的情况而言，第八项初步反对意见并不具有排他的初步性质。在处理了尼日利亚第八项初步反对意见之后，法院以 13 票对 3 票判定它对喀麦隆就分别属于喀麦隆和尼日利亚的海域划分向法院提出的权利主张具有司法管辖权，并且这些权利主张具有可受理性。

（2）以 13 票对 3 票，裁定到 G 点以下，分属于喀麦隆和尼日利亚的海域边界走向如下：

·如第三点（C 部分）所述，分界线从阿克瓦亚非河可通航河道中心线和连接巴卡西点与金点的直线的交叉点起步，遵循 1970 年 4 月 4 日喀麦隆和尼日利亚两国元首在雅温得联合划定并记录在第 3433 号英国海图（《雅温得二号宣言》）中的走向，通过法院判决中具体标示的 12 个编号点。

·从第 12 点开始，边界线遵循喀麦隆和尼日利亚两国元首于 1975 年 6 月 1 日在马鲁阿签订宣言（《马鲁阿宣言》）通过并于 1975 年 6 月 12 日和 7 月 17 日经两国元首换函加以更正的界线，该界线通过 A 到 G 点，其坐标在判决中有具体标示。一致裁定从 G 点开始，分属于喀麦隆和尼日利亚的海域边界沿一条方位角为 270° 的斜航线延伸，直到等距线穿过连接西点和东点线的中点；边界与这条等距线在坐标为东经 8° 21' 20" 和北纬 4° 17' 00" 的 X 点会合。

（3）全体一致裁定从 X 点开始，分属于喀麦隆和尼日利亚的海域边界沿一条方位角为 187° 52'27" 的斜航线延伸。法院还注意到，这条线可能会侵犯赤道几内亚的权利，于是将其有效性限制为指明走向，对喀麦隆、尼日利亚和赤道几内亚三国的交界点不作确定。

法律断言、单独意见、不同意见

1998年6月11日的判决（司法管辖权和可受理性）
1. 单独意见

就边界走向问题，小田法官指出，除了克罗斯河口（Cross River）周边近海分界问题及专属经济区和几内亚湾大陆架分界线的延伸问题——这些将完全根据巴卡西半岛所有权决定的问题——除非当事方共同提出要求，否则海洋界线的划分并不属于法院的裁决对象。国与国间简单的磋商失败并不等同于《国际法院规约》第三十六条第2款中所定义的"法律争端"。

尼日利亚在其第七项初步反对意见中声称，"当事双方对海洋边界的划分不存在任何适宜由法院解决的法律争端"，因为第一必须先确定巴卡西半岛的所有权，第二"当事双方事先没有在平等的基础上采取足够行动，'通过基于国际法的协定'进行划界"。

希金斯法官同意法院基于不可受理性驳回了每一项主张。不过在其单独意见中，她认为还有一个需要法院自行判定的问题，即海洋边界方面似乎不存在任何争端，至少在喀麦隆所指的G点以外是不存在的。这个问题是从两个方面产生的：第一，喀麦隆拟定起诉书时，要求划定海洋边界"以防产生争端……"；第二，在口头或书面答辩中均没有提供关于这种争端的任何证据。除了G点，没有任何主张是被一方提出而被另一方驳回的。领土争端的存在也并不会赋予起诉国要求对海洋分界作出完整划分的权利。

尽管除被告国选择提供不可受理理由之外，法院一般不承担建议补充不可受理理由的任务，但争端的存在是《国际法院规约》第三十八条对法院司法管辖权的一项要求，法院应自行判定这一问题。因此，第三十八条并非当事方能够自愿接受或免除的规约，因为这是法庭的事务。

在其个别意见中，科艾曼斯（Kooijmans）法官陈述了为什么他在第1款（g）段和第2款中投了反对票。他对第1款（g）段投了反对票，是因为他认为第七项初步反对意见应当被部分认可，因为就G点以外的海洋边界连续性问题，当事双方不存在法律争端。尽管他同意尼日利亚并没有具体提出这一点，但他认为法院应该依照《国际法院规约》自行判定是否存在争端。在本案中，喀麦隆要求法院裁定整个海洋边界，而此前该国并没有就海洋深处的边界提出过具体的主张，仅在诉状中进一步证明了其主张。因此，并不能说喀麦隆存在一项符合法院判例法要求，在提交起诉书之日前曾遭到尼日利亚"坚决反对"的要求。

由于科艾曼斯法官认为第七项反对意见关于 G 点以外的海洋边界的内容应当被认可，而第三方的权利和利益问题（第八项初步反对意见的主要内容）仅产生于该部分边界，所以该反对意见就失去了目的。科艾曼斯法官于是在第 2 款投了反对票。但是，他同时还有其他理由反对法院就第八项处不反对意见提出的论点。尽管通常来讲，涉及第三国权利和利益的反对意见不具有排他的初步性质，但科艾曼斯法官认为在本案中，法院出于司法适当考虑，在初步阶段予以认可会更好一些。牵涉本案中最重要的第三国是赤道几内亚。喀麦隆和尼日利亚都在 1993 年同意该国在海洋边界划分中的介入是至关重要的，并且应当由此开始谈判。考虑到喀麦隆对谈判重要性的认可，在谈判之前通过《国际法院规约》第六十二条让赤道几内亚披露其法律地位似乎是不合适亦不合理的。

2. 不同意见

阿吉博拉专案法官（Judge ad hoc Ajibola）接受了尼日利亚所主张的，根据《联合国海洋法公约》第七十四条和第八十三条，缺乏当事双方之间在平等的基础上进行足够的谈判和协议的情况下，海洋边界划分不具有可受理性。

阿吉博拉专案法官同时解释了为什么他认可尼日利亚的第八项反对意见。尼日利亚主张"海洋边界划定必然会涉及第三国的权利和利益，就此看来，海洋边界划定问题是不具有可受理性的"。阿吉博拉专案法官认为在本案中，很难在不影响其他国家利益的情况下划定海洋边界，尤其是赤道几内亚与圣多美和普林希比。因此，依照其司法规程，在没有获得其他利益被直接影响的国家同意的情况下，法院无法为当事双方裁定争端，除非受影响的国家介入这一诉讼。

2002 年 10 月 10 日的判决（案情实质）
3. 法律断言

小田法官对法院就"海洋边界"问题表达了强烈的保留意见，虽然这并非目前争端中的主要问题。他几乎完全不同意法院的意见，之所以投票赞成了第四点（B）项、（C）项和（D）项，因为这几点中所划的分界线并非完全不妥，也不会导致任何实际损害。他不仅发现了起诉国的程序性和实质性错误，还发现法庭也犯了类似错误。

从程序性角度出发，小田法官强调，喀麦隆1994年的起诉书并不能被视为要求法院根据《国际法院规约》第三十六条第2款对与海洋边界有关的"法律争端"作出裁决，而只是请求划出边界走向。在1998年的判决中，法院错误地驳回了尼日利亚的初步反对意见，裁定喀麦隆可以单方面将争端提交至法院。起诉方喀麦隆在之后的审理中改变了其立场，坚持主张自己用地图坐标标明的海域权利。这一程序性错误对整个案件的局面造成了根本上的影响。因此，小田法官投票反对了判决中执行部分的第五点（A）项。

从实质性角度出发，小田法官强调法院和起诉方均未意识到领海和大陆架地区之间的差异，而管理这两者的法律制度是不同的。小田法官认为，在领海的边界问题上，当事方之间的分歧实际上仅在于巴卡西半岛的地位问题（喀麦隆和尼日利亚的边界是位于巴卡西半岛以西还是以东），而不是一个海洋边界问题。法院判决在声明巴卡西是喀麦隆的一部分之后，就不应再提及其他内容了。对法院来说，提供两张领海的坐标表是毫无意义的，因为任何一方都没有提及这个问题。

至于大陆架的边界，法院的裁决判定了一条与各方主张均不相同的界线。法院对这条海洋边界的不当处理可能是因为它对管理这类问题的法律缺乏了解。小田法官称，没有任何法律规定或原则授权一根线成为国际法认可的唯一界线，大陆架的边界线是通过谈判在公平的原则下决定的。小田法官进一步说明，1958年的《日内瓦大陆架公约》为各方谈判提供了一个指导原则：各方应依据所谓的"等距（中间）线＋特殊情况"规则寻求"公平解决"。1982年《联合国海洋法公约》第八十三条第1款试着进一步阐明这个问题，规定大陆架的划界必须"在国际法的基础上通过协议划定……以获得公平解决"。

4. 单独意见

关于海洋边界划定问题，姆巴耶专案法官（Judge ad hoc Mbaye）认为确定海洋边界时最重要的问题是《马鲁阿宣言》，它决定了海洋边界从第12点到G点的走向，并受到尼日利亚的质疑。然而，他指出当事双方都接受了决定海洋边界从起始点到第12点走向的《雅温得二号宣言》。他进一步表示同意法院裁定两份声明都具有约束力,且尼日利亚因此具有法律义务。

关于G点以外的海洋边界划定问题,当事双方和赤道几内亚都已经充分阐明了各自的立场。他指出法院在海洋边界划定方面具有悠久的历史,因此必须先暂时划定一条等距离线,然后再决定是否存在特殊或相关情况需要对那条线进行必要的修改,以获得一个公平结果。他表示法庭并未对几内亚湾凹面,即喀麦隆特有的海岸线作出裁决,也没有对比奥科岛作出裁决,上述这些区域在他看来都存在相关情况。

四、渔业和海洋生物资源类案例

（一）白令海（海豹）仲裁案

当事方	英国和美国
争议事由	海豹捕捞业；专属管辖权；公海
审理法庭	基于一份1892年2月29日签订的仲裁协定成立的由7名仲裁人组成的仲裁法庭
裁判日期	1893年8月15日作出判决，各方分别指定一名专员根据1896年2月8日在华盛顿签订的协议确认索赔情况。
发表刊物	J. B. 摩尔，《国际仲裁历史与文摘，美国一直是一个党》，第一卷，政府印刷局，华盛顿，1898年，第755—961页 《国际环境法报告》，第一卷，1999年，第43页
选评著作	G. O. 威廉姆斯，《白令海的海豹纠纷1885—1911：阿拉斯加航海史专著》，阿拉斯加海事出版社，尤金，俄勒冈，1984年 J. B. 亨德森，《海豹与白令海裁决》，《美国外交问题》，麦克米伦公司，纽约，1901年 J. W. 福斯特，《白令海案仲裁结果》，《北美评论》，第161卷，第469期，1895年12月

案　　情

1867年美国向俄国买下了阿拉斯加，同时获得了白令海普里比洛夫群岛（Pribilof Islands）上繁荣的海豹产业，并开始承担起保护这一产业的责任。

1868年，美国颁布了一项在阿拉斯加及其领海范围内保护海豹的法令。其后，为了提供更有效的保护，特别是防止外国船只捕捞海豹，美国试着把管辖范围扩大到了3海里以外。

在1886和1887年间，美国在3海里水域之外扣押了几艘涉及非法捕捞海豹的英国船只，由此引起了美英两国旷日持久的法律和外交争端。

1892年2月29日，由于捕豹船大量捕杀雌海豹，普里比洛夫群岛的海豹濒临灭绝，美英两国签订仲裁协定，将就保护白令海普里比洛夫群岛珍贵海豹群所产生的争端提交给一个由 7 名仲裁人组成的仲裁法庭。

争议事由

1. 提交仲裁法庭审议的问题

（1）在向美国割让阿拉斯加之前，俄国曾在白令海上享有和行使过什么样的专属管辖权和海豹捕捞方面的专属权利？

（2）受英国承认的海豹捕捞业方面的管辖范围有多宽？

（3）在 1825 年英俄签署的条约中，"太平洋"一词是否包括现名白令海的水域？俄国在签订条约后在白令海是否享有和行使任何专属权利？如有，是什么样的权利？

（4）美俄在 1867 年 3 月 30 日签订的条约中划定了海域界线，俄国在位于该界线以东的白令海对海豹捕捞业的管辖权是否已根据这一条约完全转移给美国？

（5）美国对白令海域内该国岛屿周边 3 海里以外的海豹是否享有保护权和所有权？如有，是什么样的权利？

（6）如果对上述关于美国专属管辖权的问题作出裁决会产生如下情况：对建立合理保护和养护白令海中或是出没于白令海的海豹的规则来说，制定法律规则之外的共通规则时，是否需要考虑英国的共享权？这一规则要延伸到哪部分海域？

2. 各方主张

英国称，在美国和英国双双提出抗议之后，俄国收回了其 1821 年政令中试图将海域扩张到一片非领海区域的内容，在 1824 年和 1825 年的两份条约中认可了英美两国在这片海域所有部分捕捞和通航的权利。

英国因而主张白令海是一片公海，全世界所有国家都有权利在其中通航和捕捞。英国认为，"不能仅凭某个或某些国家简单的宣布或声明就剥夺或限制了通航和捕捞的权利"，因为"这些权利是与生俱来的，在通过条约特别修改、控制或限制之前，都应被充分享有"。

英国还表示，国际法仅包含有限的各国认可的道德和公平原则，应当成为指导各国相互之间关系的行为准则的一部分。换言之，国际法是建立在同意原则的基础上的。

英国不同意美国关于在某些情况下野生动物也能被视为所有物的论证，并认为这些证词不适用于此案。英国主张：岛上的海豹在被杀之前是不可能被占有的；美国并没有通过任何规约明确其对这些海豹的所有权；回归意愿原则（animus revertendi）并不适用于迁徙类动物的情况，仅适用于人类引导作用下。此外，关于3海里区域之外海豹的保护权，英国认为这一主张并无先例，和类似案件中美国的立场相逆。

就美国主张的公海海豹捕捞业的自我保护原则，英国坚决地对美国引用的证词表示反对。英国还反驳了美国关于孵化和隔离法案及海洋行业的论点，认为它们不是常例。

美国认为英美两国都承认了白令海的专属管辖权，并已随阿拉斯加的割让完全转移给了美国。俄国在1821年颁布的一部法令支持了这一主张。美国声称在这部法令下，俄国对其海岸线周边100意大利里内的海域都拥有主权。

美国主张这些和海豹产权及保护普里比洛夫群岛上产业有关的权利是建立在基本权利之上的。美国指出：适用于这一案件的是国际法，而它的重要基础就是自然法则；"国内法和国际法本系同源"，且法庭的判决应为"获世界各国认可的正义准绳"。

美国指出，无论是在国际法还是在国内法的范畴下，被人类开发的且拥有回归意愿的有用的野生动物都能被视为所有权主体。

美国认为普里比洛夫群岛上繁殖的海豹是准驯养状态下的。对海豹的开发已产生了一个成熟的美国产业，因此美国主张其有权通过切实禁止在其水域捕捞海豹来保护并守卫这一所有物。

此外，美国主张其不仅对在自身领地上的"海豹"拥有完全的所有权，考虑到它们回归的必然性，美国在它们离开公海时也同样拥有所有权。基于公海上的自卫原则，无论是战时还是和平时期，这一权利在某些特殊情况下必须且适当时可以延伸至部分公海，3海里的界线是该权利的一个执行案例，而并非其固有限制。

美国列举了若干其他国家在通常管辖领地之外生效的法规，如孵化和隔离法案，以及对隶属于某领地的海洋产业的保护，如珍珠贝床、珊瑚礁和捕捞业。

仲裁法庭裁决

仲裁法庭在 1893 年 8 月 15 日以 6 票对 1 票裁决如下：

1. 关于第一点：

俄国通过 1821 年的政令声称对这片现名白令海的海域直至其海岸线和岛屿向周边延伸 100 意大利里的范围拥有管辖权。然而，在 1824 年和 1825 年的条约及英美两国谈判的过程中，俄国承认对这片海的管辖范围应限制在从岸边发射加农炮的射程内。从那个时候开始，直到向美国割让阿拉斯加之时，俄国似乎从未在白令海在事实上主张或行使过任何专属管辖权，也没有在常规领海之外的水域里行使过任何海豹捕捞方面的专属权利。

2. 关于第二点：

英国并未认可或承认俄国在其常规领海之外的白令海中享有海豹捕捞方面的专属管辖权。

3. 关于第三点：

在 1825 年英俄签署的条约中所用的"太平洋"一词包括了现名为白令海的水体。在 1825 年的条约之后，俄国不曾在其常规领海之外行使白令海的专属管辖权和海豹捕捞方面的专属权利。

4. 关于第四点：

根据 1867 年美俄两国签署的条约，关于在海洋分界线以东白令海中的管辖权和海豹捕捞权，一切俄国的权利都已完全移交给美国。

5. 关于第五点：

关于出没在白令海中美国岛群上的海豹，如果它们出现在常规的 3 海里界线以外，美国对它们没有任何保护权或所有权。

仲裁法庭还行使仲裁协定所授权力，制定了有关保护出没和栖息于白令海的海豹的规定，该规定对英美两国均有约束力。规定要求在每年的 5 月 7 日到 7 月 31 日之间，普里比洛夫群岛周边 60 海里的白令海和太平洋区域内禁止捕猎海豹。此外，这项规定要求捕捞只能借助独木舟和无甲板船类的船只进行，在白令海海域禁止使用渔网、火器和炸药。

（二）北大西洋海岸渔业仲裁案

当事方	英国和美国
争议事由	渔业；海湾和公海
审理法庭	由常设仲裁法院成员根据1909年在华盛顿签订的一项特别协议组成的北大西洋海岸渔业仲裁法庭
裁判日期	1910年9月7日
发表刊物	- 《美国对外关系》，1910年，政府印刷局，华盛顿，1915年，第544—591页 - 《美国国际法杂志》，1910年第四期，第98—100页 - 《国际仲裁裁决报告》，第14卷，第167—226页
选评著作	- E. 鲁特，《海牙法庭对北大西洋渔业仲裁：美国代表论据》，哈佛大学出版社，剑桥，1917年 - R. 兰辛，《北大西洋渔业仲裁》，《美国国际法杂志》，1911年第5期，第1—31页 - C. R. 安德森，《渔业仲裁的最后结局》，《美国国际法杂志》，1913年第7期，第1—16页 - E. M. 博哈特，《北大西洋海岸渔业仲裁》，《哥伦比亚大学法律评论》，1911年第11期，第1—23页 - H. 拉姆马希，《在北大西洋渔业案中的裁决是一个妥协吗？》，《美国国际法杂志》，1912年第6期，第178—180页

案　情

英国和美国在1783年的《巴黎条约》(Treaty of Paris)中约定，美国国民继续和英方一样享有在北大西洋海岸的纽芬兰等地捕鱼的权利。

1818年10月20日，英美两国在伦敦签署了《1818年条约》(Treaty of London)。条约第一条*规定了美国国民关于在英属北大西洋海岸附近水域捕

---

* 第一条原文如下："鉴于美国国民声称享有在英皇陛下的美国领土上的某些海岸、海湾、港口与河流捕捞、晾晒和腌制鱼类的自由而导致了一些分歧，缔约双方同意美国国民和英皇陛下的国民一样永久在纽芬兰岛南岸从光芒角（Cape Ray）到拉莫群岛（Rameau Islands）一带享有捕捞一切鱼类的自由……"

鱼的权利和责任。双方就这一条文的范围和含义产生了争议。随着美国渔船开始被扣留，关于捕鱼权的争议愈演愈烈，到1905年已临近爆发的边缘。

两国政府着手谈判解决这一问题。为了在达成具体内容调整前缓和摩擦，双方于1906年就一份临时协议达成共识。

身为常设仲裁法院缔约国，美国和英国按照1908年4月4日的《一般仲裁条约》（General Treaty of Arbitration）在1909年1月27日签订了一项特别协定。根据这一协定，两国将北大西洋海岸捕鱼相关争议提交给仲裁法庭审理。

争议事由

1. 提交仲裁法庭审议的问题

《1909年特别协定》的第一条列举了需要法庭裁定的若干问题：

（1）法庭将第一个问题分成了两点：

· 英国是否拥有合理管理条约所授自由权的权利？

· 如拥有上述权利，英国对这一权利的合理行使是否需要美国的配合和同意？

（2）美国在行使条约第一条赋予的自由权时是否有权利雇佣非美国国民为捕鱼船船员？

（3）在未经美国许可的情况下，美国国民对条约第一条中自由权的行使是否要服从海关入关或报关要求，缴纳灯塔税、港口税或其他税费，或满足其他类似要求、条件？

（4）上述条款规定美国渔民应获许进入部分海湾或港口以躲避风雨、修理船只、补充木料和饮用水，但他们同时受到必要的限制，不能在那些地方捕捞、晾晒和腌制鱼类，也不能发生其他滥用特权的行为。能够允许用灯塔税、港口税或其他税费，或是海关入关报关等其他任何类似条件约束他们滥用这些特权吗？

（5）上述条款中提及的"任何海岸、海湾、河流或海港周边3海里"应从何处量起？

（6）在上述条款或是其他文本下，美国国民是否享有在纽芬兰岛南岸从光芒角到拉莫群岛一带在海湾、港口和河流捕鱼的自由？在纽芬兰岛西岸和北岸从光芒角到卡彭群岛（Quirpon Islands）或是马达兰群岛（Magdalen Islands）上呢？

（7）为行使1818年条约第一条所述自由权而拥有出没于条约所述海岸的船只的美国国民，在美国充分对此授权的情况下，其船只是否在条约所述海岸享有商业特权？抑或一切美国商船都享有商业特权？

2. 各方主张

（1）英国

关于第一个问题，英国认为美国国民和英皇陛下的国民同样享有的捕鱼权的行使须服从英国、加拿大或纽芬兰的合理管理，而不需要经过美国的同意。

关于第二个问题，英国主张条约仅将自由权授予美国国民，可以视为禁止其他人员作为渔民出现在美国船只上。

关于呈给法庭的第五个问题，英国认为权利剥夺可适用于所有海湾。

（2）美国

关于第一个问题，美国认为上述自由权的行使并不受英国、加拿大或纽芬兰之管辖。

关于第二个问题，美国主张：第一，条约授予美国国民的权利明确包括了使用一切符合惯例或合适的手段进行海上捕捞，这不仅指船只、渔网等，船员也包括在内。第二，除非条约另有规定，美国国民可以使用的手段是不受限制的，而条约中也没有包含过问船员国籍的权利。

关于第五个问题，美国争辩称权利剥夺条款中英皇陛下领土中"海湾"的定义仅仅是英国主权领土意义上的。此外，美国认为只有在宽度6海里以下的海湾才适用于权利剥夺，因为这些海湾仅仅是领湾，3海里原则是适用于海岸的国际法原则，在这一体系下也适用于海湾。美国政府还提出"海岸""海湾""河流"和"港口"等词等同于"海岸"一词，所以3海里应从海岸迂回处开始量起，而权利剥夺仅适用于海湾周边3海里内的水域。

仲裁法庭的分析和裁决

首先,法庭指出《1818年条约》对管理权并没有作出明确的分配。所以,法庭认为有必要参照文书常例、当事双方意愿、契约主旨、措辞使用和呈堂证供对条约第一条中的一般项进行解释。

其次,法庭注意到对《1818年条约》所授予的自由进行管理是主权的属性之一。所以,美国须自证其论辩中的主张。

法庭审查了美国提出的主要主张,认为无法认同其论点。法庭认为英国有权在不经美国同意的情况下对条约第一条中所述捕鱼自由的行使进行管理。然而,法庭忆及英国的这项权利是受《1818年条约》限制的,即这类管理必须是善意的,并且不能违反上述条约。

考虑到《1818年条约》授予美国国民的捕鱼自由是一项经济权利,并没有提及国籍,而经济权利的行使包括了雇佣助手的权利。条约并未对后者在国籍上加以限制,法庭认为美国国民有权雇佣非美国国民为船员。然而,考虑到《1818年条约》并无意于授予独立个体和独立英国国民"同样的"在某些水域捕鱼的权利,以及美国国民的捕鱼自由来自《1818年条约》,不向《1818年条约》未认可的他国国民授予捕鱼自由权更符合其利益,法庭认为非美国国籍的船员不能享受条约授予的权利和优惠。

法庭认为,由于美国国民行使捕鱼自由权与任何商业特权均无关(可能在《1818年条约》外会有当局将这一点和此类渔船联系在一起),他们无需遵守针对商业特权的报关和入关要求。然而,法庭认为如果手续简便且存在执行的契机,要求美国渔船报关并非不合理或不适宜。最后,法庭认为如果纽芬兰渔民不需要缴纳灯塔税和港口税的话,美国渔民在行使《1818年条约》所授予的自由权时也不需要缴纳,否则将造成不公平的差别待遇。

法庭考虑到允许美国渔民进入某些海湾或港口躲避风雨、修理船只、补充木料和饮用水是一种出于好客和人道主义的义务,所有文明国家都执行着这一义务,并希望在紧急之时从他国获得同样的对待,所以通过收取灯塔税、港口税等税费或提出其他类似要求为这一善举附加各种条件是不合理的。

第五个问题源于美国在《1818年条约》中提出的在英属美洲"一切海岸、海湾、河流或海港周边3海里内"捕鱼并没有明确包括在对纽芬兰和拉布拉多海岸（Labrador）的授权中。

考虑到《1818年条约》并没有对"海湾"一词加以定义，法庭认为该词应根据常理适用于所涉海岸的每一个能被《1818年条约》按当时主流定义认可为海湾的地方，除非美国能够作出令人满意的举证。法庭自认为无法对"海湾"下定义。这取决于国家和领土完整性、防务、贸易和工业状况，这些因素都和国家海岸线上所有海湾的控制情况息息相关。法庭认为国际法中并没有任何有关海湾凹度和领土主权控制之间详细关系的规则。此外，法庭无法利用任何新规则在对《1818年条约》的解释中将常理中的海湾排除在严格而系统化的3海里规则适用范围之外。法庭裁定在海湾问题上，3海里应从横越不再具有海湾外形和特点的水面的直线量起。在其他位置，3海里的起量点随着海岸线的曲折而定。然而，鉴于这一方案在实际执行时无法令人完全满意，法庭建议根据《特别协定》第四条，在最靠近海湾入口处宽度不超过10海里的第一个点划出一条横越湾口的直线，以直线为基线开始向海3海里的地方为排他线。

从《1818年条约》来看，各方均同意授权美国进行上述捕鱼活动。法庭认为英国有责任提供令人满意的证据证明《1818年条约》并未授予美国此项权利。

英国指出，尽管《1818年条约》允许美国渔民在"从乔利山（Mount Joly）到拉布拉多南岸"的"海岸、海湾、港口和河流"捕鱼，这一自由权仅限于纽芬兰的"海岸"和马达兰群岛的"海滩"。英国辩称，提交的信件中有意向将纽芬兰的海湾排除在《1818年条约》允许美国人捕鱼的海岸之外。当时这些海湾对美国政府并无价值，因为它们不像拉布拉多的海湾一样拥有鳕鱼捕捞业。

法庭认为美国国民有权在《1818年条约》中纽芬兰和马达兰群岛海岸的海湾、河流和港口捕鱼。首先，法庭认为"南岸从……到……的部分"及"西岸和北岸从……到……"的措辞指明了一段不间断的海岸线。为了把海湾排除在外而把"海岸"一词解读为和海湾并列的对象是不合理的。正如此前与这片领土有关的其他条约一样，《1818年条约》在使用"海岸""港口""海湾"等词时，"海岸"一词的释义中并没有排除海湾的存在。法庭同时指出，没有足够证据显示列举拉布拉多海岸的组成部分是为了将拉布拉多海岸和纽芬兰海岸区别开来。此外，法庭指出《1818年条约》允许美国捕捞一切鱼类，不仅限于鳕鱼，所以不能证明美国仅从鳕鱼捕捞中获利。

法庭裁决在现行《1818年条约》下，在充分获得美国授权的情况下，美国国民拥有的船舶在《1818年条约》所述的海岸周边捕鱼时享有商业特权，只要他们不同时行使《1818年条约》所授予的权利和商业特权。

德拉戈博士的不同意见

在法庭的5名成员中，只有德拉戈博士（Dr. Drago）在第五个问题的考量和实质裁决上和大多数成员持相反意见。德拉戈博士指出，法庭并没有把英国一直在渔业条约中贯彻的10海里海湾线纳入考量。他反对法庭"3海里应从横越不再具有海湾外形特点的水面的直线量起，在其他位置，3海里的起量点随着海岸线的曲折而定"的裁决，因为这两条规则都没有为当事双方指明这一外形特点为何，也不存在一条定义其外形特点的普遍规则。所以在他看来，"简单地建议……一组也许可行的界线，而不是制定一项新的条约，是无法被当事双方采用的"，这也并非令人满意的争端解决方案。

（三）渔业管辖权案（英国 V. 冰岛）

当事方	冰岛和英国
争议事由	沿海国渔业管辖权扩张；渔区；优先权和他国共享权；养护措施
审理法庭	国际法院（ICJ）
裁判日期	1973年2月2日（司法管辖权） 1974年7月25日（实质性判决）
发表刊物	《国际法院：判决书、咨询意见和命令的报告》，1974年，第3—173页 《国际法报告》，第55卷，第238—408页
选评著作	H. 琼森，《朋友冲突：英—冰岛鳕鱼战争和海洋法》，C. 赫斯特公司，伦敦，执政官书业，哈姆登，康涅狄格州，1982年 S. R. 卡茨，《冰岛渔业案所引发的问题》，《国际法与比较法季刊》，1973年第22期，第83—108页 R. R. 丘吉尔，《渔业管辖权案：国际法院对沿海国争议所作的贡献》，《国际法与比较法季刊》，1975年第24期，第82—105页 帕扎尔哲·侯赛因，《大陆架和群岛划界》，安卡拉大学政治科学系，安卡拉，1982年

案　情

1948年，冰岛国会通过了一项关于对大陆架渔业进行科学养护的法律，旨在保护冰岛的渔业资源，因为冰岛经济几乎完全依赖于其周边的渔业。这项法律授权政府建立一个渔业养护区，区内的鱼类在尽可能和其他国家达成协议的基础上由冰岛管理和控制。

基于此，冰岛在1958年宣布建立了12海里的专属渔区，禁止一切外国船只在这一专属渔区里从事捕鱼活动。这一举动源于国会在1959年5月5日的一项决议，该决议称遵循1948年法律所持的政策，冰岛对整个大陆架地区的权利需要被认可。

1948年的法律和1958年的声明直接导致了英国和冰岛之间的争端，因为英国的渔船一直在这一区域捕鱼。为此，冰岛海军舰队和英国渔业保护船之间产生了一系列冲突。

1961年3月11日，两国通过换文签订了一项协定，结束了这一争端。在其他内容之外，文书尤其明确了英国不再受12海里渔区所限，而冰岛将会继续执行1959年的国会决议，并在进一步扩大其专属管辖区时提前6个月告知英国。如果因扩大渔区而发生争端，任何一方均可请求把争端提交国际法院解决。

1971年，冰岛政府宣布终止与英国关于渔业管辖权的协定，并宣布其专属渔业管辖范围将扩大到50海里。对此，英国强调单方面废弃声明对1961年的换文是无效的，冰岛的举动是毫无国际法根据的。

在两国谈判失败后，英国于1972年4月14日向国际法院提交请求。冰岛并未出席审理，也没有指定代理，但该国在和法院的一系列沟通中表示，1961年的换文已经失效，法院对此没有司法管辖权。

冰岛在1972年7月14日发布了新的渔业管理规定，将渔区扩大到其海岸周围50海里，并禁止一切外国船舶在这一范围内从事捕鱼活动。规定实施之后导致了英国和冰岛之间一系列船只纠纷。1972年7月19日，英国递交了临时保护措施的申请。

1973年11月13日，两国政府通过换文达成一项临时协议，允许英国渔船两年内仍在争议海域内捕鱼，但每年捕捞量不得超过13万吨。这次换文同时达成了临时协议，"在不损害双方政府的法律地位和权利的前提下推迟实际争端的解决"。

争 议 事 由

1. 提交法院审议的问题

- 冰岛在基线外50海里建立专属渔区的行为有没有国际法的支持？如果没有的话，这一主张是否应当被视为无效？
- 在国际法中，冰岛单方面扩大其专属渔业管辖区是否对其周边水域中鱼群的养护有影响？英国和冰岛是否能通过达成协议来管理这一保护行为？

2. 各方主张

司法管辖权

（1）英国主张基于1961年换文中的仲裁条款，法院对这一纠纷拥有司法管辖权。

（2）冰岛在给法院的信件中主张这一条款并不适用于当下的争端；从英国战舰用武力保护本国拖网渔船开始，1961年换文的效力就终止了；换文并不是一份永久协议（因为仲裁条款都不具有永久属性），冰岛已行使其终止权；冰岛目前依法享有12海里范围的渔业管辖权，英国已不再考虑冰岛此前的承诺；海洋法律和渔业技术上的变化为事情的状况带来了根本性的改变，导致1961年的换文失去效力。

案情实质

（1）英国进一步请求法院作出对其有利的4点声明：

· 冰岛关于50海里渔区的主张并无国际法支持，因而是无效的。

· 和英国相比，冰岛在1961年换文同意的区域之外并无专属渔业管辖权。

· 冰岛不能单方面将英国的渔船逐出争议水域。

· 当事双方均有义务共同调查鱼群保护的必要性。如果证明确有必要，双方有义务建立一个机制，既承认冰岛作为一个依赖渔业的沿海国的优先权，也承认英国与其他利益相关国家的权利。

英国同时指出其船只数个世纪以来一直在冰岛的海域捕鱼，这些船只现在所进行的捕捞活动和50年前并无二致，现在驱逐它们会导致严重且有害的后果。英国整个族群在经济和生活上都依赖着捕鱼，和冰岛一样，自身利益与鱼群养护息息相关，原告在争端水域有历史性的特殊利益，把他们驱逐出这一水域会产生不利影响。此外，英国认为冰岛1972年的管理规定并不能用来反对自己，因为它无视了英国既有的权利和1961年换文的条文。管理规定违反了1958年《日内瓦公海公约》第二条中规定的适当顾及他国利益原则。

（2）冰岛没有出庭，也没有就争端实质提交任何答辩。

法院的分析

1. 临时措施

对于冰岛不出庭一事，法院认为这并不妨碍其下达临时措施。法院进一步表示，申请临时措施保护问题区域中的捕鱼权是和英国最初的申请直接相关的。

关于管辖权，法院认为，应要求下达临时措施并不需要法院拥有管辖权，除非其本身明显不具有管辖权。法院认为，初步看来，1961年换文中的仲裁条款授予了它受理该案的管辖权。

由于冰岛即时执行的渔业新规会侵犯到英国试图在此案中维护的权利，法院下达了类似英国所提请求的临时措施。然而，法院将英国每年捕鱼的限额限制在了17万吨，而非英国要求的18.5万吨，这考虑到冰岛民生和经济发展对沿海渔业超乎寻常的依赖。

2. 司法管辖权

法庭认为1961年换文中的仲裁条款效力包括了眼下讨论的这一争端类型。

法庭反驳了冰岛称被英国武力相逼达成1961年换文的主张*。如果这一主张成立，根据《联合国宪章》和《维也纳条约法公约》（Vienna Convention on the Law of Treaties）第五十二条，1961年的换文显然是无效的。然而，1961年换文前的谈判记录显示协定是"相关利益方在完全平等和自由讨论的基础上自由商谈的。双方都未向法院举证表示对此有疑问"。

关于冰岛终止协定一事，法庭认为由于仲裁条款的存在，换文是一种非永久协定。然而，1961年的换文并未为冰岛渔业管辖权扩大设立一个明确的时间限制。只有在冰岛要求扩大其渔区时，法院才能被请求出面裁定。于是，英国相应抗议渔区扩大并请求法院裁定的权利也没有一个具体的时间限制。

冰岛暗示渔业和捕捞技术对情况造成了改变，同时"渔业管辖的法律意见"也有了变化。冰岛认为12海里范围的渔业专属管辖权已经逐渐被英

---

* 冰岛在1972年给法庭的信中提及了这一主张。

国在内的多国认可,因为法律状况改变而减轻了冰岛的义务。

法院认为冰岛的主张并无关联。换文的对象和目的范围更大,并不只是决定了冰岛对 12 海里范围内的管辖权,还提供了一项解决进一步要求的有效性问题的途径。

冰岛在声明里提及了"冰岛周边海域渔业资源开发力度加大而导致情况变化",用情况的变化作为终止协定的理由。国际法认可,当促使当事方接受协定的情况产生了根本性改变时,在一定条件下,一方能请求协定终止或暂停。冰岛声称捕鱼技术的发展导致了上述根本性改变。英国辩称捕鱼技术的进步并未导致冰岛所述的结果,所以捕鱼技术的改变并非一项根本且必要的因素。

法院认为即使这些所谓的捕鱼技术变化的确存在,它们也仅在案情实质审理阶段才跟案情有关。在本阶段的审理中,这些所谓的变化并不影响仲裁条款对法院管辖权的确立。

3. 案情实质

法院裁定所需事实证据均有记录在案,其准确度是毫无疑问的。就法律而言,虽然很遗憾冰岛未能出庭,但法院仍会对国际法加以留意。考虑到各方的法律地位,法院认为现有要素已足以作出裁决。

法庭考虑了 1958 年《日内瓦公海公约》。该公约的第二条声明所有国家在行使公海自由时"都应适当顾及其他国家行使公海自由的利益"。

领海宽度和沿海国渔业管辖权范围的问题在 1958 年的会议上并未得到解决,第二次在 1960 年召开会议时依然未得到解决。尽管如此,第二次会议时达成的一些共识中有这样两个被视为习惯法的概念:

(1)沿海国在领海和公海之间的渔区内拥有专属渔业管辖权的范围是 12 海里。

(2)一个对渔业有特殊依赖的沿海国应在其专属渔区周边水域享有优先捕鱼权。

法院指出,从各国行为来看,第二个概念不仅不断受到广泛接纳,还通过各种协定得到了执行。英国明确认可冰岛在争议水域 12 海里范围之外拥有优先捕鱼权,而冰岛对渔业的特殊依赖和其养护鱼类资源以满足理性经济开发的首要需求也是毋庸置疑的。对渔业有特殊依赖的沿海国的优先捕鱼权这一概念虽然意味着某种特权，但并不代表剥夺其他国家共享的权利。冰岛享有优先权这一事实并不足以证明其拒绝英国渔船在 1961 年约定的 12 海里外捕鱼是合理的。

英国强调它一直都出没于争议水域。所以，为了达成一项平等的解决方案，法院认为需要评估两国各自对渔业的依赖度，以在冰岛的优先捕鱼权和英国传统的捕鱼权之间作出调停。冰岛并无权单方面禁止英国船只在争议水域捕鱼，而英国则有义务尊重冰岛在 12 海里到 50 海里之间的优先捕鱼权。

此外，法院认为当事双方有义务通过协商达成一项方案，采取合理的措施养护和开发渔业资源。

因此，法院认为冰岛将专属渔区扩张到 12 海里以外的行为并不能用来约束英国；冰岛可以同时在分配邻近水域渔业资源时主张自己的优先权；英国对上述渔业资源也有既定的权利；1958 年的《日内瓦公海公约》第二条确立的适当顾及他国利益原则要求冰岛和英国都顾及对方利益和其他国家的利益。

判　　决

1972 年 8 月 17 日，法院以 14 票对 1 票裁定了以下内容与英国的请求接近的临时措施：

1. 英国和冰岛应确保类似加重争端的行为不再发生。

2. 英国和冰岛应确保在执行法庭实质审理后裁决时不发生侵犯另一方权利的行为。

3. 冰岛应停止执行 1972 年 7 月 14 日的新规，允许英国渔船在冰岛 12 海里渔区以外范围进行捕鱼活动。

4. 冰岛应停止采取行政、法律或其他针对在冰岛 12 海里渔区以外范围进行捕鱼活动的英国渔船、船员和其他相关人员的相关措施。

5. 英国应确保其渔船每年从国际海洋考察理事会（International Council for the Exploration of the Sea）定义的"冰岛海洋地区"捕捞的鱼类总量不超过 17 万吨。

6. 英国应向冰岛和法院书记官处提供一切有关控制和管理海上捕捞的信息、命令和计划。

1973年2月2日，就司法管辖权问题，法院以14票对1票作出裁决，判定1961年的换文依然是一份有效的协定。根据这一协定，法院拥有管辖权。

1973年7月12日，就临时措施的延期问题，法院以11票对3票作出裁决，判定1972年8月17日下达的临时措施在法院对本案作出最终裁决之前始终有效。

1974年7月25日，就案情实质，法院以10票对4票判决如下：

1. 冰岛政府1972年7月14日的规定是单方面扩大渔区至基线外50海里的行为，并不能用来约束英国。

2. 冰岛政府无权单方面禁止英国渔船进入其周边12海里到50海里区域内，也无权单方面在此区域内限制英国渔船活动。

3. 冰岛和英国均有义务进行诚意谈判，公平解决分歧。

4. 法院提及了谈判中双方应考虑的一些因素（冰岛的优先权、英国的既有权利、他国利益、渔业资源养护、对措施的共同监管）。

法律断言、单独意见、不同意见

1. 法律断言

拉赫兹院长（President Lachs）声明他同意法庭的分析和结论，认为不宜对裁决再作其他评论。

伊格纳西奥—平托（Ignacio-Pinto）法官声明法院有意规避了此前的一些内容，例如冰岛的主张和国际法的一些规定是一致的。事实上，在他看来，法院把焦点放在优先权并为双方制定谈判指导原则是回避了主要问题。

那金德拉·辛格（Nagendra Singh）法官在完全支持判决的同时表示想做一些澄清。他提到法院并没有公布原告要求法院宣布冰岛把专属渔区扩大到50海里是没有国际法依据的这一事，因为这等于要求法院表示这一扩张依据法律是不合法的且在普遍意义上是无效的。那金德拉·辛格法官发现习惯法中关于渔业专属管辖权范围的一些规定还在逐渐发展，由于许多国家的做法并不与之相符，目前还没有完全成型。尽管传统的海洋法在1958

年和 1960 年两届日内瓦海洋法会议上已基本编纂完成，但有一些部分公认尚未得到解决，而这些部分现在已成为编纂的重点。渔业管辖区的扩张问题即是未解决的部分之一，所以法院并不能解决这一问题，因为法院无法"假法律之名（sub specie legis ferendae）作出裁决，也不能在法律制定完成之前提前使用它"。

那金德拉·辛格法官指出，了解"渔业管辖权"这一表达的准确内涵以及它的立场和意义是很重要的。渔业管辖权的概念包含了养护措施的执行、优先权的行使和对历史性权利的尊重，因为每一项的执行都涉及管辖权。

判决对海洋法发展的贡献在于其认可了沿海国对其在周边水域的渔业拥有优先权，尤其是当该国处于全国人口高度依赖渔业的特殊情况下。

最后，那金德拉·辛格法官声明法院判决中关于要求当事双方谈判解决的部分凸显了解决争端的重要性。

[穆罕默德·查弗鲁拉汗爵士院长（President Sir Muhammad Zafrulla Khan）同样就管辖权问题附上了一份声明。]

2. 联合单独意见

福斯特（Forster）、本格松（Bengzon）、希门尼斯·德阿雷恰加、那金德拉·辛格和鲁达等多位法官强调他们完全赞成法院关于冰岛渔业管辖权的扩张不应约束英国的裁决，因为法院是根据具体情况和案件的特殊性作出的判决，而不是基于英国主要的法律主张或其他类似国际法惯例规定，禁止沿海国将专属渔业管辖权范围扩大到基线 12 海里范围外。他们还指出：如果像英国主张的那样宣布冰岛扩张专属渔区缺乏国际法依据，是站不住脚的，因为在渔区范围方面是没有既定的一般惯例规定的，当时"12 海里原则"没有在国际上被统一广泛应用，没有产生如《国际法院规约》第三十八条第 1 款所述"作为通例之证明而经接受为法律者"。因而，他们总结称规定一国渔业管辖权最大范围的惯例规则尚存在不确定性。然而在本案中，他们基于两个概念达成了一项获得全部支持的判决：

（1）沿海国的优先权。

（2）当一国部分人口和工业长期以来对同一片渔业资源建立了经济依赖时，该国所拥有的权利。

3. 单独意见

对迪拉德（Dillard）法官来说，法院的判决从某些方面体现了一次有切实依据的尝试。尽管如此，在其他一些方面，这一判决有些缺乏说服力。在他看来，法院应该举出更有说服力的论据来证明冰岛严重触犯了1961年的换文。法院还应对英国第一次的请求作出更清晰的裁决，因为当时英国请求法院裁定冰岛渔业管辖权范围扩张完全缺乏国际法依据。他认为"法院拥有……明确诚意谈判义务的权力是有法可依的"。

德·卡斯楚（de Castro）法官尽管和大多数人投票相同，但就若干问题附上了一份详细的意见。尤其是对于举证责任，他忆及英国主张冰岛必须证明其权利受国际法支持。他强调这一主张是不可接受的，因为国际习惯法并不需要被证明，国际法院必须依照其职能应用它。他还指出了其他很多方面的问题。在他看来，法院并没有充分考虑到需要解读的文本、海洋相关法律的发展、需要应用的法律和一些程序性问题。

汉佛莱·沃尔多克爵士（Sir Humphrey Waldock）法官对法院的判决表示大体上赞同。然而，他认为法院的判决应更重视1961年的仲裁条款。实际上，他认为这一条款是英国和冰岛两国关于冰岛渔业管辖权范围扩张问题适用法律中不可分割的一部分，且其本身就是法院裁决这一扩张有效性时应用的法律的一部分。因此，冰岛对其在1961年换文中承诺的完全否认为证明冰岛1972年渔业管辖权扩大不能用来约束英国增加了一项（根本）证据。这本身就足以证明法院认同了对英国第二次和第三次提交的申请。

[杰拉德·费茨莫里斯爵士（Sir Gerald Fitzmaurice）法官同样就管辖权附上了一份单独意见。]

4. 不同意见

临时措施

帕迪业·内尔沃（Padilla Nervo）法官认为法院应该至少作出临时裁决其有进行实质审理的司法管辖权之后再下达临时保护措施。此外，他认为关于冰岛是否违反了国际法这一点尚不明确，且其渔区扩张是行使了1961年换文时英国默许的一项权利。他同时指出，下达的临时措施几乎满足了英国所有要求，这导致法庭没有在当事双方之间保持一个适当的平衡。

临时措施延期

伊格纳西奥—平托法官认为跟临时措施刚下达时相比，情况已有所变化，但英国和冰岛之间的对抗状态意味着并不适宜采取其他临时措施。

格罗法官提出冰岛未出庭情况适用于《国际法院规约》第五十三条，在情况有变的情况下，临时措施的角色就具有了自动性。他认为法院不应仅仅为了让当事双方谈判解决而推迟实质判决。

佩特伦（Petrén）法官认为情况有了明显的变化，法院应该邀请当事双方递交它们对本案主题的记录，以了解这些变化和它们可能对临时措施的影响。

管辖权

帕迪亚·内尔沃法官重申了他在审议临时措施时的意见，并指出冰岛的行为是合法的。

案情实质

格罗法官认为冰岛的主张和国际法背道而驰，但他不同意法院的法律分析。他在不同意见中尤其指出了以下几点：

（1）1961年换文中仲裁条款的目的在于将和未来冰岛渔区扩张有关的争端提交至法院，所以法院能够裁决扩张是否符合国际法。法院错在没有就中心问题判决。渔区扩张违反了国际法，不能用来约束任何国家。

（2）法院还错在认为当事双方有义务谈判达成一个公平的解决方案。优先权和渔业资源养护问题并不在1961年换文的仲裁条款的范围内，所以法院对此没有管辖权。

（3）关于谈判义务的判决是无意义的，因为1973年的换文实际上取消了任何谈判的义务。

佩特伦法官认为法院没有回答最重要的问题，以及判决当事双方有义务通过谈判达成一项公平解决方案超出了其司法管辖权。此外，他认为当事双方1961年的换文并没有将司法管辖权移交给法院，法院无权就冰岛渔区周边水域可能存在的优先捕鱼权或既定历史捕鱼权下达判决。

在奥尼亚马（Onyeama）法官看来，法院应就冰岛渔区扩张是否有国际法依据作出裁决。此外，他认为法院对优先权的考量和对当事双方有义务谈判的判决都超出了其司法管辖权。

（四）渔业管辖权案（联邦德国 V. 冰岛）

当事方	联邦德国和冰岛
争议事由	沿海国渔业管辖权扩张；渔区；优先权和他国共享权；养护措施
审理法庭	国际法院（ICJ）
裁判日期	1973年2月2日（司法管辖权） 1974年7月25日（实质审理）
发表刊物	《国际法院：判决书、咨询意见和命令的报告》，1974年，第175—251页 《国际法报告》，第56卷，第146页
选评著作	R. R. 丘吉尔，《渔业管辖权案：国际法院对沿海国争议所作的贡献》，《国际法与比较法季刊》，1975年第24期，第82—105页 R. A. 布赖尼，《冰岛渔业争端：最终决定》，《乔治亚国际法和比较法杂志》，1975年第5期，第248—256页 S. R. 卡茨，《冰岛渔业案所引发的问题》，《国际法与比较法季刊》，1973年第22期，第83—108页 L. Favoreu，《渔业企业的竞争力（英国及联邦德国诉冰岛）》，《法国国际法年鉴》，1974年第20期，第253—285页

案　　情

1948年，冰岛国会通过了一项关于对大陆架渔业进行科学养护的法律，旨在保护冰岛的渔业资源，因为冰岛经济几乎完全依赖于其周边的渔业。这项法律授权政府建立一个渔业养护区，区内的鱼类在尽可能和其他国家达成协议的基础上由冰岛管理和控制。1958年，冰岛宣布将专属渔业管辖区扩张到海岸线12海里以外的地区。1959年，冰岛国会宣布了一项决议，称"遵循1948年法律所持的政策，冰岛对整个大陆架地区的权利需要被认可"。联邦德国（下称"德国"）否认了新规的有效性，在1961年7月19日和冰岛进行谈判并达成了一项换文，明确德国不需要遵守12海里渔区限制，以及冰岛会继续执行 1959 年决议中关于扩张渔业管辖权的内容，但会在此类扩张前提前 6 个月告知德国，且"如果因扩大渔区而发生争端，任何一方均可请求把争端提交国际法院解决"。

1971 年，冰岛政府宣布和德国关于渔业管辖权的协议将终止，而冰岛的专属渔业管辖区将扩大到 50 海里。德国在 1972 年 2 月 24 日被告知上述决定，然后回复称，在德国看来，这些措施将会"不相容于国际法一般规则"，以及 1961 年的换文不能被单方面否定。

1972 年 7 月 14 日，冰岛宣布将渔区扩大到 50 海里以外的新规将从当年度的 9 月 1 日开始实施，一切外国船舶在这一区域内的活动都将被禁止。

德国于 1972 年 5 月 26 日在国际法院向冰岛提起诉讼。在德国的要求下，法院在 1972 年 8 月 17 日通过一项命令下达了临时保护措施，并在 1973 年 7 月 12 日进一步通过一项命令确认了这些措施。

[读者不妨参考前一篇渔业管辖权案（英国诉冰岛）案例中的判决和审理过程。]

2. 争议事由

1. 提交法院审议的问题

（1）法院对此是否有司法管辖权？

（2）冰岛将渔业管辖权扩张到 50 海里的行为是否遵守了国际法？

（3）冰岛对德国渔船的干涉是否合法？如果是非法的，是否要向德国赔偿？

2. 各方主张

德国请求法院裁决并宣布以下内容：

·冰岛对德国单方面把专属性渔业管辖范围扩大到基线外 50 海里的做法在国际法上是没有根据的。

·冰岛以上述目的宣布的规定不得对德国渔船或在德国登记的渔船执行。

·冰岛如要在 1961 年换文同意的 12 海里范围外采取保护渔业资源的必要措施，只能在双边或多边协定的基础上进行，同时考虑到冰岛对渔业的依赖和德国在有关水域的渔业传统。

· 冰岛沿岸巡逻舰干预在德国登记的渔船的行为是违反国际法的，有义务对德国给予赔偿。

冰岛在审理的所有阶段都没有参与。在一封 1972 年 6 月 27 日的信中，冰岛告知法院其已将 1961 年的换文视为终止。在冰岛看来,《国际法院规约》并无支持其行使司法管辖权的内容。此外，考虑到自身重大利益，冰岛任何情况下都不愿将与渔区有关的管辖权移交给法院。之后，在 1974 年 1 月 11 日的一封信中，冰岛声明其不接受任何事实陈述或是任何德国向法院提交的主张与辩诉。

法院的分析

根据《国际法院规约》第五十三条，法院必须裁定这一主张是否有事实依据和法律依据。现有书面证明提供事实依据。至于法律方面，法院参照了其司法知识范围内的国际法，即使冰岛并没有出庭。

1. 法院的司法管辖权

基于仍有效力的 1961 年换文，法院在 1973 年 2 月 2 日的判决中确认了其司法管辖权，强调如果将法院的司法管辖权限制在肯定或否定冰岛于 1972 年的规定是否遵循了国际法的话，对其仲裁条款的解读就太狭隘了。显然，当事双方间的争端涵盖了各自在渔业资源上的权利和养护措施是否足够等分歧。因此，法院有权对所有相关因素进行考量，且法院查明其对争端实质的裁定有司法管辖权。

此外，德国告知法院冰岛拒绝参与审理，并将利用其权利指定一名专案法官。德国并不认为有必要坚持指定一名专案法官。于是，法院并没有在审理人员中增加任何来自两个当事国家的法官。此外，法院决定不将此案和英国诉冰岛一案合并审理，因为考虑到两案的基本法律问题虽然类似，但两个原告和它们各自的起诉状立场存在差异，联合诉讼与它们的意愿相悖。

2. 适用的国际法规则

法庭考虑了 1961 年的换文和国际法现行规则。

基于此，应注意到第一次联合国海洋法会议（first United Nations

Conference on the Law of the Sea，1958 年，日内瓦）通过了《公海公约》（Convention on the High Seas），它的第二条提出了公海自由原则，包括航行自由、捕鱼自由等在内的自由权，"各国行使以上各项自由……应适当顾及其他国家行使公海自由之利益"。

领海宽度和沿海国渔业管辖权范围的问题在 1958 年的会议上并未得到解决，在 1960 年召开第二次会议时依然未得到解决。尽管如此，第二次会议时达成的一些共识中有这样两个被视为习惯法的概念：

（1）沿海国在领海和公海之间的渔区内拥有专属渔业管辖权的范围是 12 海里。

（2）一个对渔业有特殊依赖的沿海国应在其专属渔区周边水域享有优先捕鱼权。

优先捕鱼权的概念是冰岛在提交给 1958 年日内瓦会议的提案中首先提出的。当时，冰岛建议道：

"为了养护渔业资源，有必要在沿海国领海周边公海内的某个区域限制捕捞总量，其他任何在此区域捕鱼的国家须与该沿海国协商，议定相关措施获得这一待遇，承认该沿海国出于对渔业的依赖而拥有优先权的同时也顾及他国利益。"

在 1969 年的会议上，这一概念被高票通过，纳入了一项有关渔区提案的修正案中。从各国行为来看，该概念不仅不断受到广泛接纳，还通过各种双边和多边协定得到了执行。在本案中，12 海里内的专属渔区并无争议，法庭也注意到德国明确认可了另一方在 12 海里外争议水域的优先权。

然而，法院发现对渔业有特殊依赖的沿海国的优先权概念虽然意味着某种顺序上的优先，但并不表示其他国家要牺牲其共享权利。冰岛拥有优先权这一事实并不足以证明其将德国渔船单方面驱逐出 1961 年议定的 12 海里界限以外区域的行为是正当的。

德国和冰岛在鱼类资源保护方面有着共同的利益，冰岛也承认德国在争议水域有特殊的历史性权益。法院认为冰岛的 1972 年规定不可约束德国，因为这一规定无视了该国的既有利益和 1961 年的换文。此外，该规定违反了适当顾及包括德国在内的其他国家利益这一原则（1958 年《公海公约》第二条）。

为达成一项公平的解决方案，法院认为需要评估各国对渔业的依赖情况，并考虑到其他国家的权利和渔业资源养护的需要，从而协调冰岛的捕鱼优先权和德国的传统捕鱼权。

法院认为最佳解决方案是通过谈判清楚界定当事双方的权利和利益，并对捕捞量、配额和相关限制等问题进行公平的管理。当事双方谈判的义务源于各自权利的性质，也符合《联合国宪章》关于和平解决争端的条款。当事方面临的任务是在诚意和适当顾及对方合法权利、特殊境遇及在该区域拥有捕鱼权利的其他国家利益的基础上进行谈判。

法院声明1972年8月17日下达的临时措施将从判决下达之日起失去效力。然而，当事双方不能无限制地在争议水域进行捕鱼活动。当事双方均有义务适当顾及对方的权利和保护要求。

3. 索赔事项

德国在其备忘录和口头审理中声称冰岛沿岸巡逻舰对其捕鱼船有骚扰行为，并提出了赔偿要求。然而，由于信息有限、证据不足，法院无法查明具体责任。

判　　决

法院于1974年7月25日以10票对4票作出判决：

1. 冰岛1972年关于把渔业管辖权范围扩大到基线以外50海里的规定不得约束德国。

2. 冰岛无权单方面将德国渔船逐出12海里和50海里线之间的海域，也无权在这一海域中对德国渔船的活动加以限制。

3. 冰岛和德国有义务通过诚意谈判公平解决它们之间的分歧。

4. 谈判中应考虑到若干因素（冰岛在该海域的渔业优先权、德国在该海域既有的权利、其他国家的利益、渔业资源养护、对措施执行的共同监管）。

5. 法院无法回应德国关于赔偿的主张。

法律断言、单独意见、不同意见

1. 法律断言

拉赫兹院长（President Lachs）声明他同意法庭的分析和结论，认为不宜对裁决再作其他评论。

就德国提出的赔偿主张，迪拉德（Dillard）法官认为冰岛的行为无疑是一种违法骚扰，在审理中也有大量细节体现了这一点。法院声明 1961 年的换文仍具有效力，但冰岛无视了其中规定的义务，在诉讼期间采取了上述行动。迪拉德法官称法院仅被要求裁定上述行为是违法的，并记录下冰岛相应的责任以备后用。法院并未被要求评估损失。因而，迪拉德法官倾向于让法庭强调德国诉状的有限属性，而不是因为对索赔事项缺乏具体证据而无法回应德国主张。

伊格纳西奥—平托（Ignacio-Pinto）法官指出法院的判决为行使优先权、鱼类养护和德国历史性权利创造了条件，而并非回应德国的基本主张，即对一个特定的点作出法律陈述。因此，应当看到德国并没有向法庭寻求对冰、德两国间关于沿海国优先权、鱼类养护和历史性权利的争端的裁决。

伊格纳西奥—平托法官认为法院有意规避了此前明确的一些内容，例如冰岛的主张和国际法的一些规定是一致的。由于没有给予该原则性主张一个清晰的答案，法院并没有按照要求主持公正。

因此，伊格纳西奥—平托法官认为如果能够给德国的申诉一个积极的答复，而不是转而去构建关于优先权、鱼类保护区或历史性权利等这些原告和被告都无异议的论点，法院将大大提升其司法权威。他认为，法院应严格遵循其司法管辖权的限制。

那金德拉·辛格（Nagendra Singh）法官在完全支持判决的同时表示想做一些澄清。他提到法院并没有公布原告要求法院宣布冰岛把专属渔区扩大到 50 海里是没有国际法依据的这一事，因为这等于要求法院表示这一扩张依据法律是不合法的且在普遍意义上是无效的。那金德拉·辛格法官发现习惯法中关于渔业专属管辖权范围的一些规定还在逐渐发展，由于许多国家的做法并不与之相符，目前还没有完全成型。尽管传统的海洋法在 1958 年和 1960 年两届日内瓦海洋法会议上已基本编纂完成，还有一些部分公认尚未得到解决，而这些部分现在已成为编纂的重点。渔业管辖区的扩张问题即是未解决的部分之一，所以法院并不能解决这一问题，毕竟法院无法"假法律之名作出裁决，也不能在法律制定完成之前提前使用它"。

那金德拉·辛格法官指出，了解"渔业管辖权"这一表达的准确内涵以及它的立场和意义是很重要的。渔业管辖权的概念包含了养护措施的执行、优先权的行使和对历史性权利的尊重，因为每一项的执行都涉及管辖权。

判决对海洋法发展的贡献在于其认可了沿海国对其在周边水域的渔业拥有优先权，尤其是当该国处于全国人口都高度依赖渔业的特殊情况下时。

最后，那金德拉·辛格法官声明法院判决中关于要求当事双方谈判解决的部分凸显了解决争端的重要性。

[穆罕默德·查弗鲁拉汗爵士院长（President Sir Muhammad Zafrulla Khan）同样就管辖权问题附上了一份声明。]

2. 联合意见

福斯特（Forster）、本格松（Bengzon）、希门尼斯·德阿雷恰加（Jiménez de Aréchaga）、那金德拉·辛格和鲁达（Ruda）等多位法官指出，判决在宣布冰岛渔业管辖权范围扩张不得约束原告历史性权利的同时，并没有应原告要求声明这一扩张并无国际法律依据以及在普遍意义上是无效的，这使他们认同法院的分析并对其判决投了赞成票。原告诉状中要求法院裁定并声明冰岛1972年7月14日的规定"没有国际法依据"，法院并没有如此声明，而是判决了冰岛的规定不得约束德国。这是法院严格参照了现状和本案的特殊性，基于法律依据作出的判决。这一判决并非基于原告的主要主张，即当下的国际法惯例规则一般禁止国家将其专属渔业管辖区扩张到基线外12海里以外的位置。

上述法官认为当时习惯法中规定沿海国有义务将渔区限制在12海里内的一般规则并没有充分根据。事实上，他们认为并没有一个被一致广泛运用的国际惯例能够在《国际法院规约》第三十八条第一段（b）项的涵义内产生"为文明各国所承认的一般法律原则"。

3. 单独意见

德·卡斯楚（de Castro）法官不理解法院要如何同意德国关于赔偿的主张。他指出，法院在判决中不需要作出原则性的声明。致人受伤的非法行为会带来赔偿的义务，这是不言而喻的，所以声明这一点是毫无意义的。然而同样地，这表示法院至少初步来看接受了违法损害行为的存在。

在法院能够受理的前提下，索赔申请应包括被告过错的证据和每项损害的规模，还应考虑到各方过错和损害的相互抵消。只有对证据进行审理之后，法院才能够确认索赔申请在事实和法律上都是有依据的。

关于法院是否对索赔主张有管辖权的问题，德·卡斯楚法官认为从仲裁条款上来看不存在争议，索赔问题已包含在了法院被委托的任务之内。冰岛勉强接受了该条款，因此这一条款似乎没有被过度解读的迹象。

汉佛莱·沃尔多克爵士（Sir Humphrey Waldock）法官对法院的判决表示大体上赞同。然而，他认为法院的判决应更重视 1961 年的仲裁条款。

法院的判决参照了 1961 年 7 月 19 日的换文，并基于德国对冰岛对沿岸渔业特殊依赖的认可和冰岛对德国在其周边水域传统渔业的认可作出了裁决。然而，沃尔多克法官认为，1961 年换文协定中必然建立了一项特别法律机制来处理和该水域中渔业有关的双方关系，然而法院的判决并没有重视这一点。

此外，沃尔多克法官忆及德国在审理过程中明确了其对于仲裁条款范围的理解。在任何情况下，对他而言真正的法律问题在于，1961 年议定的冰岛在 12 海里外的渔业管辖区域扩张是否能约束一个像德国这样没有接受或默许这一扩张的国家，而非在一般国际法下这一扩张在客观普遍意义上是无效的。

就索赔而言，沃尔多克法官同意法院有权限处理索赔。但是，至于要求法院就冰岛对详细干扰行为的赔偿义务作出最终裁决，他同意法院的意见，认为德国所呈证据不足，法院并不能因此作此类判决。然而，德国的申诉能被视作要求原则上声明冰岛对一切被判为非法干涉行为都负有赔偿义务。因而，沃尔多克法官认为法院不难做到这一点。事实上，法院认为冰岛单方面将渔业管辖区扩张到 50 海里的行为并不能用来约束德国，且冰岛无权单方面将德国渔船逐出 1961 年换文中规定的渔区以外的水域。因此，这自然能推出冰岛用扩张来约束德国渔船的行为是非法的，导致冰岛对德国负有国际责任。这是国际法中一条固有的原则，即任何侵犯国际义务的行为都会招致赔偿的责任。

杰拉德·费茨莫里斯爵士法官（Judge Sir Gerald Fitzmaurice）同样就管

辖权附上了一份单独意见。

4. 不同意见

格罗（Gros）法官大体上不同意判决意见。关于冰岛的渔业管辖区扩张，他指出，法院回应称这一扩张不符合现行国际法。当事双方将 1961 年的协定视为进一步扩张的保证，而冰岛早已在谋划扩张其渔区。提交给法院的问题是这一扩张在相应的时间是否遵循了国际法，这也是问题内容之一。

就索赔问题，格罗法官不同意法院仅根据申诉的方式判定其无法回应德国对针对其渔船行为后果的索赔。他认为，法院驳回主张的可行理由应为这一主张不在仲裁条款的主旨之内，因而也不在法院的司法管辖权之内。法院应该在判决内驳回这一主张，而不是通过和申诉提交方式有关的论证达成。

最后，法院对《国际法院规约》第五十三条的运用让他发现在一个国家未出庭的情况下，法律和事实方面的调查具有先天难度，难以克服，会造成一种主动将自己置于这一情况的国家应接受制裁的感觉。对未出庭的解读导致了越权行为，这是一种对未出庭国家责任错误解读引起的后果，因为没有对该国的言论（在这一情况下，对可能的言论）进行彻底的询问，这正是第五十三条所要求的。

佩特伦（Petren）法官对整个判决都投了反对票。对他而言，法院的基本问题在于冰岛 1972 年 9 月 1 日开始对其专属渔业管辖区从 12 海里到 50 海里的扩张是否有国际法依据。他认为冰岛扩张其渔区时就已经和主流国际法相悖而行了。

此外，佩特伦法官发现法庭在未获冰岛同意的情况下将谈判的义务加诸当事双方，以寻求各自在 12 海里范围以外渔业权利分歧的解决方案（这必须包括一项对话机制）。他认为法院的裁决取决于一个涵盖渔业优先权、历史性权利和养护措施的机制的建立，而规定双方有义务为建立这一机制而谈判且必须成功，这超越了其司法管辖权。

关于索赔问题，佩特伦法官指出这并没有包含在审理启动时德国的申诉中，认为德国的索赔不在 1961 年换文中管辖条款的范围内。

奥尼亚马（Onyeama）法官认为在当事双方争议期间，有 4 项含有国际法中与海洋相关的积极规定：1958 年的《公海公约》《领海及毗连区公约》、

《公海捕鱼和生物资源养护公约》和《大陆架公约》。《公海公约》的规定被视作一般意义上的国际法既定原则的宣言，它在第二条中规定公海对各国一律开放，任何国家不得有效主张公海任何部分属其主权范围。

奥尼亚马法官不同意法院"将渔区扩张至基线外 12 海里的行为已被普遍接受"的表述，因为一些国家在试图将渔区扩张到距基线 12 海里以外的区域，而这一行为并未被普遍接受。

1961 年的换文协定规定了在因冰岛将渔业管辖区扩张至议定范围外而发生争端时，任何一方可请求把争端提交国际法院解决。冰岛否认了这一协定，也拒绝承认法院的司法管辖权，这是对协定的违反。

在奥尼亚马法官看来，法院应要求判决冰岛的规定是否有国际法依据这一基本问题，而如果的确存在依据，这一规定也不能用来约束德国。然而，虽然法庭宣布了规定不能用来约束德国，但仅在分析中表示规定和《公海公约》相冲突，没有判决是否有国际法依据这一核心问题。

奥尼亚马法官认为冰岛的规定并无国际法依据，因为有关冰岛专属捕鱼管辖区的条例并未被以上提到的 4 个协定认可，尤其是《公海公约》。这一规定不符合当时普遍认可的渔区定义。

此外，当事双方不能要求法院裁决优先权和历史性权利，以及养护和捕捞上限等问题，这些都不受单方面的实质划界或扩张影响，但只有在一个特殊机制下才有效。在奥尼亚马法官看来，这些问题并不是争端和当事双方 1961 年换文时谈判的内容。冰岛并未要求法院就养护措施进行裁定，而在没有得到所有当事方同意的情况下，争端的其中一方是不能要求法院裁定另一个不同争端的。因此，法院在这个问题上超出了其管辖权。法院应将其限制在裁定冰岛将渔业管辖区扩张到 1961 年换文议定的 12 海里范围以外这一行为是否是国际法下的有效行为，这是提交法院的唯一争端，法院对此有管辖权。

关于索赔，奥尼亚马法官认为没有资格裁定这一主张，因为德国申诉的干扰行为是冰岛试图执行其渔业管辖区扩张直接导致的，而法院尚未根据换文中的约定裁定上述扩张行为的有效性。对破坏换文协定的行为的索赔应是当事双方将管辖权递交法院时应考虑的问题，而这些行为正形成了换文中所述的"和这一扩张有关的争端"。法院判定了冰岛试图将渔业管辖区扩张到换文中约定的界线以外的规定不能约束德国,这似乎暗示了为执行规定而采取的针对德国渔船的行为是非法的。

(帕迪亚·内尔沃法官也附上了一份关于管辖权的不同意见。)

（五）南方蓝鳍金枪鱼系列案

当事方	澳大利亚、新西兰和日本
争议事由	鱼类养护与管理；临时措施
审理法庭	国际海洋法法庭（ITLOS）
裁判日期	1999年8月27日（临时措施）
发表刊物	- 《国际法律资料》，1999年第38期，第1624—1655页 - 《国际法报告》，第117期，第148页 - 《国际海洋法法庭：判决书、咨询意见和命令的报告》，1999年，第280—336页
选评著作	- J. 鲍多克，《国际海洋法法庭决定南方蓝鳍金枪鱼的命运（1999年）新西兰及澳大利亚诉日本》，《环境规划法杂志》，2000年第17期，第157—164页 - R. R. 丘吉尔，《南方蓝鳍金枪鱼案（新西兰及澳大利亚诉日本）：1999年8月27日临时措施命令》，《国际法与比较法季刊》，2000年第49期，第979—990页 - M. D. 埃文斯，《南方蓝鳍金枪鱼争端：临时措施？》，《国际环境法年鉴》，2000年第10期，第7—14页 - M. 林，《南方蓝鳍金枪鱼案：国际海洋法法庭临时措施的规定》，《杜兰大学环境法杂志》，2000年第13期，第361—385页 - B. 克维亚特科夫斯卡，《南方蓝鳍金枪鱼（新西兰及澳大利亚诉日本）临时措施的命令（国际海洋法法庭第3号和第4号案例）》，《美国国际法杂志》，2000年第94期，第150—155页 - K. 莱格特，《南方蓝鳍金枪鱼案：国际海洋法法庭出台临时措施》，《欧洲共同体与国际环境法述评》，2000年第9期，第75—79页 - H. S. 谢夫曼《南方蓝鳍金枪鱼案：国际海洋法法庭接手首例渔业纠纷》，《国际野生动物法律与政策杂志》，1999年第2期，第318—333页

案 情

1999年7月30日，在根据《联合国海洋法公约》附件七建立的仲裁法庭裁决期间，澳大利亚和新西兰分别向国际海洋法法庭书记处（法庭）[Registrar of the International Tribunal for the Law of the Sea (the Tribunal)]提交对日本的诉状,要求根据《联合国海洋法公约》第二九〇条第 5 款对南方蓝鳍金枪鱼的养护采取临时措施。原告要求日本立即停止其始于 1999 年 6 月的单方面的南方蓝鳍金枪鱼实验性捕鱼计划。

1993 年,当事三方都参与缔结了《南方蓝鳍金枪鱼养护公约》[(Convention for the Conservation of Southern Bluefin Tuna),下称《1993 年公约》]*。随着该公约的生效,还成立了一个委员会。在一个科学委员会的协助下,该委员会由三方集体通过制定可捕捞的南方蓝鳍金枪鱼总量(下称"捕捞总量")和各国的额度分配(下称"配额")。

1989 年,当事三方协议决定将捕捞总量定在 11750 吨,并根据《1993 年公约》将这一标准维持到了 1997 年,尽管日本从 1995 年开始就申请再增加 6000 吨。委员会在 1998 年和 1999 年连续两年都无法就捕捞总量达成协议,而日本决定开展一项 3000 吨的"实验性捕鱼计划"。

澳大利亚和新西兰在诉状中对实验性捕鱼计划表示了反对,因为两国认为这一计划并没有什么科学价值,主要是商业目的,还会危及鱼群的继续生存,而鱼群已经严重枯竭,数量位于历史最低位。

1998 年 8 月 31 日,澳、新两国通过外交照会正式将该争端告知日本。之后的协商并不成功。日本提出通过调解解决争端,但坚持继续其"实验性捕鱼计划"。由于其他两方并不同意接受调解,日本提出根据《1993 年公约》仲裁解决争端。由于在仲裁期间日本拒绝停止其"实验性捕鱼计划",澳、新两国根据《联合国海洋法公约》第十五部分第二节内容启动了强制争端解决程序。

由于澳、新两国提交的申请表明两方有着相同的利益,法庭在 1999 年 8 月 16 日发布命令,将申请临时措施的两案合并审理。根据规约第十七条,法庭接受澳大利亚提名伊万·希勒(Ivan Shearer)先生为专案法官的请求。

争议事由

1. 提交法庭审议的问题

(1)依照《联合国海洋法公约》第二九〇条第 5 款规定的临时措施是

---

*《南方蓝鳍金枪鱼养护公约》,1819 联合国条约系列第 360 条(1994 年 5 月 10 日生效)。

否适当。

（2）根据《联合国海洋法公约》附件七建立的仲裁法庭对该争端是否有初步司法管辖权。

（3）是否应当采取紧急措施保护当事方的权利，扭转南方蓝鳍金枪鱼种群的进一步枯竭。

2. 各方主张

（1）澳大利亚和新西兰在最终诉状中要求下达以下临时措施：

·日本立即停止对南方蓝鳍金枪鱼进行单方面的实验性捕捞。

·日本在任何特定捕鱼年将其捕捞限制在养护南方蓝鳍金枪鱼委员会先前同意的国家配额内，并扣除日本在1998到1999年单方面实验性捕鱼过程中捕捞的南方蓝鳍金枪鱼数量。

·在争端最终解决前，当事三方在捕捞南方蓝鳍金枪鱼时应遵照预防原则行事。

·当事各方保证不采取可能会导致已提交附件七仲裁法庭的争端恶化、扩大或更难以解决的任何行动。

·当事各方保证在实施附件七仲裁法庭就实质问题所作裁决时不做出可能损害各自权利的任何行动。

（2）日本的最终诉状如下：

·驳回澳大利亚和新西兰提出的临时措施申请。

·如果国际海洋法法庭不顾日本的诉状，认定争端适宜提交，那么附件七仲裁法庭须有初步司法管辖权，且如果国际海洋法法庭认定其能够且应当下达临时措施，那么根据其法庭规则第八十九条第五项，国际海洋法法庭应立即为澳大利亚和新西兰规定临时措施，并与日本重启为期6个月的诚意谈判，以获得三方间关于问题的共识，包括达成一项继续实验性捕鱼计划的议定书，制定2000年度的捕捞总量和各国配额。如果当事各方在谈判重启6个月后都未达成共识，国际海洋法法庭应规定将余下争议都在与1998年12月的三方协议和其后的实验性捕鱼计划工作小组职权范围协调一致的前提下提交独立科学专家小组，由专家组制定解决方案。

法庭的分析

1. 司法管辖权

法庭注意到，在根据《联合国海洋法公约》第二九〇条第 5 款规定临时措施之前，法庭必须满足根据附件七仲裁法庭建立的仲裁法庭具有初步司法管辖权这一条件。

澳大利亚和新西兰声称日本单方面设计并启动了一项实验性捕鱼计划，没有遵守《联合国海洋法公约》第六十四条和第一一六到一一九条中规定的义务，也没有遵守《1993 年公约》和国际法惯例规则。此外，它们援引了《联合国海洋法公约》第二八八条第 1 款作为仲裁法庭拥有司法管辖权的依据，公约内容如下：

"第二八七条所指的法院或法庭，对于按照本部分向其提出的有关本公约的解释或适用的任何争端，应具有管辖权。"

另一方面，日本坚持认为这一争端源于《1993 年公约》的解读或执行，与《联合国海洋法公约》的解读和应用并无关联。日本还拒绝承认其违背了澳新两国所提到的《联合国海洋法公约》条款。

法庭注意到，根据《联合国海洋法公约》第六十四条和第一一六到一一九条，《联合国海洋法公约》的缔约国有义务直接或通过适当的国际组织进行合作，以保证对类似南方蓝鳍金枪鱼的高度洄游鱼类的养护，并推动其最优化利用。

法庭进一步注意到，当事各方作为根据《1993 年公约》成立的南方蓝鳍金枪鱼养护委员会成员国的行为，以及它们和公约非当事方成员的关系，和衡量当事各方对《联合国海洋法公约》中义务的执行度是有所关联的；《1993 年公约》适用于当事各方这一事实也包括了其在南方蓝鳍金枪鱼的养护和管理上援引《联合国海洋法公约》的权利。因此，法庭认为原告援引的《联合国海洋法公约》条款能支持仲裁法庭的司法管辖权。

日本主张仲裁法庭应拒绝受理上诉，因为《1993 年公约》已对争端解决程序作出了规定。关于这一主张，法庭认为《1993 年公约》适用于当事各方这一事实并不妨碍《联合国海洋法公约》第十五部分第二节中的上诉程序。

2.《联合国海洋法公约》第二九〇条中规定临时措施的条件

被告认为澳大利亚和新西兰在将争议根据《联合国海洋法公约》第十五部分第二节的规定提交审理之前，没有通过谈判或其他议定的和平途径执行《联合国海洋法公约》第十五部分第一节，尤其是第二八一条中关于和平解决争端的规定。对这一主张，法庭认为如果当事国认为解决的可能性已经丧失，那么该国没有执行第十五部分第一节中程序的义务。因此，法庭认为援引《联合国海洋法公约》第十五部分第二节中程序的要求是能够执行的。

就有关情况的紧迫性，法庭忆及，根据《联合国海洋法公约》第二九〇条，法庭能够规定临时措施以保护当事各方在争端中的权利或防止海洋环境受到严重损害。法庭注意到，原告主张日本通过单方面执行增加南方蓝鳍金枪鱼捕捞量的实验性捕鱼计划侵犯了两国根据《联合国海洋法公约》第六十四条和第一一六到一一九条中规定的权利，这在仲裁法庭审讯期间会立即导致两国权利受损。法庭还注意到日本的诉状中否认了案件当前状况下规定临时措施的紧迫性。

尽管如此，法庭理解"当事各方均认为南方蓝鳍金枪鱼数量已严重枯竭，目前处于历史最低水平，而这导致了生态方面的严重担忧"，以及因此当事各方应"谨慎行事，以确保采取有效的养护措施防止对南方蓝鳍金枪鱼的严重损害"。

因此，法庭认为应紧急采取措施保护当事各方权利，并扭转南方蓝鳍金枪鱼数量进一步衰竭的趋势。根据以上原因，法庭认为应采取临时措施。

3. 对不同于请求内容的临时措施的规定

法庭注意到，根据其审理规则第八十九条第五项，法庭可以规定不同于争议当事方所请求内容的措施。

4. 报告

法庭命令各方就临时措施执行情况向法庭提交报告。

判　　决

1999 年 8 月 27 日，法庭下达命令，规定在仲裁法庭作出裁决之前执行以下措施：

1. 以 20 票对 2 票裁定

· 澳大利亚、日本和新西兰应分别保证不采取可能使已提交仲裁法庭的争端恶化或进一步扩大的行动；澳大利亚、日本和新西兰应分别保证不采取可能损害实施仲裁法庭就实质问题作出的任何裁决的行动。

2. 以 18 票对 4 票裁定

· 澳大利亚、日本和新西兰应保证，除非另有协议，其每年捕获量不超过当事各国此前议定的分别为 5265 吨、6065 吨和 420 吨的年度国家配额；在核算 1999 年和 2000 年的年度捕获量时，在无损于仲裁法庭裁决的情况下，应考虑将 1999 年的捕获量作为实验捕鱼计划的一部分。

3. 以 20 票对 2 票裁定

· 除非与其他当事方另有协议，或根据分项（c）中规定的将实验捕鱼数量计算在配额之内，澳大利亚、日本和新西兰各自不得实施涉及捕捞南方蓝鳍金枪鱼的实验捕鱼计划。

4. 以 21 票对 1 票裁定

· 澳大利亚、日本和新西兰应立即重启谈判，以便就南方蓝鳍金枪鱼的养护和管理措施达成协议。

5. 以 20 票对 2 票裁定

· 澳大利亚、日本和新西兰应进一步作出努力，和其他从事南方蓝鳍金枪鱼的国家和渔业实体达成协议，以确保对该种群的养护并促进其最优化利用。

6. 以 21 票对 1 票裁定

· 法庭决定各方应根据其法庭规则第九十五条第 1 款的要求，在不晚于 1999 年 10 月 6 日之前提交初步报告，并授权法庭庭长在认为合适的时候要求提交进一步的报告和信息。

· 法庭还决定，根据《联合国海洋法公约》第二九〇条第 4 款和法庭规划第九十四条，法庭书记官处应将临时措施通知到《联合国海洋法公约》所有参与南方蓝鳍金枪鱼捕捞的缔约国。

法律断言、单独意见、不同意见

1. 法律断言

　　副庭长沃尔夫鲁姆（Wolfrum）和卡米诺斯（Caminos）、马洛塔·兰戈（Marotta Rangel）、杨科夫（Yankov）、安德森（Anderson）、埃里克松（Eiriksson）多位法官在一份共同声明中强调：考虑到南方蓝鳍金枪鱼种群的糟糕状况，相关各方短期内减少捕捞量将有助于种群中长期阶段的恢复。此外，他们重申了各方有义务根据《联合国海洋法公约》第六十四条以此为目标合作的命令。

　　瓦里奥巴（Warioba）法官对法庭命令第一条第三项和第六项投了反对票，并不是因为他对其内容不认可，而是因为他认为这些问题属于案件实质范畴。

　　关于第一条第三项，瓦里奥巴法官指出，当事各方在捕捞总量的立场取决于对科学证据的认可。既然法庭承认其无权评估各方提交的科学证据，那么也就没有下达设立捕捞总量命令的依据。关于第一条第六项，瓦里奥巴法官认为法庭应将审理局限于争端的主要矛盾。瓦里奥巴法官指出，争端当事各国的关系并不涉及与《1993年公约》非当事国的关系。瓦里奥巴法官进一步对命令中提及海洋环境养护的部分表达了异议。法庭并无必要在每个案件中都提及对海洋环境的考量。只有在一方或若干当事方提出要求，或是法庭认为绝对必要且紧急的情况下才能这么做。而在瓦里奥巴法官看来，本案并不符合上述情况。

2. 单独意见

　　澳大利亚为应对日本单方面执行实验性捕鱼计划而针对日本渔船采取了制度化措施，山本（Yamamoto）和朴椿浩（Park）法官对此表达了担忧。

　　他们指出，如果按照判决第一条第四项，"任何一方（在本案中为日本）的实验性捕鱼应当在仲裁法庭作出裁决之前暂停。公平地说，澳大利亚对日本渔船采取的报复性措施应至少在仲裁法庭作出裁决之前按照判决中上述款项执行，因为在没有提出需要此类措施的条款的情况下，这些措施本身是没有存在的理由的"。

　　莱恩（Laing）法官在其单独意见中尝试阐明了他关于临时措施的拟定和国际环境法的某些方面的看法。

莱恩法官指出，法庭没有选择基于其他法庭应用的"不可修复性"标准来作出裁决，因为这不是临时措施的唯一标准。相反，《联合国海洋法公约》临时措施的关键在于"酌情适当处理"，这一点将体现在临时措施的目的中：诉讼期间现状的维持以及和平与秩序的维护。

莱恩法官进一步解释了临时措施的紧迫性的概念。关于"程序上的紧迫性"，他察觉到法庭在命令中规定了仲裁法庭作出裁决前的临时措施。在他看来，这意味着这些措施在仲裁法庭作出相关裁决之前都是有效的。他同意澳大利亚方律师的看法，即紧迫性是造成损害的行为导致的，而非损害本身。在它看来，实质上的紧迫性并没有一个正式的标准。相反，紧迫性是法庭在考量适当性问题时需要考虑的一个因素。

关于当事各方的权利问题，莱恩法官认为这些权利不需要"特殊的等级顺序或是限制类别"。尽管会提及一些特定的权利，他认为命令还涵盖了其他额外权利。

所有当事方的便利往往被认为是一个影响临时措施制定的因素。因此，在本案中，法庭并没有过早下令终止被告的实验性捕鱼计划。与此同时，法庭也没有因为非当事方的《1993年公约》缔约国捕鱼量的增加可能会对种群造成负面影响而拒绝规定临时措施。然而，法庭命令的确考虑到了非当事方捕鱼量增长的问题，规定当事方"应当"进一步作出努力和非当事方达成协议。莱恩法官认为，要求上述对话会产生什么样的效益尚不明确，特别是当这一义务并没有被明确纳入强制性条款中时。也许这些动机和理由都来自政策，而政策超越了临时措施本身。

最后，莱恩法官评论道，法庭的命令提及了"谨慎方法"，而不是"谨慎原则"。除了其他原因，他认为在已有材料和临时措施所需论据的基础上，无法判定国际习惯法是否认可谨慎原则。相反，无法否认《联合国海洋法公约》采取的是谨慎方法。

在莱恩法官看来，采取一种方法而不是一项原则恰当地带来了某种弹性，并强调了对满意的规范结构过早宣布保持沉默。

特里维斯（Treves）法官对临时措施的紧迫性要求有一些看法。他解释说这些要求是临时措施自身属性的一部分，也在《联合国海洋法公约》第二九〇条第5款中明确指出了。

关于紧迫性要求的时间尺度，特里维斯法官认为临时措施是根据第五项规定的，和根据第一项规定相比更为严格。在他看来，根据第五项的规定，如果仲裁法庭在不侵害任何受保护权利的情况下建立后能立即下达所要求的措施，就不存在"紧迫性"了。因此，唯一相关是和第二九〇条第1款中有关的紧迫性。

特里维斯法官继续对紧迫性要求的定性尺度作出了详细说明。在《联合国海洋法公约》第二九〇条第1款中，可能会为"防止对海洋环境的严重损害"而规定临时措施，而并不仅仅是为了保全当事各方的权利。当措施涉及为防止严重损害环境而需要被保护的权利时，即使请求的措施是为了保全一方权利，要建立一个判定是否在事件性质层面上具有紧迫性的标准，就会涉及这一点。

总而言之，特里维斯法官指出将防止南方蓝鳍金枪鱼种群遭受严重损害作为本案措施制定的恰当标准是合理的。这一标准能够适用于那些保全当事各方利益的措施，因为这些权利和对该种群的养护息息相关。

就本案实际情况而言，案情的紧迫性和阻止南方蓝鳍金枪鱼种群的衰竭趋势有关。既然关于种群现状存在着科学上的不确定性，其紧迫性就需要谨慎评估。

特里维斯法官认为法庭评估其可能制定的措施的紧迫性时应采取谨慎的方法，而紧迫性要求只能通过这一谨慎方法来满足。

对于法庭不愿意就该谨慎方法是否是国际习惯法中的约束原则表达立场，他表示理解。当谨慎方法被视为临时措施概念本身固有的一部分时，立场的表达就失去其必要性了。最后，《联合国鱼类种群协定》（UN Fish Stocks Agreement）条款为谨慎方法的应用提供了支持。

希勒专案法官（Judge ad hoc Shearer）想就法庭命令中讨论的某些问题发表一些额外的评论。关于司法管辖权问题，他忆及法庭有必要查明附件七仲裁法庭是否拥有初步司法管辖权。不过在他看来，仲裁法庭对该案的司法管辖权超越了初步级别，应被视作明确成立。

关于日本主张争端与《联合国海洋法公约》的解读和适用无关，而与《1993年公约》有关，希勒专案法官认为这是武断且缺乏实质的。在他看来，很显然《1993年公约》的意图在于根据《联合国海洋法公约》使当事各方未来义务生效。事实上，当事方之间关于合作义务的争端正是源于《联合国海洋法公约》。

关于临时措施，希勒专案法官表示比起最终被采纳的措施，他支持制定更强硬的措施（例如：下达一项查明日本初步违背了国际义务的命令）。

他还探讨了谨慎原则是否能视为授权采取行动或成为一切环境政策问题的最终答案，而他的结论是持怀疑态度。在任何情况下，法庭并无必要进行谨慎原则或方法的讨论。然而，他认为建立在谨慎方法之上的考量正是法庭所规定的措施的紧密基础。

最后，希勒专案法官点评了法庭在当事方没有申请的情况下规定临时措施的权力。他总结道：在没有任何一方提出申请的情况下，或是在没有给当事各方一个机会就申请措施陈词的情况下，法庭是没有权力规定临时措施的。但在本案中，他认为法庭并没有超越《联合国海洋法公约》第二九〇条赋予的权力。

3. 不同意见

武卡斯（Vukas）法官对本案已满足临时措施紧迫性要求的判断并不信服。根据以下原因，他总结称南方蓝鳍金枪鱼种群的"情况紧迫性"并没有被确认，因而并不存在需要受临时措施保全的"争端各方的各自权利"（《联合国海洋法公约》第二九〇条第 1 款）。

第一，武卡斯法官认为并不存在程序上的紧迫性，因为在几个月内就将组成法庭。第二，无论法庭是否规定了措施，日本 1999 年的实验性捕鱼计划在决定下达之后的几天内就将结束。第三，原告提交的证据并不能使武卡斯法官相信未来的几个月将决定南方蓝鳍金枪鱼的生存。然而，仅凭当事方提交的证据并不能让他得出这一结论。更具有说服力的是所有参与捕捞南方蓝鳍金枪鱼的各方态度。他们并没有让他觉得他们在担心该种群的未来，因为没有一方打算削减其常规捕捞的节奏。最后，在查明存在初步司法管辖权的情况下，日本请求的两项临时措施仅仅是反请求。日本否认了法庭司法管辖权的存在，且并没有主张其请求的措施具有紧迫性。

埃里克松法官不同意法庭命令中第一款第一项和第二项的内容，在他看来，这些措辞太过于宽泛了。他反对赋予一条具有国际法约束力的措施如此宽泛的属性，因为这使得一方在考虑执行任何规定行动时并不清楚该行动是否超出了其界限。埃里克松法官更倾向于法庭仅对有特定明确目标的措施作出规定。

（六）南方蓝鳍金枪鱼仲裁案

当事方	澳大利亚、新西兰和日本
争议事由	渔业养护和管理；司法管辖权和可受理性
审理法庭	根据《联合国海洋法公约》附件七建立的仲裁法庭（仲裁由世界银行国际投资争端解决中心管理）
裁判日期	2000 年 8 月 4 日
发表刊物	《国际法律资料》，2000 年第 39 期，第 1359—1401 页 《国际法报告》，第 119 期，第 508 页
选评著作	C. E. 福斯特，《南方蓝鳍金枪鱼案的真正争议：科学争议？》，《国际海洋与海岸法杂志》，2001 年第 16 期，第 571—601 页 B. 克维亚特科夫斯卡，《澳大利亚及新西兰诉日本南方蓝鳍金枪鱼一案：（管辖和受理）裁定书》，《国际海洋与海岸法杂志》，2001 年第 16 期，第 239—294 页 B. 克维亚特科夫斯卡，《澳大利亚及新西兰诉日本南方蓝鳍金枪鱼一案：管辖和受理》，《美国国际法杂志》，2001 年第 95 期，第 162—171 页 A. E. 波义耳，《南方蓝鳍金枪鱼仲裁》，《国际法与比较法季刊》，2001 年第 50 期，第 447—452 页 D. 霍罗威茨，《南方蓝鳍金枪鱼案（澳大利亚及新西兰诉日本）（管辖和受理）：波塞冬三叉戟的追捕——南方蓝鳍金枪鱼案中的公海渔业命运》，《墨尔本大学法律评论》，2001 年第 25 期，第 810—830 页 D. L. 摩根，《国际法律论坛的扩散性影响：以南方蓝鳍金枪鱼案为例》，《哈佛国际法杂志》，2002 年第 43 期，第 541—550 页 B. H. 奥克斯曼，《补充协议与强制管辖权》，《美国国际法杂志》，2001 年第 95 期，第 277—312 页 S. 马尔，《南方蓝鳍金枪鱼案：鱼类资源的预警、养护与管理》，《欧洲国际法杂志》，2000 年第 11 期，第 815—831 页

案 情

本案是澳大利亚和新西兰起诉日本的审理第二阶段。此前两国向国际海洋法法庭（ITLOS）请求规定临时措施，已在 1999 年 8 月审理（见本书上一个案例）。第一阶段最终下达了一个命令：初步认定根据《联合国海洋法公约》附件七组织的仲裁法庭拥有司法管辖权，并考虑到养护南方蓝鳍金枪鱼种群不再进一步衰退的紧迫性，规定了若干临时措施。

为考量本案的案情实质，根据《联合国海洋法公约》附件七成立了一个仲裁法庭（下称"仲裁法庭"）。然而，法庭首先必须判定其是否对该争端的案情实质拥有司法管辖权。这是第一个根据《联合国海洋法公约》第十五部分（"争端的解决"）和附件七（"仲裁"）建立的仲裁法庭。

应当事各方请求，仲裁法庭的审理由世界银行国际投资争端解决中心（ICSID）管理。由国际法院原院长斯蒂芬·M. 施韦贝尔（Stephoen M.Schwebel）法官出任这一五人仲裁法庭的庭长；其他成员为佛罗伦蒂诺·费里西安诺（Florentino Feliciano）法官、肯尼斯·基思审判员（Justice Sir Kenneth Keith）、佩尔·特雷赛尔特（Per Tresselt）法官和山田中正（Chusei Yamada）教授。

争议事由

1. 提交仲裁庭审议的问题

仲裁法庭审议了以下问题：

（1）法庭对争端的案情实质是否拥有司法管辖权。

（2）根据《联合国海洋法公约》第二九〇条第5款，国际海洋法法庭在1999年8月27日规定的临时措施是否应被撤销。

2. 各方主张

（1）作为原告，澳大利亚和新西兰反驳了被告的初步反对意见，并提交最终诉状如下：

· 当事各方就日本的实验性捕鱼计划和相关行为是否受《联合国海洋法公约》制约存在意见分歧。

· 因而存在对《联合国海洋法公约》第十五部分的解读和应用的争端。

· 应满足该部分所有司法管辖要求。

· 日本对争议可受理性的反对是毫无依据的。

（2）作为被告，日本维持其关于司法管辖权和可受理性的初步反对意见，请求仲裁法庭裁定并声明：

・本案已无实际意义，不应继续审理。
・上述主张并不具可受理性。

仲裁法庭的分析

仲裁法庭首先处理了日本关于本案已无实际意义、不应继续审理的主张。

日本认为：由于争端的核心源于其执行实验性捕鱼计划，而由于日本已准备将其实验性捕鱼计划的捕捞量控制在澳大利亚于 1999 年提出的 1500 吨以内，该争端已无实际意义。而另一方面，澳大利亚和新西兰回应称所提出的捕捞量限制提议已不在讨论范围内，且无论如何，两国与日本就单方面进行实验性捕鱼计划的争端并不仅限于该计划的捕捞量，还与该计划的性质有关，如计划的设计和执行，而两国认为这些内容都是有缺陷的。仲裁法庭接受了原告的论辩，并注意到日本并未限制其商业捕鱼，推断本案并非已无意义。

仲裁法庭接下来着手处理司法管辖权问题，更具体而言，提交的争端是属于《1993 年公约》管辖范围，还是同时属于《联合国海洋法公约》管辖范围。仲裁法庭查明该争端同时适用于《1993 年公约》和《联合国海洋法公约》，指出在国际法和各国实践中，一个特定争端涉及一项以上协定的现象并不罕见。

仲裁法庭指出："协定之间经常存在相似性，无论是在其实际文本还是其后的争端处理规定上。国际法律义务的现有规模得益于一个添加和积累的过程；在各国实践中，一项执行中的公约的强制力并不会因为其框架公约向该公约缔约各方加诸义务而消失。"此外，《1993 年公约》的条款并未彻底探讨《联合国海洋法公约》相关条款。然而，仲裁法庭接下来表示："判定本案中《联合国海洋法公约》范畴的争端和《南方蓝鳍金枪鱼养护公约》（CCSBT，即《1993 年公约》）范畴的争端截然不同是武断的。"

然而，仲裁法庭判定这一观点并非本案的决定性因素，因为还需要调查《联合国海洋法公约》第十五部分的一系列条款，其中第二八六条规定争端已诉诸第一节而仍未得到解决，应提交强制解决。

仲裁法庭指出，《1993年公约》的第十六条是基于1959年《南极条约》*（Antarctic Treaty）第十一条拟定的。后者明确表示排除了强制司法管辖和《联合国海洋法公约》之后的其他没有对强制争端解决作出规定的协定。仲裁法庭推断第十六条试图排除《联合国海洋法公约》规定的强制争端解决程序。法庭认为《联合国海洋法公约》第二八一条对此表示许可，即缔约各国如已协议用自行选择的和平方法来谋求解决争端，则只有在诉诸这种方法而仍未得到解决，以及争端各方间的协议并不排除任何其他程序的情形下，才适用本部分所规定的程序。

在得出其缺乏处理争端案情实质的司法管辖权的结论之后，仲裁法庭认为已没有必要判断可受理性问题了。然而，法庭察觉其关于《联合国海洋法公约》条款的分析指出该争端并不仅仅是一个科学争议。

此外，法庭并没有发现国际海洋法法庭和仲裁法庭的审理存在程序滥用。相反，仲裁法庭认为审理过程是具有建设性意义的，因为它们通向以解决问题为目的的谈判。

由于判定自身不具有司法管辖权，仲裁法庭一致同意撤销了国际海洋法法庭下达的临时措施。然而，法庭声明措施的终止并不意味着当事各方能够忽视这些措施的效应。相反，仲裁法庭强调当事各方停止任何可能激化争端的单方面行动将增加争端解决的可能性。

裁　　决

2000年8月4日，仲裁法庭作出如下裁决：

1. 仲裁法庭以4票对1票裁定对争端实质缺乏司法管辖权。

2. 根据《联合国海洋法公约》第二九〇条第5款，一致同意国际海洋法法庭于1999年8月27日发布的临时措施自仲裁签署裁决之日起撤销。

---

*《南极条约》（1959年12月1日），联合国条约法系列第71号（1961年5月23日生效）。

审判员肯尼斯·基思爵士的单独意见

审判员肯尼斯·基思爵士不同意仲裁法庭其他成员的看法，认为《1993年公约》并没有排除《联合国海洋法公约》中的强制仲裁。他是在根据两份协定所处语境并根据其对象和目标对它们的普通含义进行解读之后得出的这一结论。

肯尼斯·基思爵士认为在本案的议题上，每份协定各自制定了实质义务以及和争端解决相关的义务，两者之间并没有互相排除或是以任何相关的途径侵害另一方的关系。

肯尼斯爵士考量了《联合国海洋法公约》第十五部分第一节，指出第二七九条和第二八〇条要求当事各方用自行选择的任何和平方法解决它们之间有关本公约的解释或适用的争端。如果议定的程序失败了，第二八一条规定了除非争端各方间的协议排除任何其他程序，否则第十五部分均可适用。

在肯尼斯爵士看来，第二八一条主要提出了以下两点问题：

1. 当事各方是否"同意用自行选择的和平方法解决争端"？
2. 第十六条"排除任何其他程序"了吗？

尽管肯尼斯爵士承认，有人可能会说，当事各方曾尝试通过谈判解决争端，他认为就第十六条而言，问题1的答案是"不"。

然而，肯尼斯爵士决定将注意力集中在问题1上。假定第十六条能被视作一个论据，肯尼斯爵士认为问题2的答案是"没有"，那么仲裁法庭司法管辖权方面的障碍就并不成立。

再简单地回到问题1上，肯尼斯爵士指出：《1993年公约》第十六条并没有构成关于某个方法的协议；它仅仅是供当事各方从中选取方法的一系列可能性。此外，如下文详述，第十六条仅适用于跟《1993年公约》有关的争端，并不延伸到与《国际海洋法公约》相关的争端。他指出：两份公约存在相似之处，而在实质规定上却并不一致，这一情况同时存在于两份公约中和各自有关的两套解决争端的程序上。在他看来，实质义务的相关范畴可以如此进行有效区分：

1. 两份协定中都规定了的义务。

2. 只有《1993 年公约》作出规定的义务。

3.《联合国海洋法公约》中规定了或可能规定了的义务。

澳大利亚和新西兰援引了存在于上面第一条和第三条范畴中的义务的解读及适用启动争端解决程序，即两份协议中都规定了的义务，或只有《联合国海洋法公约》规定了的义务。在《联合国海洋法公约》单独的一组关于争端解决的条款下，与《1993 年公约》的解释或执行相关的争端是和司法管辖权有所关联的。

对肯尼斯爵士来说，关键问题在于第十六条是否排除了《联合国海洋法公约》规定的争端解决程序，很显然它没有明确指出这一点。但它有可能如此暗示了吗？肯尼斯爵士如是说：

"要做到这一点，第十六条必须足以解决所有在《1993 年公约》和《联合国海洋法公约》相关条款解读和适用之间出现的与南方蓝鳍金枪鱼有关的争端。并且，它必须（暗示）排除《联合国海洋法公约》中的程序。"

肯尼斯爵士依次论述了这两点：首先，假设原告恰当地援引了《1993 年公约》中没有涵盖的义务，他认为那么有关《1993 年公约》的争端的解决程序适用于《1993 年公约》范围之外的争端，这很奇怪。肯尼斯爵士回顾了第十六条的条款，重申它们并不等同于已议定的一个或多个和平解决方案，并强调这些条款"没有排除当事各方就与其他协定的解读或适用有关的争端分别达成协议的方案。它们明确说过的是在当事各方同意的情况下，上述有约束力或没有约束力的程序是适用的。如果有程序被接受，这一程序适用于与《1993 年公约》……解读或执行相关的争端"。

肯尼斯爵士进一步解释称，当事各方在《1993 年公约》规定下就制定捕捞总量等问题保留排除强制争端解决程序这一事实，应解读为当事各方就有关其在《联合国海洋法公约》下的独特义务作出的含目的性的表达。

此外，对肯尼斯爵士而言，这些条款对《联合国海洋法公约》第二八条第 1 款的解读并无帮助。一方面，这些条款已包含在 1982 年以来采取的措施以内，并不能被用作《维也纳条约法公约》*（Vienna Convention on the Law of the Treaties）第三十一条第 3 款（b）项中所指的"协定应用的后续

---

* 《维也纳条约法公约》（1969 年 5 月 23 日），联合国条约法系列，1155 卷，第 331 号（1980 年 1 月 27 日生效）。

实践"。另一方面，包括和争端解决有关的条款在内的《联合国海洋法公约》条款并不能用另一个条约系统来解读，当然除非当事双方通过另一个条约根据第二八八条第 2 款同意上述行为。重点在于，两个条约系统（包括它们各自的争端解决程序）都保持了其特殊性。

关于《联合国海洋法公约》第二八一条第 1 款的措辞，肯尼斯爵士指出，其要求在于当事各方同意排除任何进一步解决有关《联合国海洋法公约》争端的程序；换言之，第二八一条第 1 款要求选择退出。相反地，第二八二条要求选择加入。肯尼斯爵士认为"任何"一词也很重要，因为它要求"争端各方间的协议并不排除任何其他程序"……

在肯尼斯爵士看来，要排除将争端提交至《联合国海洋法公约》强制程序的义务需要强烈且特殊的措辞。《联合国海洋法公约》第十五部分的其他条款以及强制和有约束力的和平解决程序，在《联合国海洋法公约》中的关键角色也为清晰措辞的要求提供了依据，而《1993 年公约》第十六条的措辞就没有做到这一点。此外，《联合国海洋法公约》第十五部分的结构和其第三节（"适用第二节的限制和例外"）的具体细节都显示，各国如要解除其第二节中规定的强制责任，须在协定中措辞明确。

最后，有关《联合国海洋法公约》的对象和目的，肯尼斯爵士借用了起草《联合国海洋法公约》的大会上达成并被广泛阐释的共识，涉及了和平解决争端条款的关键角色。他不仅特别查阅了大会主席发言，还参考了日本代表团的声明。

基于《联合国海洋法公约》的总体对象和目的，特别是其广泛、强制和必要时有约束力的争端解决条款，加上第二八一条第 1 款和《1993 年公约》第十六条直白的措辞，肯尼斯爵士总结道，后者并没有排除仲裁法庭对《联合国海洋法公约》相关争议的司法管辖权。

另外，在肯尼斯爵士看来，《1993 年公约》第十六条下和其"执行"有关的仲裁主旨可能殊为不同，但同样支持这一结论，且为在有违反公约行为的情况下，法庭参考《联合国海洋法公约》第六十四条和第一一七条到一七九条中规定的义务或是其他有效替代条款评估一国行为提供了可能的界限。然而，肯尼斯爵士认为在本案现阶段，这一界限并不影响仲裁法庭的司法管辖权。

（七）卡莫柯号案

当事方	法国和巴拿马
争议事由	迅速释放；保证金的合理性和标准；保证金的形式
审理法庭	国际海洋法法庭（ITLOS）
裁判日期	2000年2月7日
发表刊物	- 《国际法律资料》，2000年第39期，第666—703页 - 《国际海洋法法庭：判决书、咨询意见和命令的报告》，2000年，第10—76页
选评著作	- J. 勒克斯，P. 卡尼，《卡莫柯号案：巴拿马诉法国（非法捕捞船舶扣押）》，《国际商务律师》，2000年第28期，第461页 - M. D. 埃文斯，《保税理由》，《劳埃德海洋法与商法季刊》，2000年，第315页 - A. Fondimare，《卡莫柯号案（巴拿马诉法国），2000年2月7日停止》，《国际法节选》，《当代国际法》，2001年 - B. H. 奥克斯曼，V. P. 班茨，《卡莫柯号案（巴拿马诉法国）》，《美国国际法杂志》，2000年第94期，第713—721页

案　情

2000年1月17日，巴拿马根据《联合国海洋法公约》第二九二条向国际海洋法法庭对法国提起申诉，要求迅速释放法国扣留的渔船卡莫柯号及其船长。

卡莫柯号是在1999年9月28日以非法捕捞小鳞犬牙南极鱼（牙鱼），威胁其种群繁衍，且未经上报进入克洛泽岛（Crozet Islands，法属南方和南极领地）专属经济区的名义被扣留的。法国当局扣留了悬挂巴拿马国旗的卡莫柯号及其船长，并将船押送到留尼旺岛（Réunion，位于印度洋）。法国当局扣留了渔船、渔获、导航和通信系统，以及渔船和船员文件。

1999年10月7日，卡莫柯号船长被起诉并接受司法监管。他被控在克洛泽岛专属经济区非法捕鱼，未经声明即携带冰冻牙鱼进入专属经济区（法国法律要求载有鱼类的渔船在进入专属经济区之前事先声明），悬挂外国国旗却隐藏该船标志，以及试图潜逃。10月22日，渔船的船主（S.A.默西—佩斯加公司）和船长向留尼旺地方初审法庭请求紧急诉讼，声称法国违反了《联合国海洋法公约》第七十三条第4款，在逮捕前并未立即知会船旗国。他们主张对渔船本身价值而言，释放所需的保证金高得不近人情，并要求削减其数额。如果败诉的话，他们会根据《联合国海洋法公约》第二九二条上诉国际海洋法法庭。

1999年12月14日，法国地方初审法庭驳回了卡莫柯号船长和船主的要求，于是其转而向国际海洋法法庭申诉。在审理期间，巴拿马向国际海洋法法庭提出申请，要求迅速释放渔船及其船长。

争议事由

1. 提交法庭审议的问题
（1）司法管辖权和可受理性。
（2）卡莫柯号是否应被释放。
（3）保证金的数额。

2. 各方意见
（1）巴拿马称是在克洛泽群岛专属经济区以南的海域捕鱼。因为天气不佳，渔船改变航向穿过了专属经济区，在离开专属经济区之后才继续捕鱼。巴拿马要求法庭：

·宣布按照《联合国海洋法公约》第二九二条，法庭对此具有司法管辖权。

·宣布巴拿马申请迅速释放是可受理的。

·宣布法国当局迟迟不将拘留和扣押卡莫柯号一事通知巴拿马当局，该行为和此后一系列行为违反了《联合国海洋法公约》第七十三条第4款。

·裁定法国未能遵守《联合国海洋法公约》有关迅速释放卡莫柯号船长的规定。

·裁定法国未能遵守《联合国海洋法公约》有关迅速释放卡莫柯号的规定。

·裁定法国未能遵守《联合国海洋法公约》第七十三条第3款规定,对卡莫柯号船长使用了刑事性质的措施,构成非法拘留。

·要求法国以95万法国法郎的保证金迅速释放卡莫柯号及其船长,即130万法国法郎的合理保证金扣除没收货物的价值(35万法国法郎)。

·下令该保证金通过欧洲主要银行以银行担保方式支付,并委托国际海洋法法庭代为移交给法国当局,以换得渔船和船长的释放。

·依照法庭程序规则第六十四条第四项,准备一份西班牙文版的判决书。

(2)法国声称卡莫柯号进行了非法、不报告和无监管捕捞,这危害到了鱼群的繁衍。法国要求法庭驳回巴拿马的申诉,裁决且宣布:

·巴拿马请求法庭下令迅速释放卡莫柯号及其船长是不可受理的。

·作为次要申诉,如法庭裁决卡莫柯号在支付保证金后被释放,保证金应不得少于2000万法国法郎,以保付支票或银行汇票的形式支付。

法庭的分析

1. 司法管辖权

在研究了法庭的司法管辖权要求后,法庭查明其对巴拿马要求迅速释放卡莫柯号及其船长的申诉是具有司法管辖权的,同时法国并未在其诉状中质疑法庭的司法管辖权。因此,根据《联合国海洋法公约》第二九二条第三项,法庭仅对释放问题拥有司法管辖权。

2. 可受理性

(1)上诉的时间限制

关于该争端的受理性问题,法国主张由于巴拿马没有立即行动,因而丧失了根据《联合国海洋法公约》第二九二条要求迅速释放卡莫柯号及其船主的权利。法庭认为这一主张并非实质问题。据此,法庭指出《联合国海洋法公约》并未要求船旗国在船舶或其船员被扣留后在指定时间内提交申诉。

(2)当地补救办法是否用尽

由于船主和船长发起的当地法律程序,地方法院尚未下达裁决,反对意见认为直到该诉讼宣判后,法庭才可受理这一争端,法庭认为将用尽地方补救办法和任何其他类似规则用于《联合国海洋法公约》第二九二条的解读是不合逻辑的。第二九二条规定了独立的补救措施，而不是就国家一级法院的判决上诉。诚然，第二九二条允许在扣留后短时间内提出申请，而通常在这样的短时间内无法用尽地方补救办法。

（3）《联合国海洋法公约》第七十三条第3款和第4款

法庭认为，根据《联合国海洋法公约》第二九二条，法庭在审理中司法管辖权的范围只覆盖"扣留国被控没有在收取合理的保证金或其他财政担保后遵从公约规定，将船只或其船员迅速释放"之类的情况。因为和第2款不同，根据第七十三条第3款和第4款，与其违法行为有关的控告就不具有可受理性。

3. 不遵守《联合国海洋法公约》第七十三条第2款

关于扣留国没有在收到合理的保证金或其他财政担保后遵从《联合国海洋法公约》规定将船只或其船员迅速释放一项控诉，法庭根据其法庭规则第一一三条第1款进行了处理，指出若要成功请求释放，这些控诉必须有理由充足。

（1）保证金的交付

法庭强调，保证金或其他财政担保的交付并非是根据《联合国海洋法公约》第二九二条上诉的前提条件。

（2）保证金的合理性

法庭提及了其1997年判决的迅速释放赛加号一案，当时法庭认为合理性标准包括了数额、性质以及保证金或其他财政担保的形式，对合理性的评判应着眼于整体上的平衡。此外，法庭详细阐述了与评判保证金或其他财政担保合理性的若干相关因素，如被控罪名的严重性、根据扣留国法律所处或可处以的惩罚、被扣留的船只与被没收的货物价值和扣留国强加的保证金数额及其形式。基于此，法庭判定法国要求的2000万法国法郎保证金并不合理。

（3）拘留卡莫柯号船长

当事双方就船长是否被扣留一事也无法达成共识。然而，由于船长无法离开留尼旺岛，法庭认为根据《联合国海洋法公约》第二九二条第1款，由法庭下令释放船长是适宜的。

4. 保证金的形式和数额

基于上述因素，法庭判定除非双方另有约定，保证金应为以银行担保形式交付的 800 万法国法郎。此外，法庭要求：银行担保应明确是鉴于法国释放了船只及其船长的情况下提供的；是和克洛泽岛专属经济区内发生的事件有关；最终支付法国 800 万法国法郎这一数额将由合适的地方法庭作出最终判决，或由当事双方协商确定。

判　　决

2000 年 2 月 7 日，扣留 4 个月零 10 天后：

1. 法庭一致判定，根据《联合国海洋法公约》第二九二条，法庭对巴拿马的上诉具有司法管辖权。

2. 以 19 票对 2 票，法庭判定释放申请具有可受理性。

3. 以 19 票对 2 票，法庭命令法国在保证金或财政担保支付后迅速释放卡莫柯号及其船长。

4. 以 15 票对 6 票，法庭判定保证金数额应为 800 万法国法郎（约 120 万美元）。

5. 以 19 票对 2 票，法庭判定保证金应以银行担保方式或当事双方同意的其他方式交付。

法律断言、单独意见、不同意见

1. 法律断言

门萨（Mensah）法官认为，法庭认为巴拿马对法国没有在收到合理的保证金或其他财政担保后遵从《联合国海洋法公约》第七十三条第 2 款规定将船只或其船员迅速释放的控诉是理由充足的，这一结论应写入判决，尤其是考虑到法庭规则第一一三条第 1 款和第 2 款。

莱恩（Laing）法官认为根据第二九二条，法庭不应过于考虑扣留国根据本国法律对其行为的分类。因此，当地法律的善意阐释会否定逮捕或拘留等国际客观事实，或基于某种当地概念，认为其没有太严重的后果。

莱恩法官称，法庭有义务得出关于拘留的结论并毫不含糊地下令迅速释放，如果法庭基于其迅速释放审理方面的标准判断认为拘留的罪名理由充足的话。因此，他指出，包括航行自由在内的公海中脆弱的自由权，从某种层面上加强了迅速释放制度。一些偏向于沿海国的其他法律制度抵消并巩固了这些自由权，这其中也包括与专属经济区相关的法律。他觉得很遗憾法庭并没有直接断言拘留行为的存在，那样将改善对第二九二条的理解，并促进迅速释放拘留人员程序的进步。莱恩法官总结称，法庭的裁决和他的声明显示了迅速释放的审理与国际法和当地法律解读的多个层面有关。只要在各自的范畴之内予以适用，两者发生冲突的可能性就会减小，就会有更为和谐的平衡状态。

就保证金的合理性，莱恩法官认为法庭应谨慎地建立起关于合理性问题的评判体系，使其一贯性和均衡性的价值得以体现。

恩迪亚耶（Ndiaye）法官在保证金数额方面与大多数人意见相左。在他看来，在没有既定标准的情况下，要为保证金的合理数额制定一个客观标准，就必须借助于沿岸国或港口国的法律和规定。

2. 单独意见

副庭长尼尔森认为，迅速释放船只的机制是为了使法庭的审理独立于当地法院进行中的审理，这是审理本身性质所决定的逻辑性结果。因此，他评论称，在口头答辩中，法国称法庭应"尽力不干预法国法院处理（和本法庭审理中的）同一问题的职能"，也就是说，在船只的迅速释放问题还在地方法院审理期间，法庭应避免对此问题作出裁决。在他看来，这一行为和第二九二条的对象与目的是背道而驰的。换言之，法庭仅能够根据《联合国海洋法公约》第二九二条，而不是其他任何法律条文，来对迅速释放问题发表意见。

关于保证金的合理性，他同意大多数的观点，认为保证金应在公平和公正的意义上具有合理性。然而，他认为为了达成合理，法庭还应考虑如在南冰洋"非法、不报告和无监管"捕捞等因素，尤其是在案情事实发生时船只正位于法国专属经济区内。

3. 不同意见

安德森法官对判决持不同意见，因为他认为应更重视《联合国海洋法公约》第五部分所保护的价值，如海洋生物资源养护和渔业相关国家法规的执行。

关于保证金，安德森法官认为在地方法庭确定释放候审人员应收取的担保金数额时，应给予更大的自由裁量权。换言之，要成功减少国家法院根据当地法规确定的担保金数额，根据《联合国海洋法公约》第二九二条，原告应提交更具有说服力的证据。此外，安德森法官认为，根据《联合国海洋法公约》第七十三条第2款，"合理性"的正确评估是一个较难确定的概念，除非相关事实和环境都被考虑在内，然而判决并没有做到这一点。他不认为国家法院决定的担保金数额超过了他们的评估范围。

另外，安德森法官评论称，同一案件在如此短的时间内先后提交给了一个国家上诉法院和一个国际法庭，且同时在两处都悬而未决，这是前所未有的。这种情况无益于高效的司法管理，有点像"法庭环游"。当国家法律体系不是像本案中一样仅被部分运用，而是被彻底用尽之后，国际法庭才能够作出最佳裁定（《联合国海洋法公约》第二九五条"用尽当地补救办法"）。

武卡斯法官不同意法庭认为巴拿马的申请具可受理性的意见。他认为巴拿马申请的不可受理性源于禁止反悔原则，而且是由于巴拿马对《联合国海洋法公约》中迅速释放的基本概念和第二九二条的主要规定存在误读。

武卡斯法官认为，巴拿马的行为违反了待决案件论，即两个法院不能对同一案件、同一批当事方或同一问题同时行使司法管辖权。此外，武卡斯法官不理解为什么在船被扣100天之后上诉法庭。他认为尽管有国际判决高于国家判决这一有说服力的结论，但仍无法预见两个不同的判决会带来怎样的复杂结果。

沃尔夫鲁姆法官认为根据《联合国海洋法公约》第二九二条，800万法国法郎保证金的不合理性在于其数额太低了。此外，他对判决有两点不同看法。他不同意法庭关于法国法院所定保证金不合理的分析。他不认为法庭在一国执行有关专属经济区内的海洋生物资源管理的国家法规时有权力驳回国家措施。

关于保证金，沃尔夫鲁姆法官认为，在评估一国当局定下的保证金时法庭运用的原则和其自身在决定保证金额度时适用的标准上，判决并未给出适当的指导。所以，判决缺乏客观分析，倾向于主观正义。

关于法庭对国家法律所判措施发表意见的限制，沃尔夫鲁姆法官提出，判决没有提到沿海国在其专属经济区内的海洋生物资源养护与管理上的自由裁量权和相关法律的执行。沿海国的这一自由裁量权限制了法庭对一国当局所定保证金是否合理的判断权。法庭不应承担质疑法国法院判决的角色，使法庭成为一个三审或四审法院，而它并不是。因此，沃尔夫鲁姆法官提出，法院应当考虑到《联合国海洋法公约》对质疑沿海国和国际海底管理局行使自由裁量权作出了限制。

特里维斯法官认为判决中有两个问题没有得到清楚区分：扣留国是否因为没有在收到合理的保证金或其他财政担保后将船只或其船员迅速释放而被指控，以及这一指控是否理由充足。他认为，判决从申请的可受理性直接跳到了下令迅速释放渔船及其船长。因此，特里维斯法官认为在判决执行部分中提及扣留国没有遵守《联合国海洋法公约》第七十三条第 2 款会更好。

关于保证金，特里维斯法官认为"合理的保证金"概念应该是一个国际化的概念。法庭的任务是决定一个保证金数额，使之能够同时满足扣押渔船和船长的国家对担保的需求以及船旗国对释放渔船和船长的需求。最后，特里维斯法官声明，考虑到渔船的合理价值和其他原因的话，法庭所定的保证金数额过低，例如船的所有者默西—佩斯加公司可能负有刑事责任。

（八）康弗科山号案

当事方	法国和塞舌尔
争议事由	迅速释放；保证金的合理性
审理法庭	国际海洋法法庭（ITLOS）
裁判日期	2000年12月18日
发表刊物	- 《国际海洋法法庭：判决书、咨询意见和命令的报告》，2000年，第86—144页 - 《国际海洋法法庭年鉴》，2000年第4期，第41页 - 《国际公法综合杂志》，2001年第105期，第229—234页
选评著作	- R. 古瓦，《国际海洋法法庭撤销法国渔船扣押令的三个案例：针对犬牙南极鱼的判决，卡莫柯号案、康弗科山号案和大王子号案》，《海洋资源集》，2011年14期，第75—127页 - A. V. 劳，《国际海洋法法庭：2000年调查》，《国际海洋与海岸法杂志》，2001年第16期，第549—570页 - E. 弗兰克，《合理保证金在国际海洋法法庭的实践》，《加利福尼亚西部国际法杂志》，2001—2002年第32期，第303—342页

案 情

2000年11月27日，塞舌尔（Seychelles）向国际海洋法法庭提起诉讼，要求法国根据《联合国海洋法公约》第二九二条迅速释放康弗科山号及其船长。

2000年11月8日，法国护卫舰花月号在凯尔盖朗群岛（Kerguelen Islands，法属南方和南极领地）的专属经济区海域，以涉嫌非法捕鱼及擅自闯入为由逮捕了塞舌尔籍捕鱼船康弗科山号（Monte Confurco）。康弗科山号当时正在公海执行捕猎小鳞犬牙南极鱼的延绳捕鱼作业。同一天，法国海军护送康弗科山号至留尼旺加莱角（Port-des-Galets, Réunion）。船长受到司法监督。

2000年11月22日,留尼旺圣但尼(Saint-Denis, Réunion)地方法院裁定,塞方如以现金、支票或汇票形式向法国信托局提供5640万法郎的保证金,则康弗科山号可获释。

争议事由

1. 提交法庭审议的问题

(1) 申诉是否符合受理条件?

(2) 保证金或担保要求是否合理?

2. 各方主张

(1) 塞舌尔

塞舌尔要求法庭:

·宣布根据《联合国海洋法公约》第二九二条,法庭有受理这起申请所需的司法管辖权。

·宣布该申请符合受理条件。

·宣布法方违反《联合国海洋法公约》第七十三条第4款,未将康弗科山号被捕一事正确告知塞方。

·宣布法方所要求担保之数额、性质、形式均不合理。

有关康弗科山号船长:

·裁定法方未能遵守《联合国海洋法公约》涉及迅速释放被捕船舶船长的有关条款。

·鉴于船只及货物等均可构成合理担保,同时考虑法方无法对船长处以监禁以及船长本人的欧洲公民身份,要求法方在塞方提供保证金的情况下迅速释放船长。

·裁定法方对船长施加的惩罚性措施未遵守《联合国海洋法公约》第七十三条第3款的规定,构成了事实上的非法扣留。

有关船只,塞方同意支付最大金额220万法郎的担保作为船只获释的条件,数字由下列事项计算得出:

·为擅自闯入支付20万法郎。

·为未经通知在专属经济区滞留24小时,同时理论上至多获得的4吨渔获支付 200 万法郎，作为唯一可以接受的推定证据。

关于保证金的性质，法庭应考虑遭到扣押的货物、捕鱼用具、鱼饵及汽油价值 980 万法郎，可作为部分抵押担保。

法庭可要求塞方使用欧洲银行发行的金融工具（"constitution financière"）作为担保，或选择根据塞方的计算结果，由相当吨数的货物或其他物品构成担保；同时关于保证金的形式，作为辅助手段，法庭如要求设置一项象征性的财政担保，则原告要求法庭注意，塞方愿以一所欧洲主要银行开具的银行担保作为抵押，其内容与法国在卡莫柯号案中为释放船只获取的担保一致。

审理期间，塞方代理人声称，船长当时已进入凯尔盖朗群岛的专属经济区海域，正向威廉姆斯浅滩（Williams Bank）方向前进。然而，因传真机失灵，船长无法按照颁布于 1966 年 6 月 18 日、后经修订的法国第 66-400 号法律第二条和第四条的规定，将进入专属经济区的行为告知法国当局。代理人对康弗科山号参与非法捕鱼的指控提出异议。他坚称，船上的渔获均是公海捕获所得。塞方代理人同时要求立即释放扣押在留尼旺的船长，并在支付合理保证金后释放船只，辩称法国当局提出的保证金要求并不合理。

（2）法国

法国反对塞方的第二项主张，要求法庭声明并裁定：

· 法国管辖法院为释放康弗科山号所设定的保证金，即使考虑到一切相关因素，在本案的情形中完全合理。

· 塞方于 2000 年 11 月 27 日提交的申请不符合受理条件。

法方代理人主张，康弗科山号配备有无线电话和国际海事卫星（INMARSAT）终端站，却在未告知其出现及捕鱼行为的情况下，在专属经济区内被发现。法方同时提出其他多项指控，包括船只在被命令停船后仍继续航行。

此外，法方代理人提到，近来有关水域非法捕鱼现象增多，船只使用各种技巧逃避拘捕或惩罚。他还对可能威胁南印度洋水域中犬牙南极鱼数量的环境风险进行了强调。为此，法方召唤专家出庭，声称过度捕猎这类物种可能对种群数量产生严重后果，特别是当该物种的成熟期较长时。他同时表示，因为有关水域的巨大深度，康弗科山号没有可能在其宣称的捕鱼地点进行捕鱼作业。然而，经过塞方代理人的交叉询问，该专家确认西班牙渔民已研究出新的方法，可以在最大深度 2500 米的水域进行捕鱼。

法庭的分析

1. 司法管辖权

为了考察法庭是否拥有受理该申请所需的司法管辖权，法庭首先审查了《联合国海洋法公约》第二九二条，该条款规定了确立法庭管辖权必须满足的条件。

法庭指出，法国和塞舌尔双方均是《联合国海洋法公约》的缔约国。此外，塞舌尔在事发当时及事后作为康弗科山号船旗国的地位不容置疑。双方未在自扣留时起 10 日内达成协议，将扣留释放问题提交至其他法院或法庭。根据《联合国海洋法公约》第二九二条第 2 款，塞舌尔正式提出了申诉代理，并满足法庭规则第一一〇条及第一一一条的条件。因此，法庭认定其拥有受理塞方申请所需的司法管辖权。

2. 违反《联合国海洋法公约》第七十三条第 3 款与第 4 款

塞方声称，对康弗科山号船长施加的司法监督，违反了《联合国海洋法公约》第七十三条第 3 款，构成了事实上的扣留行为，并是对其人权的严重侵犯。塞方还声称，法方未将船只被扣一事依《联合国海洋法公约》第七十三条第 4 款的规定正确通知塞方。

法国主张，根据《联合国海洋法公约》第二九二条，法庭仅有的权限无法对塞方的指控进行判决。此外，法国否认司法监督等同于扣留，因为司法监督并未剥夺船长的人身自由。

因此，与卡莫柯号案中的立场一致，法庭裁定，在依照《联合国海洋法公约》第二九二条进行的诉讼程序中，指控违反《联合国海洋法公约》第七十三条第 3 款和第 4 款的申请不符合受理条件。

3. 违反《联合国海洋法公约》第七十三条第 2 款

法庭注意到，塞方指控法方违反《联合国海洋法公约》第七十三条第 2 款，该条款规定在提供合理的保证金或其他财政担保的情况下，应迅速释放船只及船员。

(1) 保证金是否合理：相关因素

针对释放康弗科山号及其船长的请求，该法国市属法院要求提供金额为5640万法郎的保证金。这一要求被塞方认为不合理，并且违反了《联合国海洋法公约》第七十三条第2款。法庭注意到，原告认为扣留国违反了《联合国海洋法公约》第七十三条第2款，并且认定法国法院提出的保证金要求在所涉金额方面"不合理"。因此，塞方要求法庭根据《联合国海洋法公约》第二九二条重新设定合理的保证金。然而，法方认为该市属法院设置的保证金是合理的。

就此，法庭指出，根据法庭规则第一一三条，为了对释放船只及船员需要提供的保证金或财政担保的金额、性质及形式进行裁决，必须判断原告的指控是否有充分的依据。

法庭随后就法国法院提出的保证金要求是否合理这一问题进行了审查，并注意到《联合国海洋法公约》第七十三条和第二九二条中涉及的利益平衡为法庭判断保证金的合理性提供了指导标准。

法庭注意到，第七十三条中明确认定了两种利益：沿岸国为保证该国的法律法规得到遵守，可能必须采取适当措施的利益；船旗国保证受到扣留的船只和船员得到迅速释放的利益。迅速释放与否仅取决于是否提供了合理的保证金。《联合国海洋法公约》第二九二条的目标，是协调船旗国与扣留国利益，使船只和船员得到迅速释放的同时保证船长出庭及缴付罚款。

法庭表示，保证金数额不应过高，亦不应与被指控罪行的严重性无关。法庭提到卡莫柯号案中明确指出过与判定保证金或其他财政担保的合理性有关的几个因素。法庭认为，这份影响因素列表并非详尽无余，同时是对赛加号案中明确指出的合理性标准的补充。

(2) 将相关因素用于本案

法庭接着将各种影响因素应用于本案，即被指控罪行的严重程度，被指控罪行根据法国法律可被判处何种刑罚，康弗科山号、渔获物与捕鱼设备的价值。本案中被指控的罪行，事关对该专属经济区内鱼类资源的养护，特别是塞方对犬牙南极鱼的非法捕猎。塞方辩称，船长所犯的唯一罪行，是未将康弗科山号驶入凯尔盖朗群岛专属经济区的行为、船上所载渔获物吨数以及船只未在上述水域进行捕鱼的事实告知法方。经过对本案中各因素的考察，与赛加号案中的做法一致，法庭评估了保证金的合理性，裁定其不合理。

法庭裁定，根据《联合国海洋法公约》第二九二条，法国法院提出的 5640 万法郎的保证金要求不合理。因此，指控违反《联合国海洋法公约》第七十三条第 2 款的申请符合受理条件，指控依据充分。

（3）对船长的扣留

双方对船长是否遭到扣留的问题无法达成一致。法庭注意到，船长本人无法离开留尼旺，考虑到这一点，在本案的情形中，根据《联合国海洋法公约》第二九二条第 1 款提出释放船长的要求是正当的。

4. 保证金或其他财政担保的形式及数额

法庭认为担保金的数额应为 1800 万法郎。在考虑保证金或其他财政担保的数额、形式和性质的总体平衡后，法庭认为，应将载于康弗科山号、后被法国当局扣押的 158 吨渔获换算为等值的货币，作为担保或最终由法方归还塞方。其余总额为 900 万法郎的担保，除非双方达成了其他一致意见，应以银行担保的形式提交法方。为此，法庭注意到，在卡莫柯案中法庭裁定保证金以银行担保的形式提供，而判决的执行中也未遇到任何阻力。因此，法方提出的仅接受现金或保付支票形式的保证金的主张，对法庭而言似不合理。

银行保函须声明，本保函是为以下事由所签发：法国对 2000 年 11 月 22 日圣保罗初审法院下令处理的事件中所涉及的康弗科山号及其船长进行释放。该保函还须声明，保函的签发方保证向法国支付最多 900 万法郎，具体数额根据恰当的法国国内法庭作出的最终判决或裁决，或双方达成的协议决定。签发者应在收到法国主管机关的书面请求，以及一份经核证的最终判决、裁决或协议的副本后迅速支付款项。

判　决

2000 年 12 月 18 日，法庭作出判决如下：

1. 法庭一致认为根据《联合国海洋法公约》第二九二条，法庭具有受理塞方申请所需的司法管辖权。

2. 法庭一致认为，塞方指控法方未能遵守《联合国海洋法公约》第七十三条第 3 款和第 4 款的申请，不符合受理条件。

3. 法庭一致认为，塞方指控法方违反第七十三条第 2 款的申请，符合受理条件。

4. 以 19 票对 1 票判定，塞方提出的指控有充分的依据。

5. 以 19 票对 1 票判定，法方应在法庭认定的保证金或其他担保得到支付后，迅速释放康弗科山号及其船长。

6. 以 17 票对 3 票判定，保证金或其他担保应由以下部分构成：（1）总额 900 万法郎，作为法国当局扣押的 158 吨鱼类的等值货币；（2）总额 900 万法郎的保证金。

7. 法庭一致判定，保证金应以银行担保，或经双方一致同意的任何其他形式提供。

8. 以 18 票对 2 票判定，仅当适当的法国国内法庭最终判定的总额不足以通过法方持有担保的对应数额支付时，银行保函方可生效。

法律断言、单独意见、不同意见

1. 法律断言

门萨（Mensah）法官赞同法庭的结论和决定。然而，他对于判决中的几条声明感到困惑。他认为，在本案的情形中，对于根据《联合国海洋法公约》第二九二条处理迅速释放的法律程序，这几项声明并非必要，或没有充分理由。例如：对于释放船只及船长须交付的保证金额，圣保罗初审法院裁定了修正这一金额所应算入的渔获量，而法庭判决第 88 段似乎在对初审法院的裁定依据进行指责。为此，门萨法官认为，当声明可能隐含对其他市属法院的法律程序或判决结果的批评时，法庭在发表声明时应有所克制。对于一起交付合理保证金使船只、船员获释的案件而言，法庭没有必要在判决时提出这样的批评。

武卡斯法官虽然投票支持判决中的各项调查结果，但其中基于法方宣称的凯尔盖朗群岛专属经济区的一切声明或结论，无法令武卡斯法官赞同。

他认为，在无法居住和无人居住的岛屿周围设置专属经济区，是否与第三次联合国海洋法会议设立这一特殊法律制度的原因，以及专属经济区在《联合国海洋法公约》的有关规定的文字和精神相一致，是值得怀疑的。

有关合理性问题，恩迪亚耶（Ndiaye）法官表示，合理性的判定主要依据案件的事实情况和相关情形。他同时声称，合理性可能从结果中观察到，也可以查明。

就此，恩迪亚耶法官提到，在迅速释放程序中，原告控告逮捕国的保证金要求过高，这已成为一种趋势。保证金应按被指控违法行为的严重程度计算，不应带有惩罚或阻吓性质。否则，对保证金金额的质疑，会将本法庭变成接受市属法院判决的上诉法庭，这有违本法庭的性质。

2. 副庭长尼尔森的单独意见

尼尔森法官注意到，根据《联合国海洋法公约》第二九二条，法庭有权在合理保证金得到支付后要求将船只和船员迅速释放，这一权力构成了对沿岸国司法机关的"干预"。然而，该权力仅限于在《联合国海洋法公约》第七十三条、第二二〇条及第二二六条规定的特定几类案件中行使。此外，在迅速释放程序中，法庭没有对案件实体内容的管辖权。因此，在这类法律程序中，法庭的唯一任务是裁定一笔合理的保证金。

法国宣称，第七十三条第 2 款的法文文本用到的形容词"suffisante"，与英文的"合理"（reasonable）不完全等同。就这一主张，尼尔森法官提到了英文和法文版《联合国海洋法公约》真实文本中"合理"一词含义的细微差别之处。他指出，尽管法文文本使用"suffisante"对应"合理"一词，仍应认为两词拥有相同的含义，或至少应假定其含义相同。

3. 不同意见

安德森法官作了以下几点评论：

有关受理条件的问题，安德森法官同意，根据《联合国海洋法公约》第七十三条第 3 款提出的指控不符合受理条件，而根据第七十三条第 2 款提出的申请则可以受理。他欢迎在这一方面对判决进行澄清。

至于根据第七十三条第 2 款所提出的指控本身，安德森法官认为判决的焦点应更多集中在是否有对违反第七十三条第 2 款提出指控这一问题上。

安德森法官注意到，判决第 54 段的专家证供，意为在船长声称的捕鱼地点、在进入凯尔盖朗群岛的专属经济区前，不可能捕猎到犬牙南极鱼。安德森法官认同对进入专属经济区时未告知其船上渔获量的渔船,其所有渔获都应视为专属经济区内捕获所得的假设。因此,他不同意法庭的结论。

对于补救方法,安德森法官表示,在修正额外担保的数额时,法庭应考虑到船上渔获及设备已根据相关法律被抵押。因此,法庭将已被抵押之物视为担保的裁定是毫无必要的。

最后,他反对与银行保函生效时间有关的部分判决,因为银行保函是按照本国法律生效的法律文件。

莱恩法官反对保证金的数额,认为应低于 900 万法郎。他还提到合理性必须基于迅速释放是一条独立自主的国际制度及一系列概念的集合这一事实。在迅速释放案例中,法庭应尊重设定保证金的本国法官的想法,对于这类动态的、不断变化的国际概念和制度——例如专属经济区、迅速释放甚至公海制度中残留但仍十分重要的元素——本国法官已尽力领会其本质。

莱恩法官还声明,在一些国家,非法捕鱼可以通过假设证明。然而,在本案中,他未看到任何实质上违反专属经济区内禁止非法捕鱼这一规定的证据。

热苏斯(Jesus)法官表示,本案所涉内容,是依《联合国海洋法公约》第二九二条对迅速释放康弗科山号一事进行裁定,而法庭对其在本案中的职责没有清醒认识。因此,他不赞同大多数人在判定何种保证金才算合理的问题上所使用的方法。

据热苏斯法官所称,本案中得出的多数人裁定,未能保持两种彼此不同而对立的利益间的平衡(《联合国海洋法公约》第七十三条和第二九二条):沿岸国为养护对其生物资源的主权而采取行动的权利,以及船旗国为船只受到不必要的长期逮捕和扣留寻求救助的权利,这种逮捕和扣留可能对船只的运营者造成严重损失。

热苏斯法官不认为法庭有权侵犯市属法院对案件本身的专属管辖权。在迅速释放程序中,唯一需要法庭作出的裁定,是裁决市属法院提出的保证金要求是否合理。然而,热苏斯法官认为,在裁定保证金是否合理的过程中,法庭已将案件的实体内容考虑在内。

热苏斯法官还主张,船只拥有方没有支付保证金的义务。拥有方选择可以支付保证金,也可以等待市属法院的判决,仅承担损失被扣财产的风险。

最后，热苏斯法官提到，对于将法国扣留的渔获所具有的价值视为保证金或担保的一部分这一多数人裁定，他不能理解其中的理据，因为法国相关法律规定了这些财产应予以没收。

五、公海刑事管辖权和船旗国管辖权类案例

莲花号案

当事方	法国和土耳其
争议事由	司法管辖权：公海刑事管辖权及船旗国管辖权
审理法庭	国际常设法院
裁判日期	1927年9月7日
发表刊物	《判决记录》，国际常设法院，1927年A系列第10卷，第1—108页
选评著作	H. 瓦尔特，《莲花号案及国际远洋刑法》（国际版），巴黎，1928年 G. 卡农，《国际刑法的试验：莲花号案》，《锡里文集》，巴黎，1929年 J. L. 布莱尔利，《莲花号案》，《法律评论季刊》，1928年第44期，第154页

案　情

1926年8月2日，开往君士坦丁堡（Constantinople）的法国邮政蒸汽船莲花号在公海与土耳其运煤船博兹—库特号发生碰撞。博兹—库特号随之沉没，8名土耳其公民丧生。

8月3日，莲花号抵达君士坦丁堡，土耳其当局就碰撞事故展开调查。土方根据土耳其法律提起联合刑事诉讼，以过失杀人罪控告博兹—库特号船长及碰撞发生时在莲花号值勤的船员、法国公民德蒙上尉（Lieutenant Demons）。

1926年8月28日，伊斯坦布尔刑事法院首次对案件进行审理。德蒙上尉对法庭的司法管辖权提出异议，但遭到驳回。9月15日，伊斯坦布尔刑事法院判处德蒙短期监禁，并处罚款。

诉讼程序遵照土耳其法律进行。据法国政府称，伊斯坦布尔刑事法院宣称其司法管辖权符合《土耳其刑法》第六条的规定。*

---

* 《土耳其刑法》第六条规定："任何外国人……在国外犯下侵犯土耳其或土耳其公民之罪行时，若土耳其法律规定该犯罪行为应受惩罚者……当此人在土耳其被捕，则应受惩办……"

法国政府抗议德蒙上尉被捕，同时对该法院拥有的司法管辖权提出异议。

经特别协商，1926 年 10 月 12 日，法国和土耳其在日内瓦签订协议，双方之间因碰撞事故产生的司法管辖权问题依法院《规则》第三十五条提交至国际常设法院。协议依《国际法院规约》第四十条及法院《规则》第三十五条递交法院登记处。

争议事由

1. 提交法庭审议的问题

（1）博兹—库特号沉没导致 8 名土耳其水手及乘客丧生。事后，土方遵照土耳其法律，向德蒙上尉提起联合刑事诉讼。与签署于 1923 年 7 月 24 日的《洛桑公约》中第十五条*有关居住、商业和司法管辖权的规定不符，土方这一行为是否违背了国际法原则？如果事实成立，那么土方违背了哪些原则？

（2）假如前一问题得到肯定回答，那么依国际法原则，德蒙上尉是否应获金钱赔偿？如果事实成立，那么赔偿金额应如何确定？

2. 各方主张

（1）法国政府主张，对德蒙上尉的刑事诉讼进行受理的司法管辖权完全归法国法院所有。土方如希望取得司法管辖权，则应指出为国际法所承认的对应权力。

法国随后主张，在涉及外国人在他国犯罪时，国际法不允许一国仅以受害者国籍为理由提起诉讼。

法国同时声称，船舶航行于公海时，对于发生在船上的一切事件，船旗国享有专属管辖权。法国声称这一原则对碰撞案件尤其适用。

（2）土耳其主张，根据《洛桑公约》第十五条，只要不与国际法原则相冲突，土方享有司法管辖权。

---

* 《洛桑公约》第十五条规定："依照第十六条的各项条款，一切发生于土耳其与其他缔约国间的司法管辖权问题，都应依国际法原则裁定。"

法院的分析

法院首先认定,双方争议的关键在于土方依土耳其法律对德蒙上尉提起刑事诉讼的行为是否违背了国际法原则。

法方认为,土方应指出为国际法所承认的对应权力,方可取得司法管辖权。法院查明,如第十五条所述,法方这一观点与普遍接受的国际法相悖。法院认为,一国不得在他国领土范围内以任何形式行使权力,这是国际法对国家的基本限制。但这并不说明,如案件涉及事件发生于国外,或无法依靠国际法的许可性规则解决,该国无法在其领土之内行使司法管辖权。

法院查明,土方的司法管辖权无需借由受害者的国籍取得,因为犯罪行为的结果发生在土耳其船只上,"相当于土耳其领土,此地应用土耳其刑法无可置疑"。只要承认土耳其船只是犯罪后果的承受者,那么仅仅因为犯罪者身处法国船只就认为土方控告德蒙上尉有违国际法,就成了无稽之谈。

至于船旗国应完全保留司法管辖权的主张,法院认为这一主张未能被法国政府彻底证实。法院认为,由于船旗国权力可能超越其在本土的行使范围,这一主张无法得到支持。法院回顾了此前完全保留船旗国司法管辖权的案件,认为在数起案件中这一原则并不被视为一条通用的法律原则。另外,法院声明,本案罪行牵涉两条悬挂不同旗帜的船只,这一情形在上述案件中并不存在。因此,法院无法从中作出适用于本案的推论。

法院随后处理了法国政府提出的最后一项主张,即依国际法,碰撞案件产生的刑事诉讼受船旗国的专属管辖。法方声称,刑事法院在实践中甚少涉及碰撞事故的司法管辖权问题。因此,控告仅在船旗国法庭才会出现。这证明各国默认了一条国际法规则,即限制他国发起控告。法庭反对这一观点。即使事实果真如此,也只能说明各国常回避刑事程序,而非必须对其放弃。

判 决

法院在1927年9月7日作出判决。因双方票数相同,故经院长投票后,法院认定:

1. 土方向德蒙上尉提起刑事诉讼的行为并不违背国际法原则。

2. 不存在对金钱赔偿问题作出判决的理由。

不同意见

前院长洛德（Loder）批评了法院接纳土方观点的行为，反对认为国际法未曾禁止即是允许的观点。他又称，如将一国刑法延伸至外国人在外国的犯罪，则不可能不损害有关国家的主权。类似地，也不应将一国刑法延伸至犯罪后恰好出现在该国领土内的外国人身上，因为"犯罪者后来的出现并不能产生扩大该国管辖权的作用"。洛德法官反对将船只移动产生的所谓"连通性"作为土方管辖权的基础，因为"连通性"本身不产生管辖权。他总结说，土耳其在本案中擅自行使司法管辖权，是对国际法原则的违背。

韦斯（Weiss）法官根据对本案十分重要的两条国际法原则，表达了他的不同意见。他首先提到了国家主权原则，这一原则如被土耳其越界滥用，则可使其行为在恰当的范围之外产生影响。据韦斯法官称，一国的刑事管辖权以该国行使主权的领土区域为基础，同时受该区域的限制。

根据公海自由原则，韦斯法官主张船只和人员仅受船旗国法律约束。韦斯法官反对土方提出的对管辖权的其他要求。他认为，"连通性"理论在此处并不适用，只有在分析一国之内针对同一事件的、两个以上的法庭间的关系时，"连通性"才能说明管辖权的延伸，而且无论如何，这在国际关系领域是一个完全陌生的概念。

芬莱爵士（Lord Finlay）认为，以确定法庭是否享有管辖权为目的，将本地性原则应用于本案是十分困难的："对过失碰撞进行裁决的刑事管辖权归船旗国法庭所有，如犯罪者国籍与所属船只不同，则也可在其本国内开庭受理。"另外，芬莱爵士也不同意将《土耳其刑法》第六条作为土耳其法院判决的依据。他认为，第六条是为保护国民而设的法律，出于保护目的获取管辖权的行为从来都不是国际法的一部分。

尼霍姆（Nyholm）法官称，与判决不符的是，违背一条积极的限制性规则，将会使各国以各自认同的方式自由修订法律，并随之采取行动。因此，土耳其法院根据《土耳其刑法》第六条取得的管辖权，必须被看作是违反领土原则本意的一种延伸。

摩尔（Moore）法官与法庭意见相左，认为法庭虽未达成妥协，未能就土耳其法律规定的诉讼的规律性，或《土耳其刑法》第六条对本案案情的适用性问题进行调查，仍必须按照法律条款及其所有的管辖权本身行使权力。

摩尔法官认为，基于《土耳其刑法》第六条的刑事诉讼与国际法原则有几处相悖：1. 一国在其领土范围内的司法管辖权是排他的。2. 对于所谓的犯罪行为发生时，犯罪者并未以任何方式受一国法律约束者，该国无法合法地就其所谓的违法行为进行惩处。

阿尔塔米拉（Altamira）法官认定，土方通过对自身法律的灵活运用，在未与各方达成一致的情况下强行增加了领土原则的例外情形，违反了国际法原则。

六、航行类案例

（一）孤独号案

当事方	加拿大和美国
争议事由	公海紧追权
审理法庭	依英美两国签署于1924年1月23日的《酒类协议》第四条之规定，指派两名仲裁员进行裁决。
裁判日期	1935年1月5日
发表刊物	《国际仲裁裁决报告》，第3卷，1949年，第1613—1618页
选评著作	- C. C. 海德，《孤独号案的调整》，《美国国际法杂志》，1935年第29期，第296—301页 - J. W. 加纳，《紧追权：公海非法击沉船只——孤独号案》，《英国国际法年鉴》，1935年第16期，第173—175页 - G. G. 菲茨莫里斯，《孤独号案》，《英国国际法年鉴》，1937年第17期，第82—111页 - S. 梅特门特，《紧追权原则的历史性》，《英国国际法年鉴》，1972—1973年第46期，第365—381页

案　　情

1929年3月22日，登记于加拿大的英国双桅纵帆船孤独号，在距美国海岸逾200海里的公海被一艘美国海岸巡逻船开炮击沉。

孤独号从事向美国走私酒类物品的活动。美国海岸巡逻船沃尔科特号曾在一处距美国海岸3海里以外、具体位置未知的海域示意孤独号停航。孤独号拒绝停航或接受登船检查，同时继续向远离海岸的方向航行，沃尔科特号对其展开追航。

两天后，狄克斯特号加入了沃尔科特号的追航，随后孤独号沉船。但沃尔科特号参与了追航事件始终。

沉船事件并非意外，而是因孤独号拒绝停船及接受登船检查而蓄意引发的。船只、货物和船长及船员的个人财产均因此遗失。除一人溺水身亡外，船长和其余船员均被海岸巡逻船救起。

1929年8月，美国和加拿大同意指派两名仲裁员对加拿大有关沉船事件的主张进行裁决。裁决根据英美双方于1924年1月23日缔结的《酒类协议》（以下称《协议》）第四条[*]进行。

争议事由

1. 提交仲裁员审议的问题

（1）仲裁员是否可以就孤独号的受益所有权或最终所有权，或船只所属企业的股权情况进行调查。如仲裁员获权调查，那么美国公民对该船的间接所有或控制对这一主张有何影响，就成了需要考虑的问题。

（2）根据《协议》，对紧追开始时离岸航程不足一小时，紧追结束时已超出此距离的犯罪船只，美国政府是否拥有紧追权。

（3）根据《协议》，对在美国税收法所规定的12海里距离内开始并在此距离外结束的紧追行为，美国政府是否有权执行。

（4）美国政府击沉孤独号的行为是否合法（该问题的依据，是假设当狄克斯特号加入沃尔科特号对孤独号的追航行动时，美国政府在当时情形下拥有紧追权，并有权行使《协议》第二条^{**}所赋予的权利）。

2. 各方主张

双方均同意，孤独号的原始位置，无论是否超出了常规界限，确实处在《协议》第一条确定的美国领海的3海里范围之外。

（1）加拿大。加方以孤独号注册于加拿大，同时为加拿大籍公司所有

---

* 第四条部分规定如下："因对本协议第二条所赋予权利不正当或不合理地行使，致使英国船只遭受损失或损害，或因英国船只未能获得第三条所规定的利益，由此提出的补偿要求，将由协议缔结双方各指派一人共同审议。"

** 缔结于1924年的《酒类协议》第二条规定如下：

"（1）对于由美国或其领地或属地当局发起的，为查明船只或船上人员是否违反当地现行法律正向或已向美国或其领地或属地运送酒类，以调查船上人员或检查船只文件为目的，对私人船只进行的登船检查行为，英王陛下同意不会提出异议。当此类调查和检查有合理的怀疑理由时，可对船只执行搜查。

（2）当存在合理理由，认为船只已经、正在或试图违反美国或其领地或属地有关禁止进口酒类的法律时，可将该船逮捕并移入美国或其领地或属地港口，按照有关法律进行裁决。

（3）本条所赋予的权利，不应在超出涉嫌犯罪船只距离美国或其领地或属地海岸一小时航程以外的水域行使。然而，如接受登船搜查的船只并非向美国或其领地或属地运送酒类的船只，而是另有其船，则应根据该船而非接受登船检查的船只速度，判断本条所赋予之权利的距离海岸的行使范围。"

这一事实为据发表主张。加方声称，仲裁员无法就孤独号的最终所有权或收益所有权进行调查。

加拿大政府主张，当沃尔科特号首次试图登上孤独号时，后者处于常规界限，亦即距离海岸航程一小时以外。《协议》第二条第3款对此作出了规定。

此外，加拿大政府声称，即使假设孤独号原先处于常规界限以内，但因船只不在领海的事实无可否认，也就不存在超越常规界限对其追航的权利。国际法一般规则所赋予的"紧追权"，仅当追航发起于领海内时方可适用。如紧追权可于常规界限以内、领海界限以外的位置行使，则须由《协议》明确规定，而这与事实不符。

加方同时声称，国际法要求必须在"急迫并且不间断"的事件中行使紧追权，这一条件并未在本案中得到满足，因为最终击沉孤独号的船只仅出现在追航的后段，当时孤独号已远远超出常规界限的范围，该船也并非追航的发起者，仅仅参与追航了一小部分。

加拿大政府辩称，即使假设对孤独号展开追航理由充分，击沉船只也确属非法。《协议》规定了登船、检查、搜索时以及作为最后手段进行逮捕的权力。这一规定暗示，为了达成有关目的，行使上述权力时可合法运用一定武力，但击沉船只这一事件并非合法运用武力的过程中无意引发的，而是有心和蓄意所致。

（2）美国主张，孤独号不能被视作英国船只，因其最终或受益所有权及控制权归运营该船的美国公民所有，该船的明确目的是在违反当地法律的情况下向美国走私酒类物品。美方主张，仲裁员有权对船只的最终所有权或受益所有权进行调查。

美国声称，孤独号的初始位置距离海岸更近，并处于常规界限之内，其速度也较加方给出的估测数据更快。

美国主张，根据国际法的一般原则，出于应用紧追原则的目的时，常规界限须视同于领海。

美国主张，从常规界限内任何位置行使紧追权，是根据《协议》本身得出的必要推论，否则《协议》赋予美国的所谓权利将在很大程度上成为虚幻。

美国认为，对于追航的急迫性和不间断性问题，因沃尔科特号参与了追航行为的始终，所以追航的不间断性不受实际上引发了沉船事件的其他船只加入追航这一事实影响。

美国主张，当船只在常规界限内被示意停航，仍继续航行并拒绝登船检查时，可以将其击沉作为最后的手段，这是《协议》的条款中必然隐含着的。

仲裁员的分析及裁决

1935年1月5日，在其最终的联合报告中，两位仲裁员宣布了调查结果，即事实上，从1928年9月至沉船事件发生时，注册于加拿大的英国船只孤独号一直被一个团伙联合拥有、控制，并在关键时刻被管理，行动受其指引，货物受其处理、弃置，而该群体完全或几乎完全由美国公民组成。他们利用该船从英属洪都拉斯运送烈酒，目的是向美国领土进行非法出口、贩卖。报告称，即使该团伙成员中有人并非美国公民，在本案的情形中也无关痛痒。两名仲裁员宣布，"鉴于上述事实，就船只或货物的损失方面不应作出任何补偿"。

对于第二个问题，即紧追开始于常规水域但并非领海之内，仲裁员声称尚未达成一致的同意或反对意见。鉴于他们对第三项问题的最终回复，两名仲裁员似乎认为没有必要在最终的联合报告中对第二个问题进行答复。

第三个问题的依据，是假设当狄克斯特号加入沃尔科特号对孤独号的追航时，美国在当时的情况下拥有紧追的权利，并且有权根据《协议》第二条行使这一权利。确切问题是"在当时的情形中，美国政府击沉孤独号的行为是否具有法律依据"。

仲裁员说："美国可以依照《协议》，出于对嫌疑船只进行登船、搜索、逮捕及将其移入港口的目的，使用必需且合理的武力；如果意外发生沉没，作为出于此种目的使用必需且合理的武力的结果，追逐船只可完全免责。"仲裁员认为，没有任何《协议》规定或国际法原则可以为击沉船只的行为提供正当理由。因此，仲裁员同时建议，美国应正式承认其违法行为，并向英王陛下的加拿大政府致歉。同时，作为对其罪行的物质补偿，美国应向英王陛下的加拿大政府支付2.5万美元。

（二）塞加号案（第1号及第2号）

当事方	几内亚与圣文森特和格林纳丁斯
争议事由	专属经济区内的海关管辖权；紧追行为；逮捕；使用武力；迅速释放；临时措施；赔偿；财政担保；费用
审理法庭	国际海洋法法庭（ITLOS）
裁判日期	- "塞加号"第一号（迅速释放）——1997年12月4日判决 - "塞加号"第二号（临时措施）——1998年3月11日命令 - （案情实质）——1999年7月1日判决
发表刊物	- 《国际海洋法法庭：判决书、咨询意见和命令的报告》，1997年，第13—68页（迅速释放） - 《国际海洋法法庭：判决书、咨询意见和命令的报告》，1998年，第24—68页（临时措施） - 《国际海洋法法庭：判决书、咨询意见和命令的报告》，1999年，第10—25页（案情实质） - 《国际法律资料》，1998年第37期，第360—404页（迅速施放） - 《国际法律资料》，1999年第38期，第1323—1442页（案情实质） - 《国际法报告》，第110卷，第736页（迅速释放）；第117卷，第111页（临时措施）；第120卷，第143页（案情实质）
选评著作	- 拉法叶·露易丝，《塞加号油轮案（第2号）判决（圣文森特与格林纳丁斯群岛诉几内亚）》，《国际法与比较法季刊》，2000年第49期，第467—475页 - 拉法叶·露易丝，《国际海洋法法庭与塞加号案：和平解决海洋法争端》，《国际海洋与海岸法杂志》，2000年第15期，第355页 - B.克维亚特科夫斯卡，《国际海洋法法庭法律体系的开创：圣文森特与格林纳丁斯群岛诉几内亚塞加号油轮案》，《海洋开发与国际法》，1999年第30期，第43—77页 - A.V.劳，《塞加号油轮案：国际海洋法法庭首案》，《国际法与比较法季刊》，1999年第48期，第187—199页 - E.A.莱恩，《透视联合国海洋法公约的临时措施》，《荷兰国际法年鉴》，1998年第29期，第45—70页 - B.H.奥克斯曼，V.P.班茨，《塞加号油轮案（第2号）（圣文森特与格林纳丁斯群岛诉几内亚）判决（国际海洋法法庭第2号案例）》，《美国国际法杂志》，2000年第94期，第140—150页 - F.H.Th.韦格勒林，《国际海洋法法庭迅速释放船只的规定》，《海洋开发与国际法》，1999年第30期，第255—296页 - 比库尼亚·F.奥雷戈，《赛加号案和专属经济区中的国家权利和义务的司法解释》，《空间和海洋资源集合》，1999—2000年第13期，第43—60页 - A.贝拉耶·罗伊洛，《国际海洋法法庭在1999年7月1日塞加号案第2号的判决》，《海洋和海洋法年鉴》，2001年第19期，第11—157页

I. 塞加号案（第1号）：迅速释放

案　情

"塞加号"是一艘油轮，该船于 1997 年 3 月 12 日在圣文森特和格林纳丁斯（Saint Vincent and the Grenadines）进行了临时注册。该船的永久注册文书于 1997 年 11 月 28 日由圣文森特和格林纳丁斯海事部门官员代表该国签发。该船船长及船员均持乌克兰国籍，同时船上有 3 名塞内加尔籍雇员从事粉刷工作。"塞加号"主要向西非海上的渔船及其他船舶提供汽油，有时也兼提供淡水。

1997 年 10 月 27 日，"塞加号"向 3 艘渔船提供了汽油补给，其中两艘悬挂塞内加尔国旗，一艘悬挂希腊国旗。这一行为发生在距几内亚的阿尔卡特拉兹岛（Alcatraz）22 海里处。3 艘渔船都获得了几内亚颁发的在专属经济区内捕鱼的许可。此后"塞加号"向偏南方向航行，前往预先约定的位置为其他渔船提供汽油。该船此后改变了航线，驶向位于几内亚专属经济区南界之外的另一位置。

1997 年 10 月 28 日，"塞加号"漂泊在几内亚专属经济区南界以南，正在等待渔船前来接受汽油补给。一艘几内亚巡逻艇向该船发起了攻击，艇上官员登船并对该船进行了扣留。此后该船及其船员被送往几内亚的科纳克里（Conakry, Guinea）；在科纳克里，该船船长被拘留，船员的护照也被几内亚官方没收，船上被派驻武装警卫。1997 年 11 月 1 日，两名受伤的"塞加号"船员获准离开科纳克里，前往达喀尔（Dakar）接受医疗。1997 年 11 月 10 日到 12 日之间，在几内亚官方的命令下，船上的汽油被卸下。船长及 6 名船员滞留于科纳克里，直至 1998 年 2 月 28 日与被扣船只一并释放；其他船员此前已被释放。

1997 年 11 月 13 日，圣文森特和格林纳丁斯根据《联合国海洋法公约》第二九〇条向国际海洋法法庭书记官提交申请，要求迅速释放"塞加号"及其船员。

争议事由

1. 提交法庭审议的问题

（1）圣文森特和格林纳丁斯要求法庭裁定立即释放该船及其货物和船员，同时无须提供任何保证金。然而，圣文森特和格林纳丁斯表示，准备提供法庭合理的可加给法庭本身的任何担保，但有鉴于此，请求法庭不要裁定圣文森特和格林纳丁斯直接对几内亚提供任何担保。

（2）几内亚表示该国并没有触犯法律，也没有违反程序；该国希望捍卫自己的权利。因此，几内亚要求法庭驳回圣文森特和格林纳丁斯的诉讼。

2. 各方主张

（1）圣文森特和格林纳丁斯认为，根据《联合国海洋法公约》，沿海国有权在其专属经济区内依照公约行使其有限而又具体的主权权利，如《联合国海洋法公约》第五十六条所规定的。在这方面它指控被告犯了两点错误：

第一，几内亚未能遵守提供合理保证金或其他财政担保后释放船只及其船员的有关规定。第二，几内亚错误地打算在《联合国海洋法公约》许可的范围外在其专属经济区内行使主权和管辖权，从而干预了其他人在其专属经济区的权利，包括悬挂原告船旗的"塞加号"的权利。

该国因此主张，法庭应裁定几内亚未能遵从《联合国海洋法公约》第七十三条第 2 款的规定，在提供适当的保证金或其他担保后应迅速释放"塞加号"及其船员，甚至于没有寻求这种保证金或其他财政担保。

该国进一步主张，法庭应裁定释放"塞加号"及其船员所需的保证金或财政担保的数额、性质及形式。除此之外，圣文森特和格林纳丁斯还主张，即使未进一步提交保证金或财政担保，在"塞加号"被迅速释放时，法庭仍拥有命令将"塞加号"恢复原状（也即载有汽油的状态）的管辖权。

（2）几内亚主张，圣文森特和格林纳丁斯海事部门并不属于法庭规则第一一〇条第 2 款所授权的对象，该国同时怀疑塔博纳海运有限公司是否确为油轮"塞加号"的所有者。

该国还主张，《联合国海洋法公约》第七十三条并不适用，几内亚政府并未违反该条文。第二九二条也不适用。几内亚的观点是，只有以其船只被扣的当事国名义或以船主的名义向扣留国提供或至少已提出合理的保证金或其他财政担保时，第二九二条和第七十三条第2款才适用。油轮"塞加号"方面并未提出任何担保或保证金。

被告指出，如果法庭肯定其管辖权，就应断定原告的辩解是没有充分根据的。几内亚当局在几内亚领水外逮捕油轮"塞加号"是依照公约第一一一条行使紧追权的结果。

法庭的分析

1. 司法管辖权

法庭首先对关于管辖权的争议作出阐述。首先，法庭指出圣文森特和格林纳丁斯和几内亚均为《联合国海洋法公约》的缔约国。其次，法庭指出，根据《联合国海洋法公约》第二九二条，争端各方不能在扣留后10日内达成协议时，可将释放问题向另一法院或法庭提出。法庭查明，该申请符合上述要求。

然后法庭对几内亚主张的海事部门并不属于法庭规则第一一〇条第2款所授权的对象以及几内亚对船只所有者身份真实性的怀疑作出阐述。法庭指出，依照法庭规则第一一〇条，迅速释放船只及其船员的申请，可由船旗国或以该国名义提出。由此，因为法庭书记官已经收到圣文森特和格林纳丁斯官方提交的授权文本，并已对其进行字面上的检查，法庭驳回了几内亚的反对意见。至于船只的归属，法庭指出这一问题并不影响基于《联合国海洋法公约》第二九二条的审议。不仅如此，几内亚并没有对圣文森特和格林纳丁斯是该船的船旗国提出抗辩。法庭因此认定，本法庭根据第二九二条拥有管辖权，受理该申请。

2. 受理起诉

随后，法庭依照《联合国海洋法公约》第二九二条的其他条件对该申请是否应当被接受作出了认定。第二九二条第3款明文规定，法庭应"不迟延地"处理关于释放的申请，国内与国际的诉讼均已被包含在内。庭上提及了法庭规则，尤其是第一一二条，要求关于释放的申请应被不迟延地处理。

在关于依照《联合国海洋法公约》第二九二条所进行的诉讼和国内诉讼之间的关系的问题上,法庭认为第二九二条的第3款和第4款不应割裂解读,其大意为:在与释放船只及保证金或其他担保相关的问题上,裁决对身为缔约国的诉讼各方有效。相关国的国内法院在考虑案件的案情实质时,不受本法庭有关事实或法律任何裁定的拘束。

法庭进一步解释,依照《联合国海洋法公约》第二九二条所进行的诉讼独立于其他从第二九二条本身及法庭规则第五节第三部分产生的诉讼。依照这些条文,迅速释放的诉讼明显并不属于案情实质的诉讼的伴生物。这两者是互相区别的、独立的诉讼。法庭认定,为了达成对释放问题的判决,法庭并不排除考虑它认为必要的案情实质以便就释放问题作出裁决,但法庭这样做必须加以克制。

法庭接着为各方主张设立"评估标准"。考虑到本案的案情实质可能被提交到国际法院或特别法庭,同时考虑到迅速释放诉讼的快速性质,法庭认为基于考察主张是否可争辩的或足够可信而决定是否可以在当前目标下予以信赖的方法是恰当的。在采用了这一标准的情况下,法庭并不排除呈递给本法庭的案件在经过彻底的案情实质的调查之后会得出不同结论的可能。

在被控违背《联合国海洋法公约》中有关提交适当的保证金或其他财政担保后迅速释放船只的条目的构成要件问题上,法庭审议了第七十三条的适用性。

关于这一点,法庭审议了在一国的专属经济区内对渔船进行"输油(bunkering)"〔补充燃料(refuelling)〕的行为所受的监管是否应被认定为沿海国在其专属经济区行使主权权利。如果确实如此,触犯沿海国关于该种输油行为的规定将意味着触犯监管渔业及利用其他生物资源的相关活动的法律和规章。因被指控触犯这类规定而被逮捕的船只与船员属于《联合国海洋法公约》第七十三条第1款的范围,而在提交适当的保证金或其他担保后迅速释放船只及船员则是第七十三条第2款所规定的该沿海国的义务。若该沿海国并未执行迅速释放,便可援引第二九二条。

法庭表示,关于监管"为渔船输油"这一行为的规定是否可以计入沿海国行使其勘探、开发、养护和管理在专属经济区内的生物资源的主权权利的规章,正反两种论证都可以作出深入的论证。有鉴于此,法庭决定没有必要对这两种论证何者在法律上更有理据作出结论。至于是否应当接受对油轮"塞加号"迅速释放的起诉问题上，足以认定所"指控"的是违背《联合国海洋法公约》第七十三条第2款的行为，而该种指控是可争辩的或足够可信。

法庭的意见认为，几内亚基于紧追权的指控的构成要件并没有达到上述主张的标准。事实上，对紧追行为必要性的论证以及随之而来的对逮捕行为的辩护全无合理之处。法庭虽然并不认为开庭的目的在于决定逮捕油轮"塞加号"是否合理，但是仍有必要判断逮捕后的扣留是否违反了《联合国海洋法公约》"在合理的保证金或其他财政担保经提供后将该船只或其船员迅速释放"的条文。

在几内亚声称关于油轮"塞加号"的违法行为发生在毗连区且是在依照《联合国海洋法公约》第一一一条第1款进行紧追的情况下合法捕获的指控并无足够证据支持的基础上，法庭断定，因当前诉讼的需要，几内亚的行为仍然被视为处于《联合国海洋法公约》第七十三条的框架之内。

法庭认为，为了达成结论，最具有相关性的条文是扣留国官方在进行逮捕时所依据的条文：海事法第四十条及1994年3月25日94/007/CTRM法，禁止未经许可向几内亚共和国境内进口、在境内运输及经销燃料（第一条）。几内亚所提交的诉状和文件中的指控表示，油轮"塞加号"被指控的行为是被视为对该国在专属经济区内权利的侵犯。在这一点上，几内亚当时在诉状中对圣文森特和格林纳丁斯认为第七十三条适用的观点的反驳中，并没有直接反对第七十三条应当适用，而是将自己的论证限定在对方并没有提交或要约保证金。

法庭认为，本法庭更应当使用基于《联合国海洋法公约》第七十三条的论证，而不是几内亚基于《联合国海洋法公约》第一一一条的论证，因为在选择在法律上将之归类于会意味着触犯国际法的论证或回避了上述隐含意味的论证时，本法庭选择后者。

几内亚声称其逮捕船只是遵循联合国安理会1132号决议（1997）的次要论证被驳回。

最后，法庭必须审议几内亚提出的"因未经提供合理的保证金或其他财政担保，《联合国海洋法公约》第七十三条不能作为依据"的论证。

法庭认为，依照《联合国海洋法公约》第二九二条，提供保证金或担保是《联合国海洋法公约》规定的条件，违反这一条件就可适用《联合国海洋法公约》第二九二条规定的程序。即使还没有提供保证金，也可能违反《联合国海洋法公约》第七十三条第2款。

无论如何，本案中几内亚并未按照《联合国海洋法公约》第七十三条第4款对扣留进行通知；该国拒绝了讨论保证金问题，而请求迅速释放的10日期限已过，还没有表示讨论这一问题的意愿。在这种情况下，法庭无法认定圣文森特和格林纳丁斯对事实上未提供保证金负有责任。

因为以上种种原因，法庭裁定这一申请是许可的。圣文森特和格林纳丁斯的指控就诉讼目的而言根据充分，而几内亚因此有义务迅速释放被扣留或以其他形式剥夺自由的油轮"塞加号"及其船员。

上述释放需要在提交保证金或其他财政担保时生效。法庭从而并不支持圣文森特和格林纳丁斯关于不应提交保证金或财政担保（或仅提交"象征性"保证金）的要求。

3. 保证金的合理性：形式与数额

根据法庭规则第一一三条第2款，法庭接着依照《联合国海洋法公约》第二九二条第1款的要求，对应提交的保证金或财政担保的"合理"的数额、性质及形式进行了认定。法庭认为，合理性的标准适用于保证金或财政担保的数额、形式及其性质。

在法庭看来，可以合理地认为几内亚卸下的汽油被视为该国已经持有的担保物，且应由几内亚方在判决时视具体情况而以实物或其等价美元归还。法庭同时认为，在这份担保以外，以信用证、银行保函或其他双方同意的形式提供40万美元作为财政担保，并依照法庭规则第一一三条第3款提交是合理的。

判　　决

法庭于1997年12月4日作出判决（"塞加号"第1号案）。

1. 法庭根据《联合国海洋法公约》第二九二条，一致同意本法庭拥有受理圣文森特和格林纳丁斯于1997年11月13日提交的诉讼申请的管辖权。

2. 法庭以12票对9票判定这一申请应被受理。

3. 法庭以 12 票对 9 票命令几内亚在圣文森特和格林纳丁斯提交适当的保证金或担保时迅速释放"塞加号"及其船员。

4. 法庭决定，担保应由几内亚官方从"塞加号"上卸下的汽油外加以信用证、银行保函或其他双方同意的形式提供的 40 万美元组成。

不同意见

门萨（Mensah）庭长不能认可法庭对申请应当被接受和几内亚必须迅速释放所扣留的"塞加号"及其船员的分析和结论。他不认为本案按照《联合国海洋法公约》第二九二条由法庭出具命令要求迅速释放船只或其船员是正当的，所以他不能支持命令原告为此种释放提交保证金或担保，也不能支持对担保的数额、性质及形式的认定。

门萨庭长同意朴椿浩、尼尔森、查德拉塞卡拉·拉奥（Chandrasekhara Rao）、武卡斯和恩迪亚耶法官的不同意见。他也同意安德森法官的不同意见，尤其是后者认为，依据《联合国海洋法公约》第二九二条产生的诉讼既非初审也非伴生诉讼，而是最后判决，在此法庭必须决定，对违背条文行为的指控理由充分是否构成一个案例。他同时支持沃尔夫鲁姆副庭长和山本草二（Yamamoto）法官的不同意见所包含的分析和结论。他尤其同意他们对于判决中关于"监管为渔船输油这一行为的规定属于沿海国行使其勘探、开发、养护和管理在专属经济区内的生物资源的主权权利的管辖权之内"这一无根据的附带意见的观点。

门萨庭长完全同意朴椿浩、尼尔森、查德拉塞卡拉·拉奥、武卡斯和恩迪亚耶法官认为法庭不能仅因船旗国"指控"扣留国并未遵守《联合国海洋法公约》关于迅速释放的条文，就根据第二九二条下令在提交保证金时迅速释放被逮捕的船只。因此，他同意他们认为圣文森特和格林纳丁斯对几内亚未能遵守《联合国海洋法公约》第七十三条的指控并无充分根据。

门萨庭长仔细检查了判决对"塞加号"是因为违反渔业法律而非几内亚所主张的海关法律而被几内亚逮捕的分析，但他对此不能接受。他尤其不认为在达成这种结论的过程中几内亚海洋法所被赋予的重要性是正当的。

所有关于"塞加号"被几内亚海关官员逮捕的可查明的事实都表明，

这些行为都是基于这些官员认为适用于这一情况的特定的一部或多部法律，无论这种认识是对是错。因此，在门萨庭长看来，法庭宣称这些人明显将其作为行动根据的法律事实上并不能形成他们行动的根据，这种做法是不正确的。他认为，法庭认定几内亚的其他法律才是事实上被应用的法律，则是更为错误的认识。

门萨庭长得出了两个结论：第一，法庭不仅完全无视了一个国家在其行动中明显出于善意（无论是否正当）进行的法律选择，而且实际上仅仅因为法庭所选取的法律较该国自己决定作为行动根据的法律更能在国际法下支持该国的行动，就代为认定一个国家在行动中应选用的根据法律。他得出的第二个结论是针对法庭所表现出的倾向于将"塞加号"被逮捕归类为适用第七十三条以及几内亚将之归类为"走私"的做法。法庭明显是在暗示，将输油归类为海关罪行是触犯国际法的，而将输油视为适用第七十三条的行为则规避了这种暗示。

门萨庭长的观点认为，在《联合国海洋法公约》第七十三条许可沿海国拥有多大范围和程度的渔业管理立法权这种极端根本的重要问题上，即使仅为暗示，法庭也不应当发表意见。无论广义上还是狭义上，这一问题都不在本案的审议范围之内。

在判决中，法庭选择了从本案一开始就完全无视几内亚对"塞加号"作出的全部指控。相反，法庭用几内亚任何官员都并未使用更未提及的法律替换了对"塞加号"指控的基础。在门萨庭长看来，这意味着法庭篡夺了并不属于自身的权力和资格以执行其命令。

沃尔夫鲁姆副庭长和山本草二法官不赞同判决结果第2到5条。他们质疑圣文森特和格林纳丁斯是否正确地援引了《联合国海洋法公约》第二九二条。根据法庭规则第一一三条，法庭应当对扣留国并未遵守《联合国海洋法公约》关于迅速释放船只或船员的条文的指控是否理由充分作出认定。

他们不认为仅仅对扣留国未能遵守《联合国海洋法公约》第七十三条的指控就能够构成《联合国海洋法公约》第二九二条的适用前提。圣文森特和格林纳丁斯应当建立船只及其船员被扣留与扣留国有关第七十三条的法律和规章之间真正的联系。在这种联系未能建立的情况下，法庭只能得出对几内亚未能遵守第七十三条的指控不能成立的结论。

因此，他们对法庭在审判中使用所谓"评估标准"的方法持严重的保留态度（例如认为指控是"可争辩的"或"足够可信"）。他们的顾虑是，在定义了这种"评估标准"以后，审判将从依照《联合国海洋法公约》第二九二条进行的程序转变为类似临时措施的程序（《联合国海洋法公约》第二九〇条）。

他们也指出，判决所采纳的"评估标准"事实上赋予了圣文森特和格林纳丁斯认定几内亚的行为会被如何定性的权力。这一点很难与有关国自行决定其法律和规章的定性与据此作出的措施这条第一原则调和。

圣文森特和格林纳丁斯的意见中并未确认"塞加号"是被依照《联合国海洋法公约》第七十三条第2款的意义所涵盖的几内亚法律和规章所逮捕的。几内亚是否能够甚或应当援引不同的国内法律根据与本案并不相干。圣文森特和格林纳丁斯或法庭都无权对几内亚的行动作出认定。

他们因此得出结论："塞加号"被扣留和被告与《联合国海洋法公约》第七十三条相关的法律和规章之间的联系并未被充分确认，因此指控应被驳回。

他们接着指出，判决对所谓的对《联合国海洋法公约》第二九二条的非限制性解读不持立场。他们着重指出，基于对第二九二条纯粹文本的分析，该程序仅适用于《联合国海洋法公约》所包含的关于船只迅速释放的特定条文。第二九二条组成了一种独特的程序——一种特殊的干涉沿海国司法机关的情况——因此对这种程序的解读必须谨慎而克制。在决定迅速释放问题时，法庭禁止了审查案件的案情实质（第二九二条第3款），这种明确的管辖权限制更反映了这一方面被留待合适的国内法院作出判决。

判决书中对于监管为渔船输油这一行为的规定是否属于沿海国行使其勘探、开发、养护和管理在专属经济区内的生物资源的主权权利的管辖权之内的一部分论证，也引发了他们的异议。虽然判决将这些意见描述为附带意见，法庭的决定仍暗示，对在专属经济区内对渔船进行输油行为进行监管的规章是相关沿海国权限之内的。

从纯粹的文本分析出发，他们怀疑对渔船提供服务是否应受《联合国海洋法公约》第七十三条第1款所提及的"法律和规章"监管，因为这一概念在同条第3款中被描述为"渔业法律和规章"。这两名法官的顾虑在于，判决对这一问题作出的说明使用了一般性的语言，脱离了其相应的语境，在本案并未作出要求的情况下使用了《联合国海洋法公约》第二九二条所规定的程序，而提出如此论点可能使将来的法庭判决引入偏见。

朴椿浩、尼尔森、查德拉塞卡拉·拉奥、武卡斯及恩迪亚耶法官不能认可判决结果第 2 到 5 条中所有的结论。在他们看来，法庭在对申请作出判决时，最关键的一点就在于考虑其是否出于《联合国海洋法公约》第二九二条的适用范围之内。

毫无疑问，如果第七十三条适用，第二九二条可以被援引作为所涉及的指控的法律根据。回顾第二九二条第 1 款所列的条件，法庭若要发布迅速释放船只或其船员的命令，其本身必须认定圣文森特和格林纳丁斯是否对几内亚未能遵守公约"在合理的保证金或其他财政担保经提供后将该船只或其船员迅速释放"的条文的行为作出了指控。仅当断定圣文森特和格林纳丁斯的指控理由充分时，法庭才有权依照第二九二条命令在合理的保证金或其他财政担保经提供后将该船只或其船员迅速释放。

法庭规则第一一三条第 1 款同样要求法庭"认定"指控是否"理由充分"。因此，仅有对扣留国未能遵守第七十三条条文的指控是不够充分的。必须先建立起指控与沿海国行为之间的联系，才能适用第七十三条。在无法建立此种联系的情况下，法庭必须作出指控并不"理由充分"的结论。举证责任在圣文森特和格林纳丁斯一方。不仅如此，法庭的认定必须基于而非独立于对各方所主张的事实的审查。

在他们看来，该申请并不符合《联合国海洋法公约》第二九二条的构成要件，以及法庭规则第一一三条第 1 款。事实上，并无证据证明几内亚官方对"塞加号"采取的行动是基于几内亚有关勘探、开发、管理和养护在专属经济区内的生物资源或防止非法捕鱼的法律和规章。被告从一开始就清楚而一致地坚持"塞加号"是由于违反该国海关法律向渔船供油而因走私罪行被逮捕的。

圣文森特和格林纳丁斯并未解释几内亚是如何未能遵守第七十三条的条文的。没有证据表明几内亚官方对该船的行动是为了保护几内亚专属经济区内鱼的种群而展开的反输油行动的一部分。

另一方面，几内亚否定了其采取的行动的根据是《联合国海洋法公约》

第七十三条第 1 款。事实上，该国一贯的主张是其对"塞加号"采取的行动是基于相关几内亚法律对走私行为的处理，而且即便逮捕发生在其水域之外，因为几内亚官方依照《联合国海洋法公约》第一一一条第 1 款行使了紧追权，这仍然是一次有效的逮捕。

如果几内亚认为其行为是在执行其海关法律，负责审理其案情实质案件的法院或法庭应当以此为依据判决其胜诉或败诉。

在这些法官看来，法庭对几内亚依照国际法的行为是否有效进行评论，或建议几内亚应如何依照国际法对该国的行为进行辩护的做法并无必要，也不恰当。因此，他们得出结论，圣文森特和格林纳丁斯对几内亚未能遵守《联合国海洋法公约》第七十三条的指控并不"理由充分"。

圣文森特和格林纳丁斯进一步认为扣留"塞加号"的行为违背了《联合国海洋法公约》第五十六条第 2 款。既然被告的行为与第七十三条并无关联，他们认为对"对《联合国海洋法公约》第五十六条的违反可以成为依照第二九二条向法庭提交申请的恰当依据"的主张进行检验是有必要的。

他们无法依据第二九二条接受这种论证，因为该条明显仅适用于《联合国海洋法公约》所包含的关于提供适当的保证金或其他财政担保时迅速释放船只的特定条文。

因为上述原因，这些法官不能接受圣文森特和格林纳丁斯的要求，并且他们表示不能依据公约第二九二条接受圣文森特和格林纳丁斯所提交的申请。

安德森法官不同意判决书中的第 2 到 5 条判决结果。在他看来，根据该条款以及法庭规则第一一三条第 1 款，法庭的任务是"认定原告对扣留国未能遵守"——就此案而言，第七十三条第 2 款的条文——"提供适当的保证金……时迅速释放船只或其船员的指控是否理由充分"。

安德森法官的观点在于，本案中多数法官对"评估标准"的处理是错误的，因为法庭的特定管辖权是评判所唯一应当适用的正常标准。

安德森法官指出，根据第二九二条产生的诉讼形成了一宗个案，而非一宗此后将会开始审理案情实质的案件的第一阶段。这类诉讼既非初审也非伴生诉讼，而且根据法庭规则，这类诉讼并不以出具命令而以下达判决作为完结。这类诉讼即是最后判决，法院或法庭在诉讼中必须决定圣文森特和格林纳丁斯最初的指控是否理由充分。

在安德森法官看来，对"塞加号"的指控被归类于第七十三条的适用范围之内并不恰当。首先，"塞加号"是一艘油轮、一艘离岸支援船，而非一艘渔船。其次，在法庭上，几内亚已经就走私、禁运和保卫石油制品产生的海关利润对其国民经济的重要性来对逮捕作出了解释。更重要的是，海关当局给出的案情口供中提出的指控都归属于反走私法律的范畴。在本案中，没有足够的正当理由将几内亚自己对指控的描述从走私改为渔业罪行。

安德森法官的综合结论是："塞加号"并非第七十三条第2款意义上的"被逮捕的船只"。鉴于公约中没有其他适用的条款，圣文森特和格林纳丁斯的指控在法庭规则第一一三条的意义上并非理由充分，因而按照第二九二条第4款判决释放船只并无充分的法律根据。

安德森法官表示，因为第二九二条所代表的是一种独立的、特殊的程序，不同于《联合国海洋法公约》第十五部分所包含的对争端的解决方法，他的不同意见不应被视作对争议事由的案情实质发表的任何意见，而其案情实质仍可作为未来提交至按照公约第十五部分所组成的法院或法庭的诉讼的主旨。

II. 塞加号案（第2号）

A. 临时措施

案　情

即使法庭对"塞加号"第1号案作出了判决，几内亚官方随后仍在科纳克里初审法院对船长提起了刑事诉讼。此外，圣文森特和格林纳丁斯被控负有民事责任。科纳克里初审法院判决船长犯有携带禁运品、欺诈及逃税的罪行。该法院判处他缴纳罚金，并命令没收船只及其载货作为支付罚金的保证。船长不服判决并上诉，被判处犯有"向几内亚共和国非法进口、购买及销售燃料"的罪行。法院判处船长监禁6个月，缓期执行，同时需缴付罚金，并需承担诉讼全部费用，同时命令没收载货并扣押船只作为支付罚金的保证。

1998年1月13日，在将要依照《联合国海洋法公约》附件七组成关于逮捕及扣留"塞加号"的仲裁法庭时，圣文森特和格林纳丁斯向法庭书记官提交了根据《联合国海洋法公约》第二九〇条规定临时措施的要求。不仅如此，通过一封注明为1998年2月20日的文书，几内亚向法庭传达了同日进行的互换文件（下文称为"1998年协议"），其内容为将几内亚与圣文森特和格林纳丁斯两个《联合国海洋法公约》缔约国之间由圣文森特和格林纳丁斯最初提出的有待仲裁的诉讼移交国际海洋法法庭处理。

争议事由

1. 提交法庭审议的问题
是否采取临时措施。
2. 各方主张
（1）圣文森特和格林纳丁斯要求法庭采取临时措施以使用必要措施来

执行国际海洋法法庭1997年12月4日判决。具体而言，该国要求几内亚：释放"塞加号"及其船员；中止执行科纳克里初审法院1997年12月17日和/或科纳克里上诉法院1998年2月3日的判决；停止且不再直接或间接对任何个人或政府机构执行1997年12月17日判决和/或1998年2月3日判决；停止且不再实施、执行或以其他形式对处于几内亚专属经济区内或以外的注册于圣文森特和格林纳丁斯且在几内亚12海里领海之外周边水域进行输油的船只使用海关及禁运法或相关法律执法。

该国进一步要求几内亚停止且不再干涉在圣文森特和格林纳丁斯注册的船只行使第五十六条第2款、第五十八条及《联合国海洋法公约》中相关条目所规定的航行自由和/或其他符合国际法的对海洋的利用，包括进行输油行为的船只；并停止且不再对在圣文森特和格林纳丁斯注册的船只进行紧追，包括进行输油行为的船只，除非情况符合《联合国海洋法公约》第一一一条的规定，特别是包括这一条件："此项追逐须在外国船舶或其小艇之一在追逐国的内水、群岛水域、领海或毗连区内开始，而且只有追逐未曾中断，才可在领海或毗连区外继续进行。"

（2）几内亚要求法庭宣布完全驳回圣文森特和格林纳丁斯按照圣文森特和格林纳丁斯1998年2月13日的回复或可能存在的更新的修订草案中第五十二条规定临时措施的要求。不仅如此，该国要求法庭判决并宣布圣文森特和格林纳丁斯必须支付因圣文森特和格林纳丁斯要求规定临时措施所产生的诉讼的全部费用。

法庭的分析

法庭注意到，各方对法庭是否具有司法管辖权并未达成共识。圣文森特和格林纳丁斯的意见认为，法庭根据《联合国海洋法公约》第二九七条第1款享有司法管辖权；而几内亚的意见则认为，圣文森特和格林纳丁斯提出的争端处在《联合国海洋法公约》第二九七条第3款第一项的范围内，因而不能成为本法庭司法管辖权的对象。法庭的结论是：一方面法庭不需要确信自身对案件的案情实质具有司法管辖权；另一方面，本法庭不能规定这种措施，除非原告援引的条文能明确作为法庭拥有司法管辖权的依据。

法庭断定，圣文森特和格林纳丁斯所援引的第二九七条第 1 款显见能作为法庭拥有司法管辖权的依据。

法庭审理了下列案情：在法庭开始审理当前命令之后，法庭收到了圣文森特和格林纳丁斯代表发来的注明日期为 1998 年 3 月 4 日的信件，其内容为"塞加号"已被释放。此外，各方收到的信息证实了在法庭 1997 年 12 月 4 日的判决的执行中，"塞加号"及其船长和船员已被释放。法庭的结论是，随着船只及其船员的释放，原告请求就释放船只及其船员规定临时措施已无意义。

法庭认为，在船只及其船长和其他船员、船主或租用人受到司法或行政措施时，原告的权利将无法得到充分保证，因此各方应当尽全力防止争端的恶化或扩大。法庭注意到，根据法庭规则第八十九条第 5 款，法庭可规定全部或部分不同于所请求的措施。

判　　决

1998 年 3 月 11 日，国际海洋法法庭一致通过命令，根据《联合国海洋法公约》第二九〇条第 1 款对"塞加号"及其船员被继续扣留、该船及船员以及其他在圣文森特和格林纳丁斯注册的船只可能遭遇的进一步行动规定临时措施。命令如下：

1. 规定几内亚不得对油轮"塞加号"及其船长与其他船员、其船主或租用人采取或实施有关导致 1997 年 10 月 28 日逮捕并扣留船只及其对船长的起诉和定罪事件的任何司法或行政措施。

2. 建议最后判决前，圣文森特和格林纳丁斯和几内亚应尽一切努力作出可适用的安排。为此，当事双方应保证悬挂其旗帜的船舶不采取可能使提交法庭的争端恶化或扩大的行动。

3. 将几内亚对当前诉讼的费用的要求留待最后判决审议。

法律断言与单独意见

1. 法官声明

武卡斯法官不同意法庭临时措施命令的第二部分采用建议的形式。事实上,在《联合国海洋法公约》(第二九〇条)中关于临时措施的所有规则里,本国际法庭的规约都无权作出规定临时措施以外的任何决定,或是提出任何提议或建议。他还着重指出,争端各方有义务遵守规定的措施,而法庭所建议的措施的法律性质并不明了。

在法庭要求各方提交关于遵守命令的报告时,他强调这种要求是模糊的。法庭事实上仅有权要求提交的报告是关于遵守临时措施的,而非遵守建议的。

瓦里奥巴法官对法庭命令的临时措施投了赞成票,但他仍有一定疑虑,因为他认为该批措施过于广泛,而且超出了圣文森特和格林纳丁斯的情况及其要求。

瓦里奥巴法官尤其感到困扰的是法庭行使其自由裁量权规定了与要求部分或全部不同的措施的做法。法庭拥有此种自由裁量权,但应当仅在事实证明有令人信服的理由时才行使。本案的情况并不符合此种标准。

2. 单独意见

莱恩法官在其单独意见中,解释了他在本案中多个方面的立场是鉴于第二九〇条的新颖性以及公约中规定临时措施的条文与国际法院规约中相关条文的不同之处。在他看来,在法庭刚刚诞生之时对这种差异以及相关事项进行说明是重要的。

莱恩法官详细地分析了各类问题,包括所规定的措施的适切性、规定措施的前提(例如司法管辖权相关问题)以及为措施提供正当性的情况(例如保护各方权利的情况、对保全情况的多种解释,以及防止对海洋环境造成严重损害的情况)。

莱恩法官得出的结论是,法庭下达了仅对与船只的逮捕及扣留以及随后对船长的起诉和定罪有关的可能的司法或行政措施有效的临时措施的命令是谨慎的做法。作为规定措施的对象的是法律的不适用和依此法律而行的国家行为;虽然这种国家行为明显在国内法下正当,但一旦施行,似乎与《联合国海洋法公约》和国际法不一致。

依照《联合国海洋法公约》第二九○条第1款，法庭仅规定了这种用以保护上述权利的措施。法庭决定将不恶化／不扩大事态的措施的功能认定为保护权利的规章的完全次要的方面。虽然莱恩法官同意这样的做法，但他仍认为法庭在不断然规定不恶化／不扩大事态的措施上做得过于谨慎，即使这类措施包括了各方将要采取的具体行动。即使没有"规定"措施，这一结果也本可以通过较建议更少试探性的语言达成。

B. 案情实质

案　　情

法庭1997年12月4日第一次判决的主旨是要求迅速释放"塞加号"船及其船员。"塞加号"第2号案件涉及圣文森特和格林纳丁斯与几内亚之间关于"塞加号"船被几内亚政府逮捕和扣留的争端。该争端最初是作为1997年12月22日通知提交至将要依照《联合国海洋法公约》附件七组成的仲裁法庭的。各方随后同意（《1998年协议》）将争端移交至法庭。在第2号案件的第一阶段，圣文森特和格林纳丁斯要求法庭在《联合国海洋法公约》附件七所提及的仲裁法庭组成以前规定临时措施。本案的第二阶段包括了对案情实质的争端以及《联合国海洋法公约》的解释和适用范围。各方提出了多个有关200海里专属经济区内活动的各个方面的问题。

争议事由

1. 提交法庭审议的问题

（1）圣文森特和格林纳丁斯要求法庭判决并宣布如下：几内亚侵犯了该国及悬挂该国国旗的船只享有的第五十六条第2款、第五十八条与《联合国海洋法公约》中相关条目所规定的航行自由和／或其他符合国际法的对海洋的利用的权利；几内亚的海关及禁运法不应在任何情况下在几内亚的专属经济区内适用或得到执行；几内亚没有合法地依照《联合国海洋法公约》

第一一一条对"塞加号"行使紧追权,并必须依照第一一一条第 8 款对"塞加号"进行赔偿;几内亚违背了《联合国海洋法公约》第二九二条第 4 款和第二九六条,没有在该国于 1997 年 12 月 10 日向其提供 40 万美元的担保或其后 1997 年 12 月 11 日瑞士信贷澄清时立即释放"塞加号"及其船员;几内亚官方在刑事法院以"塞加号"船旗国的名义传讯圣文森特和格林纳丁斯侵犯了圣文森特和格林纳丁斯依照《联合国海洋法公约》应享有的权利;几内亚应当立即将出售"塞加号"载货所获得的钱款偿付圣文森特和格林纳丁斯,并归还圣文森特和格林纳丁斯所提供的银行担保;几内亚应当赔付其违反公约行为所造成的损失并支付其所产生的利息;几内亚应当支付仲裁诉讼以及赔偿圣文森特和格林纳丁斯所受的损失。

(2)几内亚要求法庭判决并宣布如下:驳回圣文森特和格林纳丁斯的索赔,并认定为不可接受,而圣文森特和格林纳丁斯应当支付诉讼费和几内亚由此而引起的费用。或者几内亚并未侵犯圣文森特和格林纳丁斯及悬挂其国旗的船只行使第五十六条第 2 款、第五十八条与《联合国海洋法公约》中相关条目所规定的航行自由和/或其他符合国际法的对海洋的利用的权利;根据几内亚海关法第三十四条,在海关区内,几内亚可以适用自己的法律以控制和打击向渔船销售汽油的行为;几内亚合法地依照《联合国海洋法公约》第一一一条对"塞加号"行使了紧追权,而无须依照第一一一条第 8 款项对"塞加号"进行赔偿;几内亚没有违背《联合国海洋法公约》第二九二条第 4 款和第二九六条;在几内亚国内法院提及圣文森特和格林纳丁斯并未侵犯圣文森特和格林纳丁斯依照《联合国海洋法公约》应享有的权利;几内亚并无义务立即向圣文森特和格林纳丁斯归还与所卸下汽油等价的美元;几内亚没有义务偿付圣文森特和格林纳丁斯的损失;圣文森特和格林纳丁斯应当支付诉讼的费用以及几内亚所产生的费用。

2. 各方主张

(1)圣文森特和格林纳丁斯

对可受理性的质疑

作为对几内亚对申请提出的关于索赔的可受理性质疑的回应,圣文森特和格林纳丁斯反驳称,几内亚无权提出对可受理性的质疑。该国提出了《1998 年协议》来支持其主张。该协议的条款仅允许几内亚提出对司法管辖权的异议,而排除了对可受理性的异议。此外,该国进一步主张,因为超过了 90 天的期限,几内亚已经失去了对可受理性提出异议的权利。

"塞加号"的注册。 几内亚主张,临时登记证的失效意味着该船舶未注册或已失去圣文森特和格林纳丁斯国籍,而该主张被该国依据其商船海运条例中多条条文反驳。根据该条列,该临时证书于 1997 年 9 月 12 日后乃至于与本案相关的所有时段都仍然有效。

真正联系。 圣文森特和格林纳丁斯认为,《联合国海洋法公约》并未支持国家与船舶之间需要具有真正联系是给予该船舶国籍的必要前提的主张,也不支持若缺少该种真正联系则船旗国便无权向另一国家跨国索要该船舶所受非法措施的赔偿的主张。几内亚认为"塞加号"与圣文森特和格林纳丁斯之间并无真正联系的主张也被质疑。该国提出了多个元素来证明此种联系:"塞加号"的所有者由一家在圣文森特和格林纳丁斯国内组建的公司代表;该国有关部门正监管"塞加号"以促使其遵守国际海事组织的一系列国际公约,而圣文森特和格林纳丁斯是该组织的成员之一;已有一系列安排保证该船只的适航性通过检查受到常规监管,类似监管至少每年一次。

用尽当地补救办法。 圣文森特和格林纳丁斯质疑几内亚的异议,并指出用尽当地补救办法规则并不适用于当前案件,因为几内亚对"塞加号"采取的行动侵犯了该国作为船旗国根据《联合国海洋法公约》所应享有的权利,包括由该国船只行使第五十六条、第五十八条与《联合国海洋法公约》中其他相关条目所规定的航行自由和其他符合国际法的对海洋的利用的权利。

该国进一步主张,当地补救办法必须被用尽的原则仅当被索赔国和被索赔人之间有管辖权上的联系时才适用。当前案件中并不存在此种联系,因为对船舶的逮捕发生在几内亚领土管辖权范围之外,而且船舶是被通过不满足《联合国海洋法公约》所规定的前提的所谓的紧追行为而强行带进几内亚的管辖范围之内的。事实上,"塞加号"的举动并未对几内亚依照《联合国海洋法公约》第五十六条在专属经济区内拥有主权权利或管辖权的事物施加影响。因此,"塞加号"在专属经济区内的存在并不能与几内亚构成管辖权上的联系。

最后,圣文森特和格林纳丁斯主张,承受几内亚对"塞加号"采取的措施所产生的损害的个人并没有当地补救办法可以用尽。无论如何,即使这种补救办法存在，也未能起效。

索赔方的国籍　对于几内亚的异议，圣文森特和格林纳丁斯坚持，国际法规定国家仅有资格为其国民请求保护的规定并不适用于悬挂该国旗的船舶上的船员和物品的索赔。作为"塞加号"的船旗国，圣文森特和格林纳丁斯有权对船舶及船上或有利害关系的所有个人所受的侵犯提出索赔要求。

逮捕"塞加号"

圣文森特和格林纳丁斯认为，对"塞加号"的逮捕以及随后几内亚的行动是非法的。该国主张，"塞加号"并未违反几内亚对其适用的法律规章，所以对其进行的逮捕是不合法的。该国进一步坚持，如果几内亚对"塞加号"的行动确实援引了法律，所适用的法律也是与《联合国海洋法公约》不相兼容的。

"塞加号"不可能触犯了L/94/007号法，因为该船并未在任何时间点进入几内亚领海，也未如几内亚海关法所定义的那样向几内亚的关税地区直接或间接输入汽油。

不仅如此，几内亚将海关法适用于专属经济区的做法与《联合国海洋法公约》是相悖的。《联合国海洋法公约》第五十六条并未给予几内亚将其海关法律规章进而适用于该区域的权利。因此，几内亚对"塞加号"所采取的行动是不合法的。该国还主张，几内亚侵犯了圣文森特和格林纳丁斯在专属经济区内行使航行自由或其他符合国际法的对海洋的利用的权利，因为"塞加号"供油的行为是属于行使该类权利的。

紧追行为

圣文森特和格林纳丁斯主张，在逮捕"塞加号"的过程中，几内亚并未依据《联合国海洋法公约》第一一一条合法地行使其紧追权，理由是：几内亚有关部门并没有"充分理由"认为"塞加号"犯下了依据《联合国海洋法公约》可以正当实施紧追行为的罪行；所谓的追逐是在船舶完全不处于几内亚毗连区时开始的；追逐曾经中断；追逐开始前并未发出视觉或听觉的停驶信号。

使用武力

圣文森特和格林纳丁斯主张，几内亚在停止并逮捕"塞加号"的过程中使用了过分而不合理的武力。

传　　票

圣文森特和格林纳丁斯主张，几内亚在科纳克里初审法院对"塞加号"船长提起的刑事诉讼所发布的传票中将圣文森特和格林纳丁斯列为"负有民事责任"，侵犯了其根据国际法应享有的权利。

对 1997 年 12 月 4 日判决的遵从

圣文森特和格林纳丁斯主张，几内亚未能在已提供以银行担保形式提交的担保后遵守法庭的 1997 年 12 月 4 日判决迅速释放"塞加号"的行为，违反了《联合国海洋法公约》第二九二条第 4 款及第二九六条。

赔　　偿

圣文森特和格林纳丁斯要求法庭根据《联合国海洋法公约》第一一一条第 8 款以及国际法宣布几内亚对损害及对该国权利的侵犯负有责任。对自然人和法人的物质损失应赔偿。损失包括对船舶的损害，以及船主、"塞加号"操作人员、载货货主、船长、船员及其他船上个人的财务损失；丧失自由以及包括痛苦和苦难在内的人身伤害同样应被赔偿。该国同时索求实际损害 8% 的利息。

该国还要求法庭判决该国获得对几内亚非法逮捕"塞加号"造成的注册收入的损失的赔偿，同时还应赔偿该国官员在处理该船舶及其船员被逮捕和扣留时所耗费的时间带来的费用。

财政担保

圣文森特和格林纳丁斯认为，该国依照法庭对迅速释放"塞加号"及其船员的判决（"塞加号"第 1 号案）所提供的担保同属于该国寻求赔偿的损失项目。该国因此要求命令几内亚偿付出售"塞加号"载货所获得的钱款，并归还该国因法庭命令提供担保而提交的银行保函。

（2）几内亚

对可受理性的质疑的异议

几内亚对应否接受申请中提出的索赔提出了多个异议（见下文）。作为对圣文森特和格林纳丁斯对这些异议的回复，几内亚表示《1998 年协议》并未排除该国对可受理性提出异议的权利。该国进一步提出，无论如何计算，该异议都是在规定的时间期限内提出的。

"塞加号"的注册。几内亚提出的异议主张，圣文森特和格林纳丁斯并无法律立场对几内亚对"塞加号"采取的行动提出索赔，因为在逮捕当天该船舶"并未在圣文森特和格林纳丁斯有效注册"。因此，圣文森特和格林纳丁斯在法律上无权代表其自身或该船舶、其船长以及其他船员、其所有者、操作人员提出索赔。

真正联系。几内亚还提出异议，认为"塞加号"与圣文森特和格林纳丁斯之间并无真正联系，几内亚并无义务承认"塞加号"的圣文森特和格林纳丁斯国籍，而这是圣文森特和格林纳丁斯依据国际法提出索赔的前提。几内亚主张，除非一个国家能够对船舶的所有者或视情况而为操作人员行使司法管辖权，否则该国并不能根据《联合国海洋法公约》完成其作为船旗国的义务。

用尽当地补救办法。几内亚提出异议，对圣文森特和格林纳丁斯提出的对自然人和法人所受损害的索赔不应被采纳，因为相关个人（例如"塞加号"船长、"塞加号"的所有人及汽油载货的货主）并未按照《联合国海洋法公约》第二九五条的要求用尽当地补救办法。

索赔方的国籍。几内亚提出，圣文森特和格林纳丁斯的某些索赔关系到对非圣文森特和格林纳丁斯国民的权利的侵害。根据几内亚的意见，因为此类索赔属于外交保护的索赔，圣文森特和格林纳丁斯并无为非本国国民提出此类要求的资格。

逮捕"塞加号"

几内亚主张该国的行动并未侵犯圣文森特和格林纳丁斯的权利。对"塞加号"的主要指控为该船向几内亚关税地区进口汽油违反了 L/94/007 号法第一条。几内亚坚持 L/94/007 号法第一条的禁令"按照几内亚海关法第三十四条可适用于海关区控制和查禁出售汽油给渔船的目的"来为该国的行动辩护。

几内亚同时指出，"塞加号"违反该国法律的行为已经由上诉法院权威性地加以确认了。在该国看来，该判决不能被质疑，因为本法庭并无权力审理几内亚国内法律是否被几内亚有关部门或法庭适当地适用。

几内亚否认在该国海关区内对海关和禁运法律的适用违反了《联合国海洋法公约》或是侵犯了圣文森特和格林纳丁斯的任何权利。无论如何，在几内亚海关区内提供汽油都不属于航行自由或其他国际合法用途的权利，而且不属于《联合国海洋法公约》第五十八条规定的商业行为。因此，几内亚主张其针对"塞加号"采取的行动是由于"塞加号"在该国专属经济区从事了"不正当的商务活动"。在几内亚看来，《联合国海洋法公约》没有将专属经济区内的权利或管辖权明文归于沿海国所有，所以该种权利并不自动地属于公海自由之列。

几内亚援引了《联合国海洋法公约》第五十八条第3款来为该国在海关区内适用和执行该国的海关和禁运法律的行为进行辩护。根据几内亚的主张，"其他国际法规则"包含了："保护该国公共利益不受在该国专属经济区内进行的不正当的商务活动的显著影响的固有权利"；"必需情况"；"在对公共利益的关键方面造成严重而紧迫威胁时的自我防卫的习性原则"。除渔业和环境利益外，几内亚主张的主要被侵害的公共利益是因专属经济区内非法离岸输油对如该国这样一个发展中国家产生的显著的财务损失。几内亚的主张是，"公共利益"的国际习惯法准则赋予该国阻止任何在该国专属经济区内伪装成航行但不同于通报的商务活动。

紧追行为

几内亚主张该国合法地依据《联合国海洋法公约》第一一一条行使了紧追权。几内亚否认了追逐因任何不正当因素而无效，并坚持参与追逐的官员遵守了《联合国海洋法公约》第一一一条规定的一切要求。

在该国一部分主张中，几内亚声称追逐开始于1997年10月27日几内亚有关部门获得了"塞加号"已经或即将违反几内亚海关及禁运法律后不久，而且追逐一直持续到船舶被发现并于1997年10月28日被逮捕为止。在其他主张中，几内亚声称追逐开始于1997年10月28日凌晨，当时"塞加号"仍在该国专属经济区内。

使用武力

几内亚否认了在登上、停止及逮捕"塞加号"的过程中使用的武力是过分或不合理的。几内亚坚持，开枪是作为万不得已的手段被使用的，并将使用武力造成的损失归为船长及船员的责任。

传 票

几内亚主张，将对圣文森特和格林纳丁斯的起诉列入传票并无法律意义,也没有实际效力。

<u>财政担保及赔偿</u>

几内亚主张几内亚并无义务归还银行担保和偿付圣文森特和格林纳丁斯所受损害。

<u>费　　用</u>

双方都要求法庭判决对方支付诉讼及其他费用。

法庭的分析

1. 司法管辖权

各方对法庭的司法管辖权并无异议。即便如此,法庭仍需使自身确信自己拥有处理被提交案件的司法管辖权。在本法庭1998年2月20日命令中,法庭认定,依照《1998年协议》和《联合国海洋法公约》第二八七条,本法庭"确信圣文森特和格林纳丁斯及几内亚同意向其提交争端"。法庭认定,几内亚在要求规定临时措施的诉讼阶段中提出的、在《1998年协议》中作出的"对司法管辖权的异议"并不影响本法庭处理此次争端的司法管辖权。法庭因此认定,本案的司法管辖权的依据是将此次争端移交本法庭的《1998年协议》,以及《联合国海洋法公约》第二八六、第二八七和第二八八条。

2. 对可受理性的质疑的异议

法庭认定,《1998年协议》中保留的几内亚对提出包括司法管辖权在内的具体异议的权利并未剥夺其一般的提出对可受理性的异议的权利,只要该国在行使此权利时遵守法庭规则并且不违背各方就诉讼在单一阶段中进行的协议。

就几内亚的异议因在指定的时间期限之后提出而不应被承认的主张而言,法庭注意到,司法管辖权或可受理性并不受时间期限的限制,因为此类问题不必在关于案情实质的进一步诉讼之前进行审议。法庭因此认定几内亚提出的对可受理性的质疑的异议应被承认,并可被审议。

3. 对可受理性的质疑

"塞加号"的注册。为了确认"塞加号"在被捕时是否具有圣文森特和格林纳丁斯国籍,法庭援引了《联合国海洋法公约》第九十一条,该条包含了每个国家在给予船舶国籍上拥有排他的司法管辖权这一既定的国际法规则。依照这一条文，圣文森特和格林纳丁斯有权确定其给予船舶国籍、在其领土内登记及船舶悬挂该国旗帜的权利的条件。

法庭认为，船舶的国籍是一个应依据各方举证来认定的事实问题。根据所接受的证据，法庭决定，在"塞加号"的临时登记证被声明失效到永久登记证颁发之间的时间段里，该船在圣文森特和格林纳丁斯的注册状态或持有的国籍被消灭的主张是不成立的。除此之外，圣文森特和格林纳丁斯的前后一致的行为提供了足够证据证明"塞加号"在与争端相关的所有时段一直保持着在圣文森特和格林纳丁斯的注册状态及其国籍。

鉴于几内亚最初本有一切合理机会质疑圣文森特和格林纳丁斯是"塞加号"船旗国的主张却并未质疑，几内亚不能再质疑"塞加号"的注册状态和国籍。

基于上述理由，法庭驳回了几内亚提出的"塞加号"在被捕时并未在圣文森特和格林纳丁斯注册以及随之而来的"塞加号"当时不具有圣文森特和格林纳丁斯国籍的异议。

真正联系。在法庭看来，为了依据《联合国海洋法公约》第九十一条第1款确认国家与船舶之间是否存在真正联系，有两个问题需要得到回答：船旗国与船舶之间缺少真正联系是否使另一国家有权拒绝承认该船的国籍；在事件当时"塞加号"与圣文森特和格林纳丁斯之间是否存在真正联系。

在第一个问题上，虽然《联合国海洋法公约》的条文没有明确表示，法庭的回顾表明，将真正联系作为承认国籍的根据的提议并不存在于1958年公海公约中。《联合国海洋法公约》采用了类似1958年公约的方法。公约并不包含许可国家拒绝承认船舶悬挂船旗国旗帜权利的授权。

法庭的结论是：《联合国海洋法公约》中关于船舶和船旗国之间需要有真正联系的条文是为了确保船旗国能够更高效地履行职责。1986年《联合国船舶登记条件公约》《粮农组织遵守措施协定》和1995年《联合国鱼类种群协定》巩固了这一条件。

在第二个问题上，法庭认定几内亚举出的证据不足以支持该国关于当时船舶与圣文森特和格林纳丁斯之间没有真正联系的主张。法庭因此驳回了根据"塞加号"与圣文森特和格林纳丁斯之间缺少真正联系而对可受理性提出的异议。

用尽当地补救办法。法庭认为,根据《联合国海洋法公约》第二九五条,是否必须用尽当地补救办法必须由国际法来判定。圣文森特和格林纳丁斯所指控的所有侵权都是对该国权利的直接侵犯,而非违反对一般外国人的待遇。此种侵权中对参与船舶操作的个人产生了损害。因此,在法庭看来,对此种损害的索赔并非必须用尽当地补救办法规则的对象。法庭更进一步认为,即使索赔中的一部分并非来自对圣文森特和格林纳丁斯权利的直接侵犯,几内亚与圣文森特和格林纳丁斯对其提出索赔的自然人与法人对象之间也没有管辖联系(几内亚适用该国海关法的权利见下文)。因此,在这个基础上,当地补救办法必须用尽的规则也不适用。

索赔的国籍。法庭认定,根据《联合国海洋法公约》(第九十四条、第二一七条、第一〇六条、第一一〇条第3款和第一一一条第8款),船旗国有义务也有权利就他国的行为对船舶造成损失或损害的赔偿根据《联合国海洋法公约》第二九二条提起诉讼,而在此种诉讼中船舶被视为一个单位。该船只上的每件事、涉及的每个人或与其运转有利害关系的每个人,均视为与船旗国有联系的一个实体。此类个人的国籍无关紧要。

法庭还呼吁关注现代海洋运输的一个显著特征:船员群体的高流动性和多国籍构成以及单一船舶上的载货可能牵扯到的利害关系的复杂程度。法庭认为,若每名受到损害的个人都向其所属国家寻求保护,会造成极大的困难。法庭因此不能接受几内亚认为圣文森特和格林纳丁斯无权为非圣文森特和格林纳丁斯国民的自然人与法人所受的损害索偿的主张。

4. 对"塞加号"的逮捕

法庭回顾了国际常设法院在关于某些德国人在波兰上西利西亚的利益[*]一案上的判决,并得出结论,由法庭审议几内亚在适用其国内法时是否遵守《联合国海洋法公约》及一般国际法并无妨碍。

否认国际法院审理国内法的应用性和范围违反了《联合国海洋法公约》的特定条文,如第五十八条第3款。根据该条文,各国的权利和义务同时来自《联合国海洋法公约》的条文以及"沿海国按照本公约的规定所制定的"

---

[*] 某些德国人在波兰上西利西亚的利益,案情实质,第7号判决,1926年,P.C.I.J.(Series A),第7号,第19页。

法律和规章。因此，法庭有权确定这种法律和规章与《联合国海洋法公约》的一致性。

法庭接着必须认定几内亚对"塞加号"采取的措施或适用的法律是否与《联合国海洋法公约》一致。根据《联合国海洋法公约》，沿海国有权在其领海（第二条及第二十一条）及依照第三十三条第1款认定的毗连区内适用海关法律和规章。在专属经济区内，沿海国仅可对人工岛屿、设施和结构有适用海关法律和规章的管辖权（第六十条第2款）。

法庭随后对几内亚主张中的两个主要概念进行了分析："公共利益"或"自我防卫"，被引用来扩展其在专属经济区内的管辖权；"必需情况"，被用来为其在无此概念时便违反《联合国海洋法公约》的行为辩护。

几内亚所援引的"公共利益"原则将损害其他国家在专属经济区内的权利，这是与《联合国海洋法公约》第五十六条和第五十八条有关沿海国在专属经济区内权利的规定相抵触的。

法庭接着对几内亚在专属经济区内执行该国的海关法这种若无"必需情况"概念时便违反《联合国海洋法公约》的行为是否能用"必需情况"辩护进行了审议。在Gabčíkovo–Nagymaros规划案中，国际法院指出凭借"必需情况"进行辩护必须齐备的两个条件：这一行为是捍卫国家对严重而紧迫危险的主要利益的唯一方法；这一行为并未严重损害对其存在义务的国家的主要利益。*

法庭认为几内亚并未举证证明该国的主要利益面临严重而紧迫的危险。无论如何也难以认为唯一捍卫此种利益的手段是将海关法进而适用于专属经济区。法庭因此裁定，几内亚将其海关法适用于包括专属经济区一部分的海关区，是以违反《联合国海洋法公约》的方式行事的。因此，逮捕并扣留"塞加号"、控告其船长并定罪、没收货物并扣押该船都是违反《联合国海洋法公约》的。

争端双方还要求法庭就各国牵涉离岸输油的相关权利作出陈述。法庭注意到《联合国海洋法公约》内并没有相关的具体条文，认为需要裁判的问题是几内亚所采取的行动是否符合可适用的《联合国海洋法公约》规定。

---

* Gabčíkovo–Nagymaros 规划（匈牙利对斯洛伐克），判决，《国际法院报告书》1997年，第40—41页，第51及52段。

法庭认定，本法庭不需要就专属经济区内的输油问题作出任何裁决。

5. 紧追行为

法庭注意到，《联合国海洋法公约》第一一一条所要求的执行紧追权的条件中有多个未被满足。此类条件是累积的，而根据《联合国海洋法公约》的合法紧追必须满足每一条件。

关于该国所称在1997年10月27日开始的追逐，呈上法庭的证据表明几内亚有关部门此时仅怀疑有油船在专属经济区内触犯了几内亚法律。另一被注意到的是，在当时的情况下，不可能向"塞加号"发出任何视觉或听觉的停驶信号。不仅如此，所谓追逐被中断了。对于所谓1998年10月27日开始的紧追，几内亚举证的证据无法证明该国在所谓的追逐开始前依照《联合国海洋法公约》第一一一条第4款向"塞加号"发出过视觉和听觉的信号的主张。法庭认为，即使几内亚对"塞加号"采取的行动只是根据其毗连区的海关法被违反的情况，对这一问题的结论亦复如此。

同时，在作出"塞加号"没有触犯符合《联合国海洋法公约》的几内亚法律的结论后，法庭认定几内亚行使紧追权并无法律依据。

6. 使用武力

法庭表示，基于《联合国海洋法公约》第二九三条的精神，按照国际法的基本准则，必须尽可能地避免使用武力，武力不可避免时，不得超出当时情况下合理的和必要的限度。和在国际法其他领域一样，人道主义的考虑也适用于海洋法[*]。

法庭得出的结论是：不论情况如何，官员们从高速行驶的巡逻艇上使用实弹射击该船，而未如国际法和实践所要求的发出任何信号和警告，是不可原谅的。几内亚官员无视该船及船上人员的安全，在"塞加号"船上也使用了过分的武力。船舶及其设备受到了重大损失，更严重的是，不分目标使用火力造成船上两名船员身负重伤。

综合以上理由，法庭断言，几内亚在登上"塞加号"的前后过分使用了武力并威胁到了人身安全，因此违反了圣文森特和格林纳丁斯依照国际

---

[*] 法院的裁定是根据孤独号案（加拿大诉美国，1935年，U.N.R.I.A.A.，第Ⅲ卷，第1609页）以及红十字军号案（调查委员会，丹麦诉英国，1962年，I.L.R.，第35卷，第485页）。法庭更进一步指出，在海上逮捕船舶时使用武力的基本原则已在1982年《联合国海洋法公约》就分类和高度洄游鱼类的讨论和管理的条约执行协议第二十二条中重申。

法应享有的权利。

7. 传　　票

法庭认为，虽然在对"塞加号"船长的刑事诉讼中传讯圣文森特和格林纳丁斯并不恰当，但这一行为本身并不构成对圣文森特和格林纳丁斯依照国际法应当享有的权利的侵犯。

8. 对1997年12月4日判决的遵从

法庭注意到，圣文森特和格林纳丁斯向几内亚通报银行担保后到船舶及其船员被释放之前，至少有80天的延迟。释放明确宣称是在执行1997年12月4日判决。

法庭认为，虽然提供担保后80天释放船只不能被认为是迅速释放，但一系列因素导致了迟迟不能释放船只，不能说这些原因都是由于几内亚的过错。因此，几内亚并未违背1997年12月4日的判决或违反《联合国海洋法公约》第二九二条第4款及第二九六条。

9. 赔　　偿

依据《联合国海洋法公约》第一一一条第8款及第三〇四条，以及霍茹夫工厂案[*]和国际法委员会关于国家责任的工作[**]，法庭认定圣文森特和格林纳丁斯有权获得对其直接遭受的损失以及"塞加号"遭受的损失，或包括该船运行中所涉及的或利害相关的一切人在内所受的其他损害所作出的补偿。"塞加号"遭受的损失，包括该船运行中所涉及的或利害相关的一切人在内所受的其他损害，包含了对人员的伤害、非法逮捕、扣留或其他形式的虐待，财产的损害或扣押，以及包括利润在内的其他经济损失。

法庭认为金钱损失、财产毁坏及其他经济损失同样应付以利息。然而，不需要在一切情况下适用统一利率。

法庭判定给予总数为2,123,357美元的补偿。

法庭认为，本法庭对几内亚在本案的情况下错误地行动、侵犯了圣文森特和格林纳丁斯的权利的断言足可构成对该国关于悬挂该国国旗的船舶的侵权的赔偿。

法庭最终决定，圣文森特和格林纳丁斯要求对逮捕"塞加号"引起的

---

[*] 位于霍茹夫的工厂，案情实质，第13号仲裁，1928，P.C.I.J.（Series A），第17号。
[**] 国际法委员会关于国家责任的条款草案第四十二条第1款。

该国旗帜下的登记活动减少、收入遭到损失进行补偿的要求没有足够的证据，不予支持。法庭同时认为，圣文森特和格林纳丁斯有关该国官员引起的任何费用必须自己负担，正如船旗国的正常职能所引起的。

10. 财政担保

法庭对由于在科纳克里从"塞加号"上卸下汽油所受的一部分损失已判给赔偿金。对于圣文森特和格林纳丁斯提供的银行担保，法庭认为应将其视为不再有效。因此，法庭命令几内亚将有关文件归还圣文森特及格林纳丁斯。

11. 费　用

法庭认为本案中不需要违反一般规则，每一方应自行担负其费用。因此，关于诉讼程序的两个阶段，法庭裁定每方各自担负其费用。

判　决

法庭于1999年7月1日作出判决。法庭决定：

1. 一致同意本法庭拥有对此次争端的司法管辖权。

2. 一致同意几内亚对圣文森特和格林纳丁斯的索赔应否被采纳的质疑权并未被排除。

3. 以18票对2票，驳回几内亚的"塞加号"在被逮捕时未在圣文森特和格林纳丁斯注册的主张。

4. 以18票对2票，驳回几内亚关于逮捕发生时圣文森特和格林纳丁斯与"塞加号"之间没有真正联系的主张。

5. 以18票对2票，驳回几内亚的当地补救办法未被用尽的主张。

6. 以18票对2票，驳回几内亚对圣文森特和格林纳丁斯为之索偿的并非其国民的主张。

7. 以18票对2票，裁定几内亚逮捕"塞加号"、扣留"塞加号"及其船员、对其船长的审判和定罪以及扣押"塞加号"并没收其载货侵犯了圣文森特和格林纳丁斯依照《联合国海洋法公约》应享有的权利。

8. 以18票对2票，裁定几内亚逮捕"塞加号"的行为违反了《联合国海洋法公约》关于紧追权的条文，并因此侵犯了圣文森特和格林纳丁斯依照《联合国海洋法公约》应享有的权利。

9. 以 18 票对 2 票，裁定几内亚在令"塞加号"停驶并将其逮捕的过程中使用了过分的武力，违反了国际法并侵犯了圣文森特和格林纳丁斯的权利。

10. 以 18 票对 2 票，驳回了圣文森特和格林纳丁斯认为几内亚在传票上将该国列为负有民事责任侵犯了该国依照国际法享有的权益的主张。

11. 以 17 票对 3 票，驳回了圣文森特和格林纳丁斯认为几内亚未能遵守 1997 年 12 月 4 日法庭判决迅速释放"塞加号"侵犯了该国依照《联合国海洋法公约》应享有的权利的主张。

12. 以 18 票对 2 票，裁定几内亚应按照判决书第 175 段向圣文森特和格林纳丁斯支付包括利息共计 2,123,357 美元的赔偿金。

13. 以 13 票对 7 票，裁定各方应自行承担费用。

法律断言、单独意见、不同意见

1. 卡米诺斯（Caminos）、扬科夫（Yankov）、阿克勒（Akl）、安德森、武卡斯、特里维斯（Treves）和埃里克松（Eiriksson）法官的联合法律断言

上述法官因两个原因不能支持对费用问题的裁定：第一，各方在《1998 年协议》中同意，败诉方应支付费用。第二，本案最终结果为赔偿违反《联合国海洋法公约》的行为所造成的后果。上述法官认为，同样要求几内亚支付诉讼费用将能与该目标保持一致。

上述法官相信，虽然法庭尚未详细确定具体规则或程序，仍可以根据特定的一般规则以及各方提供的信息决定双方支付诉讼费用的比例。

2. 单独意见

门萨庭长在他的单独意见中表示，虽然他支持大多数的裁决意见，但他仍对事件发生时引发争端的"塞加号"的注册状态和国籍抱有怀疑。对于这一问题，他赞同瓦里奥巴（Warioba）和恩迪亚耶法官的不同意见以及沃尔夫鲁姆副庭长的单独意见。在他看来，在 1997 年 10 月 28 日"塞加号"无权悬挂圣文森特和格林纳丁斯国旗，因为当天其临时登记已经过期，且并无其他根据圣文森特和格林纳丁斯向其颁发的注册身份。

无论如何，门萨庭长仍支持驳回几内亚认为圣文森特和格林纳丁斯向法庭提交的争端没有法律根据的主张。他赞成对案件案情实质的判决，因为鉴于案件的具体情况，他认同法庭若不如此判决便不符合正义。他的决定实质上为了更大的正义而无视了命令中的技术缺陷。

在门萨庭长的结论中，他仍然对圣文森特和格林纳丁斯法律中特定的不寻常的特征以及该国海事专员在向船舶颁发证件时的管理手法表示了顾虑。

沃尔夫鲁姆副庭长在他的单独意见中解释了他不赞同的原因，并为判决的法律原则提供了另外一组原因。他尤其对以下几个问题进行了聚焦：判决中取得和运用的证据；对"塞加号"登记状态和国籍的分析；对用尽当地补救办法的解释和适用；《联合国海洋法公约》与国内法之间的关系，以及本法庭确认国内法是否有违反前者之处的权力。

对证据的评判。沃尔夫鲁姆副庭长强调，在评判将要运用于本案内的证据时，法庭并未真正展现其认为何种证据评判标准更为恰当。他认为，评判证据的系统应被清楚定义并彻底分析。这应当是可以从国际法确立的公平审判原则推得的强制性结论。

有两个问题应被审议：哪一方负有举证责任；评估证据时应该采取何种评判标准。

沃尔夫鲁姆副庭长的意见是：所有主要法律系统中实行的谁主张谁举证原则，应当同样适用于国际法院。这一规则已由国际法院在数起案件中重申。[*] 然而，本判决中并未首尾一致地采取这一方法。

关于证明标准问题，沃尔夫鲁姆副庭长指出国际法院在采取证明标准上拥有一定程度上的自由裁量权，也即可以决定某个事实是否被证明。即便如此，仍然需要有一种准则来衡量并认定每一件证据的价值以及给定案件中证据的整体价值。这一准则应被写明，并被平等地适用，而偏离这一准则将需要解释。

沃尔夫鲁姆副庭长的意见认为，判决并未确立一般性的证明标准，而是适用了多个不同的准则。

登记。沃尔夫鲁姆副庭长不同意法庭认为"塞加号"在圣文森特和格

---

[*] 见尼加拉瓜案《国际法院报告》，1984年；边界争端案，《国际法院报告》，1986年；柏威夏寺案，《国际法院报告》，1962年。

林纳丁斯的登记状态或其国籍并未消灭、圣文森特和格林纳丁斯前后一致的行为提供了足够证据证明"塞加号"在与争端相关的所有时段一直保持着在圣文森特和格林纳丁斯的注册状态及其国籍的观点。他的不同意有两个基础：法庭的意见及其对应的分析并未恰当地反映船旗国在船舶注册上的角色，以及《联合国海洋法公约》赋予正当的登记文书的重要性。而且他不同意这一意见依据的对事实的评估。在他看来，呈交法庭的证据明显指出"塞加号"在被捕时并未处于在圣文森特和格林纳丁斯登记的状态。

沃尔夫鲁姆副庭长同意法庭认为在本案的具体情况中法庭若不对案情实质进行判决将不合理也不公正，但他指出，更深入地解释这一结论将是恰当的。

用尽当地补救办法。沃尔夫鲁姆副庭长同意判决驳回对几内亚以未用尽当地补救办法对原告部分索偿的可受理性的质疑。然而，他不同意法庭认为案件的主旨仅牵涉圣文森特和格林纳丁斯的权利被直接侵犯，而根据国际法，这一情况并非必须用尽当地补救办法规则的对象。判决将这些索偿进行定性并将之排除出用尽当地补救办法规则的适用范围的做法，偏离了国际法院的法理学而并无合适理由。

需要裁定的关键问题在于本案的主旨是所指控的对国家权利的侵犯，抑或主旨也包括所指控的对个人权利的侵犯。在他看来，将对航行自由权的侵害造成的索偿要求定性为国际争端是应当存疑的。然而，他同意判决对几内亚援引用尽当地补救办法规则的驳回，因为这一概念在国家于其管辖权范围之外采取行动的情况中并不适用。

《联合国海洋法公约》与国内法之间的关系。沃尔夫鲁姆副庭长的观点是，法庭对其裁定国内法律规章和《联合国海洋法公约》之间的相容性的权利的陈述应作更宽泛的解释。

沃尔夫鲁姆副庭长回顾了《联合国海洋法公约》的框架性特征，以及国家（尤其沿海国）、国际组织或国际会议被要求通过分别将国内法、国际规则及规章纳入其中来使其得到进一步发展的事实。这些规则只要符合《联合国海洋法公约》，就能对后者进行补充，因此处于法庭的司法管辖权之内。

费用。他同意判决没有让败诉方支付全部费用的做法，依据是法庭尚未确立对费用的评估和分配所应使用的一般性规则与标准。如果该类规则和标准已被确立，他将会同意在合理的程度上让胜诉方承担较少的费用和必要开支。

赵理海法官对判决投了赞成票，但他对输油和航行自由提出了单独意见。

他的意见是：诚如原告所说，有些国家或地区将近海加油视为其主要活动，但这并不意味着这种输油已成为各国的普遍做法。事实上，输油很难被认为是涉及所有主要公司的合法全球行业。

对于原告声称输油是属于公海上的航行自由或根据《联合国海洋法公约》第五十八条第1款的国际合法利用海洋的主张，他指出，在专属经济区内为渔船进行输油并不构成《联合国海洋法公约》中的"航行"。而且，《联合国海洋法公约》没有明文规定将专属经济区的权利或管辖权归于沿海国，利用海洋并不自动地属于公海自由。

赵理海法官的结论是：输油不应被认为属于公海航行自由或与之相关。

尼尔森法官在同意法庭判决的同时，对其中几点持保留态度，另外几点有自己的观察。

可受理性。尼尔森法官同意法庭认为《1998年协议》的目的和宗旨在于将本应提交给仲裁法庭的程序转而提交给本法庭而各方仍保留提出其主张的一般权利的意见，因此保留的权利据信包括了几内亚对可受理性提出异议的权利。然而，他不能同意将争端转交法庭时几内亚提出《1998年协议》中具体提到的异议之外的异议的权利也被莫名转移推论。在他看来，争端已被转交，但提出其他异议的能力并没有被转交。

登记。尼尔森法官的观点是：基于呈交法庭的事实，临时登记的有效期不能超过一年。他因此推断，在"塞加号"的登记中一定至少出现了某些不正规，例如未能对临时登记进行延期或未能在临时登记失效后获取永久登记证，而这将对登记的有效性造成损害。作为结论，他不同意判决中"塞加号"在圣文森特和格林纳丁斯的登记或其国籍在相关时间段内并未消灭的裁定。

然而，尼尔森法官支持本案具体情况中圣文森特和格林纳丁斯的前后一致的行为为"塞加号"仍保留在圣文森特和格林纳丁斯的登记状态和国籍的事实提供了足够证据的结论。

尼尔森法官认为，本可以提出法庭是否被禁止询问"塞加号"登记的正规程度及有效性的问题。在这方面，对于认为登记的正规程度及有效性仅能由登记国询问的观点，他作出评论，认为其他国家及其法院有权确认船舶的文件是否正规完整，以及船舶所悬挂的旗帜确实代表该船的国籍。

因此，本法庭有权检验"塞加号"登记的正规程度及有效性，此事项并不属于圣文森特和格林纳丁斯的排他性领域。

关于专属经济区内的海关法问题，尼尔森法官着重指出，国际法院和法庭的功能在于解读而非修改条约。如果法庭采取了几内亚所主张的基于《联合国海洋法公约》准备工作的方法，法庭将开始修改而非解读《联合国海洋法公约》的工作。这是不被容许的。

查德拉塞卡拉·拉奥（Chandrasekhara Rao）法官虽然对法庭判决的决议条文投了赞成票，但仍认为有必要附上单独意见以强调他认为站在法律角度极为关键的特定方面。具体而言，他在两个问题上不同意法庭的观点："塞加号"的登记以及用尽当地补救办法。

"塞加号"的登记。在"塞加号"的登记问题上，他不同意法庭就圣文森特和格林纳丁斯在本案相关时间里是否是"塞加号"的船旗国的相关事实得出的推论。

鉴于临时登记证于1997年9月12日失效这一点并无争议，查德拉塞卡拉·拉奥法官对判决认定"塞加号"的登记依照圣文森特和格林纳丁斯的法律并未在相关时间段内消灭的根据提出质疑。在他看来，呈交法庭的证据表明，将一份有效期为6个月的临时登记证，在不考虑本案的"特殊情况"下，认定为即使未能续期仍可在一年的时间段内生效的决定是不合逻辑的。

查德拉塞卡拉·拉奥法官因此认为，在相关的时间里，圣文森特和格林纳丁斯并非《联合国海洋法公约》意义上的"塞加号"的船旗国。余下的问题便是圣文森特和格林纳丁斯的索赔对几内亚是否是不具可受理性的。双方在"塞加号"被逮捕后的行为在这种意义上说是相关的。一方面，圣文森特和格林纳丁斯一直表现为"塞加号"的船旗国；而另一方面，几内亚则并未在争端期间该案提交法庭之前的任何时刻对该船的未登记状态提出任何问题。公平原则明确地要求一个国家不被允许表现得前后不一，特别是当这种行为将对他方造成损害时。

未用尽当地补救办法。在几内亚根据未用尽当地补救办法提出对圣文森特和格林纳丁斯的索赔的可受理性的异议上,查德拉塞卡拉·拉奥法官与判决意见不同。具体而言,他不赞同法庭支持圣文森特和格林纳丁斯声称当地补救办法规则并不适用于本案,因为几内亚的行动相当于对圣文森特和格林纳丁斯依照《联合国海洋法公约》以及一般国际法所享有的权利的直接侵犯。

查德拉塞卡拉·拉奥法官着重指出,根据《联合国海洋法公约》,本案是关于一艘船舶进行的索赔。原则上,在圣文森特和格林纳丁斯能够向法庭提交索赔之前,几内亚当地的补救办法需要由"塞加号"被逮捕影响到的个人先行用尽。然而,他赞同判决认定根据事实相关各方并无义务用尽当地补救办法。因此,几内亚根据未用尽当地补救办法提出的异议应当被驳回。

安德森法官表示,他对数条判决条款的投票理由不同于判决书中所列出的理由。

"塞加号"的国籍。安德森法官认为"塞加号"的国籍问题是由向法庭提出索赔的出庭权问题间接产生的。这一问题指向的是对关于国籍和船舶登记的技术问题的详细审议,而非与逮捕理由相关。

安德森法官着重指出,正如《联合国海洋法公约》中法典化的,尤其是第九十一条和第九十四条所规定的那样,海洋法长久以来都承认船旗国在将其国籍授予船舶的所有相关方面拥有准独占的权力。因此,他国无论在实质上还是在程序上试图质疑具体登记的正规性和有效性时,其范围是受到极大局限的。

在这一问题上,安德森法官认为法庭需要确证圣文森特和格林纳丁斯在船舶具有圣文森特和格林纳丁斯国籍这点上是否建立了满足法庭要求的立场,抑或几内亚的异议已被证实。

安德森法官的结论是:圣文森特和格林纳丁斯能够基于或然性平衡和对登记国在国籍问题上举足轻重的角色的顾及而确证"塞加号"在事件相关日期持有圣文森特和格林纳丁斯国籍。圣文森特和格林纳丁斯前后一致的行动支持这一结论。另一方面,几内亚在递交辩诉状之前的行为与其随后在法庭上对圣文森特和格林纳丁斯的立场提出的异议自相矛盾。在安德森法官看来,判决书因此应当放在各方相应行动的背景下参照国际法诉讼的一般的公平原则阅读。

安德森法官附和了沃尔夫鲁姆副庭长对圣文森特和格林纳丁斯的临时登记进行批评的单独意见。

对"塞加号"的逮捕。安德森法官指出，他同意判决意味着1997年10月27日因"塞加号"输油行为对其进行的逮捕侵犯了圣文森特和格林纳丁斯的权利。在他看来，《联合国海洋法公约》并未授权沿海国在没有进一步事实证据，如货物进入其领土或领海的情况下，将其毗连区或专属经济区内的输油行为当作对其海关区非法进口应课税物资处理。就此而言，他的意见是几内亚超出了第三十三条和第五十六条的范围，且未能遵守《联合国海洋法公约》第五十八条。

安德森法官还赞成判决中作出的不对专属经济区内的输油问题作出任何一般性认定的裁定。在他看来，法庭将其判决限定在对专属经济区内输油行为适用海关及经济法律的具体问题上并将其他众多可能的关于输油合法性的问题放置一旁是正确的。

紧追行为。安德森法官完全同意判决中关于《联合国海洋法公约》第一一一条所规定的条件是累积的结论。在他看来，虽然几内亚满足了第一一一条的要求中的一部分，其他条件并未被满足。

武卡斯法官并不完全赞同法庭对各方主要主张的态度。他表示，各方之间的争议源于对《联合国海洋法公约》部分条约的解读与适用，而双方都是公约的缔约国。具体而言，各方对圣文森特和格林纳丁斯根据第五十六条第2款及第五十八条与相关的《联合国海洋法公约》条文享有的权利受到侵犯的指控持不同意见。在他看来，各方相反的索赔应首先根据《联合国海洋法公约》的条文进行分析和评估。

各方论点：在对双方的论点和最终主张做了总结之后，武卡斯法官表示，几内亚用该国提出的"公共利益"概念作为该国行动的法律根据，并不能成为该国偏离确立海上制度的规定的理由。不仅如此，对于几内亚的基于"一般国际法的必要性原则"许可了其"自我防卫"或"自助"的行动的观点，他着重指出他同意判决的结论。

《联合国海洋法公约》相关条文。武卡斯法官指出，《联合国海洋法公约》的起草历史和第五部分的内容并没有将对任意类型船舶进行输油列为对专属经济区的非法使用。他相信输油应被认定为《联合国海洋法公约》第五十八条第 1 款所称的"海洋其他国际合法用途"。这一认识可以从航行角度和国际法角度轻松地得到辩护。

第三次联合国海洋法会议后的发展。不仅如此,武卡斯法官着重指出,在第三次联合国海洋法会议确立专属经济区制度后的 20 年里,各国的实践说明了在各自的国内立法中各国并未偏离《联合国海洋法公约》关于权利、管辖权和沿海国义务的条文,也未背离关于其他国家在该国专属经济区内权利和义务的条文。

武卡斯法官提到了通过各国一贯的实践在未来的发展中添加更多关于专属经济区制度的条文的可能。事实上,他注意到《联合国海洋法公约》第五十九条正是对参与第三次联合国海洋法会议的各国对其建立的具体法律制度并未将所有权利与管辖权归属于沿海国或其他国家这一事实的肯定。

莱恩法官同意法庭的结论,但认为对专属经济区内的航行自由的性质和状态有必要作出更为具体的阐述。这需要对专属经济区的性质和状态以及对国家的权力要求的一般性评估,包括对相关权利、司法管辖权以及船旗国与沿海国在专属经济区内基于航行自由的背景的职责的检验进行阐述。他的结论包括了一些关于离岸输油、迅速释放和解决发展中国家之间的争端的初步性问题。

毗连区。莱恩法官分析的第一组实质性问题是关于毗连区的,考虑到几内亚偶尔会将发生在毗连区的侵权行为作为紧追行动的基础。

莱恩法官指出,对于发生在毗连区的行为,只要船只上被以合法的控制手段逮捕的,就可以对该船作惩治。根据第三十三条,仅当进行了当场逮捕或成功地完成了正当的开始于毗连区的紧追行为后,沿海国才有权执行其具有的各种权力。莱恩法官的结论是:根据事实,几内亚远远超过了其行使权力的极限。

航行自由。莱恩法官赞同法庭对几内亚的海关及其他相关法律不适用的判决。这是因为与《联合国海洋法公约》抵触,以及根据所谓的"公共利益"的特别理由和"必需情况"而将几内亚法律适用于专属经济区的海关区的做法均不可接受。

莱恩法官根据对第五十八条和第八十七条的解读,对专属经济区内船旗国航行自由进行了详细探讨。在对这些条款的解读中，他主要考察了第五和第七部分的特征及其直接语境。他同时考查了《联合国海洋法公约》其他多个部分以及条文的更广泛的语境，包括关于领海和毗连区的。他同时也考虑到了如公海航行自由原则的历史背景等补充性的解释资料，以及当代全球经济和一般性命令的历史及司法根据。

他的结论是：沿海国和船旗国依据《联合国海洋法公约》享有的权利和管辖权是同时的，而且两者中的任一个都并不享有显见的优先地位。专属经济区的组建并未削弱已经稳固确立的航行自由。根据呈交的证据，他认定几内亚侵犯了圣文森特和格林纳丁斯的航行自由。然而，他的结论是：若要判定本案中的船只是否牵涉侵犯沿海国在专属经济区内根据《联合国海洋法公约》享有的管辖权的具体而明确界定的方面，仍需要更多的证据和讨论。

离岸输油。莱恩法官指出，在没有完整的讨论和数据的情况下，他无法断定离岸输油相关权利的归属，抑或对其作出具体的界定。然而无论如何，他认为有必要回顾一点，即在现行全球经济秩序下，任何国家在一般意义上和海洋意义上都有自由进入并不受歧视的权利。他的结论是：显而易见，现有证据并不与各个在其对应或其他领域合法利用非领水的国家对专属经济区的利用的容忍措施矛盾。

迅速释放。莱恩法官回顾，法庭否决了圣文森特和格林纳丁斯对几内亚所谓的未能如期遵守法庭判决在提供特定财政担保时进行迅速释放所造成的损害的索偿。他的解释是，双方各有责任的多个原因造成了该船释放的延迟。

在莱恩法官看来，法庭确定了担保的数额并大致认定了其"性质及形式"，然后将细节交由各方决定的裁决是不合理的，并且造成了相当程度的延迟。对莱恩法官来说，很明显，在未来若是各方能够做到包括邀请法庭参与判决后的种种促成关于担保的共识的话，应当有助于加速迅速释放并确保合理性。

解决发展中国家之间的争端。莱恩法官观察到，几内亚的部分诉求（例如基于"必需情况"及"公共利益"的论点）是基于发展中国家在接受《联合国海洋法公约》带来的多方面的利益、在国际市场竞争中以及在捍卫其国际经济利益时所面临的严峻而可以理解的困难。他的回顾认为，在这个意义上，《联合国海洋法公约》对发展中国家的特殊利益和需求投入了特别的关注。他也回顾了本案中双方均为发展中国家的事实。

另一方面，几内亚的这种援引"公共利益"以及"必需情况"等概念的方式，被莱恩法官描述为试图逃避条约的管束。他指出，这种主张不仅需要经过通常的解释性审查，更应该放在大量《联合国海洋法公约》的条文构成的语境中进行分析，而这些条文代表着显著而不可更改的让步，因此在司法规范的阶序中具有崇高的、不可磨灭的地位。

3. 不同意见

瓦里奥巴法官的意见是，整个判决缺乏透明度。他认为对证据的总结和各方论点都不恰当且不客观。在他看来，多数法官的分析偏离了证据与各方论点，因而分析模糊并使判决缺乏透明度。

"塞加号"的国籍。 在"塞加号"国籍的问题上，瓦里奥巴法官对《联合国海洋法公约》第九十一条、圣文森特和格林纳丁斯的《1982年商船海运条例》以及各方提出的证据进行了一次彻底的回顾。在此基础上，他断定"塞加号"在1997年10月被逮捕时并不持有圣文森特和格林纳丁斯国籍。首先，"塞加号"并未被从马耳他的船舶登记册上删除。其次，"塞加号"的临时登记于1997年9月12日过期，并且未被更新。因此，从1997年9月12日起到1997年11月28日为止，"塞加号"并不持有圣文森特和格林纳丁斯国籍。因此，在1997年10月28日该船被逮捕时，该船并无权利悬挂圣文森特和格林纳丁斯国旗。

对法庭提出的圣文森特和格林纳丁斯操作上一直表现为船旗国的论点，瓦里奥巴法官指出，这看起来是通过引入第九十一条范围外的条件对《联合国海洋法公约》进行修正的尝试。事实上，一国前后一致的行为应当使他国接受此种行为作为登记的条件，这一判决违反了该条文奉为神圣不可侵犯的专属管辖权原则。不仅如此，法庭对几内亚行为的论点像是在尝试引入禁止反言、一事不再理或默许的概念。明显地，这些原则对《联合国海洋法公约》第九十一条并不适用，因为这一条文对于登记和船舶国籍已经非常清晰了。

对于法庭认为有必要审理案情实质以实现正义的观点，瓦里奥巴法官认为法庭为了审理案情实质而将程序上的重要问题置之不理，且并未对理由作出合适的解释。而且，法庭要求并收到了书面证据，而为了得出恰当的结论本应对这些证据进行评估。然而，法庭却主要依靠各方的行为与自身需求来审理案情实质。

未用尽当地补救办法。瓦里奥巴法官在未用尽当地补救办法问题上也和法庭持有不同意见。

对于法庭认为圣文森特和格林纳丁斯的索赔关系到对国家权利的直接侵犯的论点，瓦里奥巴法官指出法庭并未检验这些索赔是否有事实依据。这些索赔在被以证据评估之前就被囫囵吞下了。他同意沃尔夫鲁姆副庭长和拉奥法官认为指称被侵犯权利的是作为《联合国海洋法公约》第一一一条第8款主体的船舶的单独意见。事实上，在他看来，本案明显是一起外交保护案件，而非对圣文森特和格林纳丁斯的直接伤害，因此用尽当地补救办法规则应当适用。

瓦里奥巴法官同样不能同意法庭认为几内亚和"塞加号"之间没有管辖联系的裁定。在达成这个结论的过程中，法庭接受了圣文森特和格林纳丁斯声称的几内亚法律不能适用于"塞加号"的论点，并因此将聚焦点放在了"塞加号"并未向几内亚境内进口汽油的问题上。然而事实指向了另一个方向。在瓦里奥巴法官看来，非常遗憾的是，法庭的判决同样漏过了沿西非海岸走私的证据和观点。

事实上，瓦里奥巴法官解释了几内亚所依赖的法律的初衷是打击走私和运输违禁品。应当提出的问题是几内亚是否能够在专属经济区内适用这些法律，以及《联合国海洋法公约》是否禁止在发给渔船执照时涵盖海关事务。在他看来，这些并未被禁止，尤其是根据《联合国海洋法公约》第六十二条而言。一个国家立法以获取利润并不是自相矛盾的，尤其是当这一利润的来源受到威胁时设立必要的法律规章以应对此种情况。

作为结论，证据明显地表示几内亚能够正当地对在其专属经济区内进行输油行为的"塞加号"适用海关及禁运法律。证据同时表示几内亚与"塞加号"之间存在管辖联系。

对于圣文森特和格林纳丁斯认为当地补救办法无效的观点，他认为如果法庭对这一问题进行认定，圣文森特和格林纳丁斯的论点将不能成立。

在得出圣文森特和格林纳丁斯在逮捕当时并非"塞加号"的船旗国以及当地补救办法并未用尽的结论后，他并不认为有必要检验案情实质问题。

在恩迪亚耶法官看来，法庭应当维持几内亚主张的"塞加号"未及时登记的观点。类似地，出于多个原因，关于司法管辖权以及圣文森特和格林纳丁斯对可受理性被质疑所提出的异议应当被以不同的方式处理。

司法管辖权。恩迪亚耶法官着重指出，圣文森特和格林纳丁斯与几内亚之间的诉讼是由《1998年协议》引入的。该协议为法庭的司法管辖权提供了根据。因此，他不能支持法庭将司法管辖权建立于另一基础之上的判决。

可受理性。恩迪亚耶法官回顾了几内亚对圣文森特和格林纳丁斯索赔的可受理性的异议（关系到船只"塞加号"的国籍，对外国人的外交保护，以及未用尽当地补救办法），以及圣文森特和格林纳丁斯对几内亚提出上述对可受理性的异议的权利的质疑。

恩迪亚耶法官的结论是：在审议可受理性问题时，法庭本应在通过对其条文的解读和适用以在其语境中根据自然而通常的含义进行理解后，依据《1998年协议》进行审议。

在这点上，在回顾了《1998年协议》第二条的具体文字后，恩迪亚耶法官指出法庭本应直接解读条款中各方希望将对可受理性的意义加入案情实质中去的含义。

异议。恩迪亚耶法官回顾了几内亚提出的第一项针对可受理性的异议，该异议是关于"塞加号"的国籍的。在彻底检验过各方提供的证据，包括临时登记证、永久登记证、海事管理局关于登记程序的官方小册子、海事副局长的证件、《1982年商船海运条例》以及未出示的马耳他的终止注册证明书之后，他的总结是"塞加号"在案件相关时间并未有效注册。

恩迪亚耶法官接着转向了法庭对各方行动的分析。具体而言，他分析了法庭认为圣义森特和格林纳丁斯一直表现为"塞加号"船旗国的观点，而几内亚对"塞加号"国籍的异议则是在诉讼这一阶段才引入的新证据，在关系到船只的迅速释放的第一宗"塞加号"案时和有关对规定临时措施的要求的诉讼阶段中并不为法庭所知。他不同意法庭认为虽然证据支持几内亚对"塞加号"国籍的异议的可受理性，但在具体情况下法庭若不考虑案件案情实质将不能实现正义的裁决。

恩迪亚耶法官指出，法庭得出这一结论的过程缺乏透明度。判决提及了评估证据的原则，但没有解释具体使用的方法。

在恩迪亚耶法官看来，一切都支持几内亚异议的可受理性，而作为结果法庭应宣布"塞加号"在被捕时是一艘无国籍船。为遵守持续国籍原则，法庭应认定圣文森特和格林纳丁斯不能代表"塞加号"行使权利，因为正是国家与船只之间的国籍关联赋予了国家行使外交保护的权利。

（三）佛加号（Volga）案

当事方	澳大利亚和俄罗斯联邦
争议事由	迅速释放
审理法庭	国际海洋法法庭（ITLOS）
判决日期	2002年12月23日
发表刊物	- 《国际海洋法法庭：判决书、咨询意见和命令的报告》，2002年，第10页 - 《国际法律资料》，2003年第42期，第159页 - 《环境政策与法律》，2003年第33期，第4页
选评著作	- D. R. 罗世威，T. 史蒂芬斯，《南冰洋非法捕鱼及立即释放：沿海国与船旗国权益平衡》，《国际法与比较法季刊》，2004年第53期，第171—187页 - 彼得罗维奇，理夏德，《佛加号船员之歌——请放了我》，《澳大利亚法律志》，2003年第77期，第160—163页

案　情

2002年12月2日，俄罗斯联邦根据《联合国海洋法公约》第二九二条向国际海洋法法庭提起诉讼，要求澳大利亚政府释放悬挂俄罗斯联邦旗帜的长线捕鱼船佛加号及船上3名船员。

2002年2月7日，佛加号在澳赫德岛和麦克唐纳群岛的专属经济区海域被澳大利亚军方以涉嫌在澳专属经济区非法捕鱼为由扣留。

2002年2月19日，佛加号被护送至澳大利亚西海岸弗里曼特尔港。澳大利亚政府扣押了船只及渔获物、渔网和船上设备。佛加号船长及船员依澳有关法律被拘。出于保释目的，估价员估得佛加号价值约合100万美元，燃料、润滑剂及设备约合147,460澳元。2002年3月6日，大副、船长及舵手3名西班牙籍船员以刑事罪名被起诉。他们获准保释的条件是每人交付7.5

万澳元的保证金。佛加号所有者缴纳了上述保证金,但是3名西班牙籍船员不得离开澳大利亚西部佩斯城市范围,而其他船员分别被遣送回国。

2002年5月20日,澳大利亚政府将扣押船只上的渔获物以1,932,579.28澳元销售处理。2002年5月21日,佛加号所有者为防止船只被没收提起诉讼。

2002年5月30日,滞留在澳大利亚的3名船员保释条件获得更改,在针对他们的刑事指控审理期间,他们可以返回西班牙。2002年6月14日,西澳大利亚最高法院作出保释条件更改决议,要求3名船员每人缴纳27.5万澳元保证金(取代原来的7.5万澳元)。但这一决议被提起上诉。

在渔船所有人代表律师请求释放渔船后,澳大利亚政府回复在法律诉讼程序得出结论前他们需要缴纳333.25万澳元的安全保证金,且须同时满足以下3个条件:对渔船、燃料、润滑剂及捕鱼设备估值的担保;接受可能的罚金;安装全面运行的船舶远程监控管理系统并遵守《南极海洋生物资源养护公约》(Convention for the Conservation of Antarctic Marine Living Resources)。

在法庭开始审议前,澳大利亚委托的代理人指出,西澳大利亚最高法院合议庭于2002年12月16日裁定支持佛加号3名船员基于西澳大利亚最高法院2002年6月14日关于他们保释条件判决的上诉。合议庭判定3名船员准予离开澳大利亚返回西班牙,但须遵守特定条件(缴纳保释保证金,护照和船员证件交由马德里澳大利亚大使馆保管,必须每月向马德里澳大利亚大使馆或者大使馆授权的领事官员报告)。

争议事由

1. 庭前争议问题

(1)俄罗斯联邦向法庭提出下列要求:

· 声明具有依据《联合国海洋法公约》第二九二条审理诉讼的管辖权。

· 声明受理诉讼。

· 声明被诉讼方提出的佛加号船只及3名船员的释放条件不被准许或不合理,并已违反《联合国海洋法公约》第七十三条第2款。

· 裁决在渔船所有人提供不超出50万澳元或法庭认为合理金额的担保或保证金后,被诉讼方释放佛加号船只及船员。

- 裁决关于上一条提及的担保或保证金的形式。
- 裁决由被诉讼方承担诉讼方提出诉讼的相关费用。

（2）澳大利亚方面要求法庭驳回诉讼方的诉讼。

2. 各方主张

（1）俄罗斯联邦主张澳大利亚方寻求的保证金不合理，依据《联合国海洋法公约》第七十三条第2款，其确定的船只和3名船员的释放条件不被准许和不合理。

（2）澳大利亚坚持认为保证金要求是合理的，主要基于以下方面的考虑：船只、燃料、润滑剂及捕鱼设备的价值；违法行为的严重性及潜在的罚金；对非法捕鱼的国际关注度；以及需要确保在国内程序完成之前遵守澳大利亚法律及国际义务。在评估保证金及其他担保的合理性时，鉴于具体案例的所有情况，必须考虑扣留国所规定的保证金及担保条款。

澳大利亚还主张在《南极海洋生物资源养护公约》所涵盖的海域非法捕鱼现象层出不穷，导致小鳞犬牙南极鱼存活量的严重枯竭，这是国际社会关注的一个问题。

法院的分析

法庭毫无异议地确认，依据《联合国海洋法公约》第二九二条，其具有管辖权以受理俄罗斯联邦提起的诉讼，并有权受理关于主张违反《联合国海洋法公约》第七十三条第2款的诉讼。

关于担保问题，法庭提及卡莫柯号案，该案在评估保证金及其他财政担保的合理性上明确了应当考虑的因素。这些因素特别包括被指控违法行为的严重性、依据扣留国法律所处或可处的处罚、被扣留船只和被查封货物的价值，以及由扣留国提出的一定金额的保证金及保证金形式。另一方面，法庭也重申了其在蒙特卡夫卡号案的声明中列出的考虑因素清单并非面面俱到。

尽管注意到澳大利亚的意见，法庭强调在实际情况中仍要依据《联合国海洋法公约》第二九二条评估澳大利亚提出的保证金是否合理。法庭回顾了第二九二条所规定程序的目的在于保证在提供了合理的担保后，扣留国法院的司法程序终结前释放船只及其船员。在众多影响评估的因素中，需要考虑的是依据澳大利亚法律所处的处罚。法庭会参照这些处罚来评估被指控违法行为的严重性。澳大利亚曾指出，依据本国法律对被指控船员违法行为的处罚表明这些违法行为是很严重的。

法庭注意到了被诉讼方对南大洋海域小鳞犬牙南极鱼的过度消耗的担心。国际社会很关注非法、不管制和不报告捕捞行为，并赞赏各国为解决问题所采取的措施，包括《南极海洋生物资源养护公约》缔约国，法庭对此表示理解。尽管如此，法庭强调了《联合国海洋法公约》第二九二条中的迅速释放程序仅仅要求判定设定的保证金是否合理。

依据澳大利亚国内法律，对3名船员的最高处罚是110万澳元，对船只、设备及渔获则予以没收。

澳大利亚寻求的332.55万澳元的保证金由以下3部分组成：

一、192万澳元担保包括对船只、燃料、润滑剂及捕鱼设备估值的担保。

二、41.25万澳元担保支付在刑事诉讼中对船员可能处以的罚金。

三、100万澳元是关于安装全面运行的船舶远程监控系统并遵守《南极海洋生物资源养护公约》养护措施的保证。

关于3名船员，法庭表明西澳大利亚最高法院合议庭于2002年12月16日支持佛加号3名船员的上诉，命令他们在缴纳发布的保释金后准予离开澳大利亚。据悉他们于2002年12月20日离开了澳大利亚。法庭认为，由于3名船员已离开澳大利亚，针对他们再设置保证条件已没有实际意义。

关于非经济性处罚，法庭判决的争议事由之一是，满足以下两个条件后澳大利亚是否有权释放佛加号：船只配备了远程监控管理系统；关于船只所有人及最终受益人的详细信息已向官方提交。

法庭解释，问题并不在于考虑依据《联合国海洋法公约》沿海国是否享有实施该条件的主权权利。现阶段的程序仅要解决《联合国海洋法公约》第七十三条第2款所规定的"保证金或其他担保"是否包括此类条件。同样及类似词语也出现在第二九二条和《联合国海洋法公约》其他条款。因此，表述应被解释为纯粹经济性的保证金或其他担保。《联合国海洋法公约》并没有明确表述可以要求采取保证金及其他经济担保的附加条件。因此，在适用《联合国海洋法公约》第二九二条同时涉及第七十三条第2款违法行为的受理中，不能将非经济性质条件划入保证金及其他经济担保。

关于船只释放，法庭表示被诉讼方要求的192万澳元的释放保证金主要代表了船只、燃料、润滑剂及捕鱼设备的全部价值，且双方无争议，依据《联合国海洋法公约》第二九二条该要求合理。然而，法庭认定被诉讼方要求的关于船只安装远程监控管理系统及提交船只所有人信息的非经济性条件不能划入实施《联合国海洋法公约》第二九二条"保证金或其他经济担保"的构成要件。

至于100万澳元，法庭在判决中称之为"守法保证金"，依据第七十三条第2款与第二九二条上下文一致性解释，不能被认定为保证及其他经济担保的范围。第七十三条第2款仅适用于为了迅速释放违反沿海国法律而被扣留的船只。第七十三条作为整体设定了违反沿海国法律和规章的强制措施。"守法保证金"只是为了预防未来的违法行为，并非《联合国海洋法公约》第七十三条第2款中规定的适当的保证及其他担保。

俄罗斯联邦曾指出，在评估保证金的合理性方面，法庭应考虑船只上渔获的情况。而法庭认为佛加号上渔获的情况与第二九二条规定的迅速释放程序并不相关。关于佛加号被扣留时船舶上的渔获所得，法庭声明，虽然渔获收益能作为针对被诉讼方的保证，但与释放船只合理保证金的设定并无直接关系，因此包含在保证金内或排除在保证金外的问题不需再议。

法庭拒绝考虑拍卖渔获物的收益。依据澳大利亚法律，若国内法庭认定渔物获为在其专属经济区内非法捕获，渔获物将被没收。另一方面，如果其国内法庭推断渔获物并非在其专属经济区内捕获，则澳大利亚有义务将渔获物收益归还佛加号所有人。事实上，澳大利亚需确保在其国内法庭作出最终判决时，渔获物以及船只、燃料、润滑剂和船上设备所有形式的担保都可以被完全执行。担保及其他经济保证条件只是为了澳大利亚针对船只的潜在权利以及针对船员可能处以的罚款得到完全的保证。因为澳大利亚已扣留了渔获物拍卖收益，渔获物方面的保证则没有必要再考虑。

判　　决

2002年12月23日，法庭判决如下：

1.全体一致判定：依据《联合国海洋法公约》第二九二条，本庭享有受理俄罗斯联邦于 2002 年 12 月 2 日提起的诉讼的管辖权。

2. 全体一致判定本庭有权受理关于不符合《联合国海洋法公约》第七十三条第 2 款的指控诉讼。

3. 以 19 票对 2 票,判定对被诉讼方"没有遵守《联合国海洋法公约》条款规定,在提供合理的保证金及经济担保后迅速释放船只及船员"的指控成立。

4. 以 19 票对 2 票,判定佛加号提供本庭认定的保证金及其他担保后,澳大利亚迅速释放船只。

5. 以 19 票对 2 票,判定释放船只的保证金及其他担保金数额为 192 万澳元,交付地点为澳大利亚。

6. 全体一致判定保证金提交方式为澳大利亚本地银行担保形式,或者与澳大利亚银行有相应业务往来的银行担保,或者双方达成一致以其他形式提交。

7. 全体一致判定双方各自承担诉讼费用。

法律断言、单独意见、反对意见

1. 法律断言

副庭长武卡斯声明自己与本判决的所有报告和结论无关,主要基于设立赫德岛和麦克唐纳群岛周围专属经济区的公告。

据武卡斯副庭长所述,澳大利亚公告的专属经济区靠近海岸的两个无人岛远远小于"蒙特卡夫卡"案中的克尔格伦群岛。在前案中他保留意见,在本案中他不同意一些国家占有离他们自己的海岸线几千公里的极小无人岛附近的大面积海域。

副庭长武卡斯进一步解释了他的观点,围绕岩石和其他小岛设立专属经济区没有实际意义,且有悖于国际法。在这方面,他提到了 1971 年阿维德帕尔多(Arvid Pardo)大使在联合国海底委员会上的声明,大意是:

"如果 200 海里范围的管辖权可能是基于拥有无人居住、偏远或很小的岛屿,那么对于国家管辖范围以外的海洋空间的国际管理效力将严重受损。"*

马斯特(Marsit)法官指出,本案表明,如果澳大利亚的指控被证明是

---

* 联合国海床委员会(UN Seabed Committee),Doc.A/AC.138/SR.57,第 167 页。

真实的，则保护海域资源免受任何严重且重复的攻击将远非易事。如果像澳大利亚和法国这样的国家都不能总是提供这样的保护，那新的发展中国家又如何呢？无论它们是否通往海洋或者更小的海域。

最后马斯特法官提到，在某些阶段法庭清楚明确地宣布"合理的保证金"的含义与意义是可取的，必须考虑的不仅是案件当事人的利益，也应包括未来可能对一个或多个发展中国家造成影响的法庭审判的效果。

2. 单独意见

科特法官发表了他关于非法捕捞和沿海国裁量权的一些言论。

关于非法捕捞，科特法官相信有必要澄清沿海国在南大洋打击非法、不管制、不报告捕捞行为时遇到的困难，必须承认、确定和实施解决这些问题的措施的必要的裁量权。

科特法官指出，非法捕捞可获取可观的利润，沿海国打击非法捕捞的成本也是巨大的，国际组织已呼吁成员国采取措施打击非法捕捞行为。

澳大利亚在预防和执法方面采取的措施，无疑是在国际组织打击非法、不管制、不报告捕捞行为的努力范围内。这些措施是沿海国依据《联合国海洋法公约》第五十六条对其专属经济区内自然资源行使勘探、开发、保护和管理的主权权利。

法庭应当尊重沿海国在养护生物资源方面行使主权的权利，特别是这些措施应该置于联合国粮农组织与南极海洋生物资源养护委员会的共同努力中对待。在采取这些措施时，澳大利亚不仅是在维护其探索和开发专属经济区资源的合法权利，它需要在国际系统授权的框架内采取措施保护共同的遗产。虽然沿海国无权采取随意或者可能违背国际法律的措施，但是它们在框架内有适度的自由裁量权。

关于裁量权的问题，科特法官表示，裁量权的概念在国际法院众所周知。国际法院经常运用这一理念，虽然往往是委婉而含蓄的。

"裁量权"的概念与"合理性"密切相关，后者意味着必须遏制自由裁量权的存在。合理性既是维护沿海国裁量权的工具，也是法庭控制沿海国行使自由裁量权的手段。

应该指出，定义"合理性"时应该考虑的因素包括均衡的概念及国家确保其行为与合法目标一致的义务，同时考虑依据国际法对他国采取措施的权利和自由。在佛加号案中，没有考虑自由问题。佛加号没有行使其在公海捕捞时使用专属经济区内航道的自由，但绝不是无辜的。因此，不能依靠由于自由受到威胁而行使特殊保护。

裁量权不仅可以应用于沿海国依据公约第七十三条第 1 款采取的措施，同样也可应用于该条第 2 款保证金的数量上。只要保证金并非"不合理"，法庭就没有必要取代沿海国的自由裁量权。它也无意成为一个国家法庭判决的上诉论坛，也不是更高层级的行政或政府权威机构。

法庭对"合理保证金"构成因素的控制权，在某些法律制度中可能被称为"最低限度控制"。对合法性的控制尤其要考虑法律错误。作出释放船只与具有处罚寓意的保证金相结合的决定，是为了确保在澳大利亚法院判决期间该船的良好行为。关于《联合国海洋法公约》第七十三条第 2 款和第二九二条规定的合理保证金的合法性，澳大利亚当局犯了法律错误。

对"保证和经济担保"附加条件将不可避免地使程序复杂化或减缓，这将失去其"迅速"特性，也就相当于违背了第二九二条程序的目的，曲解了其意义。因此，科特法官并不认为澳大利亚有权将"守法保证金"纳入船只和船员迅速释放的合理保证的范围。

3. 反对意见

安德森法官在非经济性保释金的合法性上遇到难题，对他来说，问题是一个沿海国是否有权将非经济性条件纳入释放船只和船员的保证金及其他担保。

安德森法官阅读了第七十三条上下文文字，根据条款的目的和意义宗旨，并没有明确地限制释放被扣船只的非经济性条件的实施。《联合国海洋法公约》在条款中也限制了沿海国的执行权利：第七十三条第 2 款禁止监禁和体罚。

许多国家的立法赋予法院对保释解除羁押候审人质附加条件的权利。澳大利亚驻西班牙大使馆扣押护照就是保释条件的典型例子，旨在确保被告人返回接受审判，并防止其在此期间在澳大利亚非法捕鱼。安德森法官认为需要在《联合国海洋法公约》中找到排除非经济性质担保条件的条款，但是并没有。《联合国海洋法公约》所有的要求是，包括保证金的数额、担保的条件和形式在内的保证和其他担保，在个案的条件下是合理的。因此，

"守法保证金"能够代表第七十三条第2款下的一种形式的保证。它是有合法目的的经济性和非经济性的守法保证，也就是防止在法定程序裁定期间继续在专属经济区非法捕捞。它平衡了释放船只进入渔场捕鱼后渔船所有人的确切收益。所以，在安德森法官看来，澳大利亚寻求的"守法保证金"及其他条件并非不符合《联合国海洋法公约》第七十三条第2款的规定。金额可能会偏高，但是并没有超出国内法院及国内官方的裁量权。

希勒专案法官也不赞同法庭降低澳大利亚当局设定的保证金数额的判决。他建议优先考虑澳大利亚的请求，也就意味着驳回俄罗斯联邦的申请。因此，他认为应该支持澳大利亚提出的保证金额及形式。

在希勒专案法官看来，在依据《联合国海洋法公约》第七十三条第2款和第二九二条第1款评估保证金的合理性时，应该给予该案件的事实和案件背景更多权重。

法庭在判决中除了直接关注迅速释放的合理保证金，不愿陈述或评估有关事实。在希勒专案法官的意见中，法庭因沉默含蓄犯错太多。

最后，希勒专案法官观察到，《联合国海洋法公约》第七十三条和第二九二条的目的就是平衡在管理和保护专属经济区方面船旗国（特别是渔船船旗国）和沿海国的利益。有些甚至认为这种平衡应得到保留，因为它是在第三届联合国海洋法会议上提出的构想。但是，也该意识到情况已经发生了变化。很少有船只是国有的。如今问题来源于私人渔船，它们常常以舰队操作，通过非法捕捞获取丰厚的回报，捕捞地点常常难以探测。捕鱼公司通常是高度资本化和高效的，它们中的一部分是不讲道德的。船旗国有责任对渔船实施有效的控制，但是那些渔船经常更换名称和旗帜，给管理带来很大的难度。值得注意的是，在法庭最近审理的案件中，包括本案，虽然船旗国代理人代表船旗国对案件负责，但是船只所有人已雇佣私人律师来承担。因此，一种新的平衡需要建立：一方面是船只所有人、运营商和渔业公司，另一方面是沿海国。

七、海洋环境类案例

（一）混合氧化物工厂案

当事方	爱尔兰和英国
争议事由	管辖权、临时措施规定
审理法庭	国际海洋法法庭（ITLOS）
判决日期	2001年12月3日
发表刊物	《国际海洋法法庭：判决书、咨询意见和命令的报告》，2001年，第95—149页 《国际法律资料》，2002年第41期，第405—437页
选评著作	B. 克维亚特科夫斯卡，《爱尔兰联合王国（混合氧化物燃料厂）案：平行谈判在法律原则中的作用》，《国际海洋与海岸法杂志》，2003年第18期，第1—58页

案　情

2001年11月9日，爱尔兰依据《联合国海洋法公约》第二九〇条第5款向国际海洋法法庭提出申请，请求在依照《联合国海洋法公约》附件七组建的仲裁法庭组成以前，就其与英国的纠纷裁定临时措施。两国间的纠纷涉及废旧核燃料再利用加工成混合氧化物燃料或混合氧化物的工厂设备的调试运行。该工厂坐落于英国坎布里亚西海岸连接爱尔兰海的塞拉菲尔德。爱尔兰则担忧工厂意外或有意的放射性排放会对爱尔兰海的海洋环境造成影响。

英国政府论证该混合氧化物工厂的经济价值可观，并为工厂的建设和运行创造条件，于2001年10月3日最终审批准予经营。审批程序始于1990年初，在做了一份环保声明后，英国政府于1993年批准工厂开工建设。工厂设施于1996年建成后，英国核能公司开始进一步寻求全面运营核准审批。从1997年4月到2001年8月，英国政府共组织了5轮关于混合氧化物工厂的公共磋商。在公共磋商过程中，爱尔兰多次请求进一步提供工厂设施运行的资料信息，主要包括设施运行寿命及可处理废旧核燃料的总量，但英国政府以商业机密为由拒绝了爱尔兰的请求。

爱尔兰于 2001 年 10 月 25 日通知英国，要求在根据《联合国海洋法公约》附件七的仲裁法庭组成之前，由国际海洋法法庭作出一项临时措施的裁决（详见后述争议部分）。

争议事由

1. 提交法庭审议的问题

（1）《联合国海洋法公约》附件七仲裁法庭是否具有初步管辖权？

（2）形势的紧迫性是否需要采取临时措施，以防止对另一方的权利造成无可挽回的损害以及对海洋环境造成严重损害？

（3）如果是这样，是否应该要求英国暂停对混合氧化物工厂的审批，并要求其确保没有通过其行使主权或主权权利的海域运输放射性物质出入工厂？

2. 各方主张

（1）爱尔兰认为混合氧化物工厂的运行会无可挽回地侵犯其基于《联合国海洋法公约》的权利，包括第一二三条、第一九二到一九四条、第一九七条、第二〇六条、第二〇七条、第二一一条、第二一二条及第二一三条规定。爱尔兰声称，英国并未采取必要措施防止、减少、控制混合氧化物工厂对爱尔兰海的污染，因为其拒绝进行环境影响评价，拒绝与爱尔兰进行信息交换。

• 爱尔兰坚持认为，《联合国海洋法公约》的条款独立于其他条约的类似规定，争议仅涉及《联合国海洋法公约》的解读或适用，而与 1992 年《奥斯陆巴黎保护东北大西洋海洋环境公约》、《欧共体条约》及《欧洲原子能共同体条约》无关。无论是《奥斯陆巴黎保护东北大西洋海洋环境公约》仲裁法庭还是欧洲司法法院对所有纠纷问题都没有管辖权。

• 爱尔兰主张，如果英国未能表明其立即暂停审批混合氧化物工厂运行的意愿，爱尔兰将只有提起诉讼。

• 爱尔兰声称，放射性排放危险、混合氧化物工厂泄漏、事故及恐怖袭击都将会给爱尔兰海的海洋环境造成无可挽回的后果。因此，爱尔兰将不可能再返回混合氧化物工厂运行前的状态。爱尔兰主张英国运用谨慎原则承担举证责任，证明混合氧化物工厂的运行不会带来危害。

（2）英国宣称《联合国海洋法公约》第二八二条*否定了附件七仲裁法庭对争议的管辖权。英国认为争议应由 1992 年《奥斯陆巴黎保护东北大西洋海洋环境公约》、《欧共体条约》及《欧洲原子能共同体条约》强制争端解决规定管理。爱尔兰已将争议提交至 1992 年《奥斯陆巴黎保护东北大西洋海洋环境公约》，曾公开声明其在欧洲司法法院前受理诉讼的意图。

· 此外，英国声称，鉴于双方还未依据《联合国海洋法公约》第二八三条**要求交换意见，争议还为时过早。英国坚持认为，两国之间的通信并不能等同于已按照条款的意图交换意见。

· 依据英国的意见，混合氧化物工厂的投产并不会给爱尔兰海的海洋环境造成无可挽回的损害。英国提出的证据表明，工厂运行带来的污染风险将非常小。关于恐怖袭击的安全风险，英国坚持认为其已经采取了大量的预防措施。

· 最后英国声明：在 2002 年夏天以前工厂将不会产出混合氧化物燃料，而且根据混合氧化物工厂的转换合同，在此期间也不会有废旧核燃料输入热氧化物再处理厂。因此，规定临时措施并不紧急，应驳回爱尔兰的请求。此外，英国请求法庭裁决爱尔兰承担其诉讼费用。

法庭的分析

1. 司法管辖权

法庭指出，规定临时措施之前，它本身需满足《联合国海洋法公约》附件七仲裁法庭初步管辖权。法庭同意爱尔兰的意见，即使 1992 年《奥斯陆巴黎保护东北大西洋海洋环境公约》、《欧共体条约》及《欧洲原子能共同体

---

* 第二八二条规定："作为有关本公约的解释或适用的争端各方的缔约各国如已通过一般性、区域性或双边协定或以其他方式协议，经争端任何一方请求，应将这种争端提交导致有拘束力裁判的程序，该程序应代替本部分规定的程序而适用，除非争端各方另有协议。"
** 第二八三条第 1 款规定："如果缔约国之间对本公约的解释或适用发生争端，争端各方应迅速就以谈判或其他和平方法解决争端一事交换意见。"

条约》的义务与《联合国海洋法公约》的义务是相同的，每一条约下的义务也都是单独存在的。此外，根据各自的背景、各条约的对象和目的、条约缔约国随后的实践和各自准备工作的不同，相同义务的解释将不同。因此，法庭认为，争端涉及《联合国海洋法公约》的解释和适用，并没有其他协议，所以第二八二条不适用。

法庭还驳回了依据第二八三条提出的管辖权异议。爱尔兰和英国之间的通信等同于交换意见。法庭指出，当双方失去达成一致的可能性时，任何一方没有再继续交换意见的义务。

2. 临时措施规定

法庭指出，如果情况紧急，它可以依据《联合国海洋法公约》第二九〇条第 5 款*规定临时措施。在强调英国关于设备未来运行保证的同时，法庭并没有发现在附件七仲裁法庭组建前的较短时间内，爱尔兰请求临时措施的紧急情况。

但是法庭指出，它可以依据《法庭规则》第八十九条第 5 款针对不同当事方提出的争议规定不同的措施。结合《联合国海洋法公约》第十二部分和一般国际法中关于海洋环境污染预防的合作职责，考虑到这种合作的小心谨慎需要，法庭要求爱尔兰和英国合作交换关于混合氧化物工厂风险和影响的信息，并合作制定处理这些问题的方法。争议双方都被要求向法庭提交关于遵守临时措施的报告。

判　　决

2001 年 12 月 3 日，判决如下：

1. 全体一致规定，在《联合国海洋法公约》附件七仲裁法庭裁决前，基于第二九〇条第 5 款的临时措施，以便爱尔兰和英国合作，为此立即磋商，以实现：

---

* 第二九〇条第 5 款规定："在争端根据本节正向其提交的仲裁法庭组成以前，经争端各方协议的任何法院或法庭，如在请求规定临时措施之日起两周内不能达成这种协定，则国际海洋法庭，或在关于'区域'内活动时的海底争端分庭，如果根据初步证明认为将予组成的法庭具有管辖权，而且认为情况紧急有此必要，可按照本条规定、修改或撤销临时措施。受理争端的法庭一旦组成，即可依照第 1 至 4 款行事，对这种临时措施予以修改、撤销或确认。"

·互相交换关于混合氧化物工厂试运行对爱尔兰海可能产生后果的更多的信息。

·监控运行混合氧化物工厂对爱尔兰海的风险和影响。

·酌情制定措施防止混合氧化物工厂运行对海洋环境造成污染。

2. 全体一致决定,爱尔兰和英国在2001年12月17日前分别依据《法庭规则》第九十五条第1款提交初步报告,并授权法庭庭长在该日期之后要求他认为适当的进一步的报告和信息。

3. 全体一致决定,各方分别承担各自的费用。

法律断言、单独意见

1. 联合法律断言

法官卡米诺斯、山本草二、朴椿浩、阿克勒、马斯特、埃里克松和热苏斯表明,该争议的特点是几乎完全缺乏科学证据方面的协议。鉴于这种科学的不确定性,一方可能认为法庭会规定临时措施,正如在南方蓝鳍金枪鱼案中一样。在本案情形下,由于英国作出承诺,临时措施是没有必要的。最有效的措施是要求双方合作,鉴于它们几乎完全缺乏合作,加强合作可能会带来对科学证据的共同理解和对预防措施的共同评估。

2. 单独意见

副庭长尼尔森介绍了《联合国海洋法公约》第二八二条的作用。他强调,正如第二八〇条所述,各方可以自己选择和平方式自由解决争端。和平解决争端是《联合国海洋法公约》第十五部分第一节的目的。各方没有义务使用《联合国海洋法公约》规定的程序。

第二八二条构成了在援引那一部分第二节内容前一个必须被克服的障碍。副庭长尼尔森同意关于事实的决定,但保留意见的是,法庭给出的狭义解释可能会致使第二八二条或第二八一条失效。

门萨法官认为,依据《联合国海洋法公约》第二九〇条第5款规定临时措施的情况与同一条第1款存在两个方面的不同:首先,在第5款下,法庭规定临时措施不会解决争端的任何实质性问题。其次,它仅仅有权在仲裁法庭组成前规定临时措施,关于案情的争议最终将提交仲裁法庭。时间差决定了法庭的约束状况。由此可见,依据第 1 款规定临时措施的情形不同于依据第 5 款的考量。因此,即使有损害权利或未来伤害的证据,法庭可能不会认为它适合规定措施,但是仲裁法庭组建后情况就不一样了。可见,法庭没有太多地重视长期潜在危害的风险是正确的。法庭只需考虑,《联合国海洋法公约》附件七仲裁法庭组建前,是否会发生对爱尔兰的权利或海洋环境造成无可挽回的损害。

门萨法官进一步指出,不存在对爱尔兰诉讼权利的无可挽回的伤害。这将是附件七仲裁法庭的权限去命令英国停止混合氧化物工厂或者在设备进一步操作之前遵循其他诉讼要求。

在管辖权的问题上,安德森法官补充说,无论第二八二条还是第二八三条都"明显排除"了仲裁法庭的管辖权。适用第二八二条涉及复杂的事实和法律问题。安德森法官对法庭关于管辖权的推理有些疑问。

安德森法官同样还怀疑法庭规定的临时措施是否恰当。他更倾向于选择驳回爱尔兰的请求,同时鼓励双方进一步磋商。

关于爱尔兰的第一个请求,安德森法官原本比法庭更加支持一项裁决,其并没有任何证据表明对爱尔兰造成无可弥补的损害或对海洋环境造成严重损害。第二个关于禁止船只运送放射性物质进出混合氧化物工厂的请求,将会引发涉及第三个国家权利的争议,如通过和航行权。

据法官沃尔夫鲁姆的意见,英国基于第二八二条的主张,既没有考虑实际措辞,也没有考虑《联合国海洋法公约》第十五部分第一节的背景和目的。各条约在实质性规定和解决争端的程序上存在并行性是事实,但是在 1992 年《奥斯陆巴黎保护东北大西洋海洋环境公约》及《欧共体条约》制定的程序是解决这些条约下的争端,而不是《联合国海洋法公约》。这种解释并未使第二八二条多余,因为双方可能达成一致找到不同于《联合国海洋法公约》第十五部分第二节的争端解决机制。

沃尔夫鲁姆法官支持法庭,指出:鉴于本案情形,规定临时措施不在法庭的管辖范围内。在沃尔夫鲁姆法官看来,法庭不可能应用谨慎原则,因为这将要求其对案件的案情进行评估。临时措施不应对案情作出判断的局限性,不能被谨慎原则推翻。

合作义务是《联合国海洋法公约》第十二部分的固有原则,也是国际习惯法下保护和保全海洋环境的原则。它代表了国际法律秩序总体方向的一个重要转变，确保独立国家考虑社会利益。

特里维斯法官：《联合国海洋法公约》第二八二条所指的协议是指涉及《公约》解释或适用争端的解决协议，或一般争端的解决协议，例如接受国际法院的强制管辖权。第二八二条简单地表述了不同的强制裁决方式的优先权。选择争端解决方式时，必须平衡国家的一般自由。广义的解释，如被法庭驳回，则不能实现这种平衡。

判决仲裁法庭不享有基于第二八二条的管辖权的后果，包括关于《联合国海洋法公约》的争端将由几个不同法庭考虑的可能性。这将有悖于第二八二条的目的。

热苏斯法官不同意法庭关于第二八二条以及《联合国海洋法公约》与《奥斯陆巴黎保护东北大西洋海洋环境公约》关系的推理。热苏斯法官虽然同意《奥斯陆巴黎保护东北大西洋海洋环境公约》不适用于本案，但是有不同的理由，认为爱尔兰向《奥斯陆巴黎保护东北大西洋海洋环境公约》提出的诉讼不同于且比向《联合国海洋法公约》仲裁法庭提起的诉讼更有限。也就是说，属于不同的争端。

热苏斯法官声称，《奥斯陆巴黎保护东北大西洋海洋环境公约》是第二八二条所指的区域性协议，如果争端是相同的，则应以《奥斯陆巴黎保护东北大西洋海洋环境公约》下争端解决程序为准。热苏斯法官指出，法庭对第二八二条的解释已经否认其实施的效果。

塞凯伊专案法官（Judge ad hoc Székely）尽管不同意法庭的决定，但还是给判决投了票。法庭在其推理中存在矛盾，一方面拒绝授予爱尔兰请求的临时措施，同时又给出替代性临时措施。如果爱尔兰请求临时措施的形势不够紧迫，那法庭为什么要求爱尔兰和英国进行磋商？采取这一行动时，法庭承认了混合氧化物工厂的投产将会产生爱尔兰试图阻止的影响。这些替代性临时措施要求英国给爱尔兰一个机会，以便其在混合氧化物工厂投产前有自己的观点。虽然塞凯伊专案法官更倾向于授予爱尔兰请求的临时措施，但是法庭给出的替代性临时措施也有同样的效果。

法庭错误地将混合氧化物工厂独立于塞拉菲尔德综合设施来对待。它也未能考虑塞拉菲尔德地区不良安全记录的因素，而这本身就是运行混合氧化物工厂的一项重要指标。

爱尔兰基于《联合国海洋法公约》第二〇六条的主张就足以发现临时措施的必要性。法庭没有考虑到英国未能进行环境影响评价，以及随之而来的预防海洋环境污染的实效。判决更像是外交行为，而不是一项司法决议。

对英国无罪推定的判决是没有任何法律和科学依据的。法庭没有任何确切证据就接受了英国的主张。考虑到本案科学上的不确定性，基于谨慎原则，应该更多地回应爱尔兰的意见。塞凯伊专案法官指出，无论如何，法庭裁决的替代性临时措施也是出于谨慎原则的考虑。

（二）混合氧化物工厂仲裁案

当事方	爱尔兰和英国
争议事由	海洋环境；管辖权；受理资格；规定临时措施
审理法庭	联合国海洋法会议在海牙常设仲裁法庭的主持下依照附件七发起的仲裁程序
判决日期	2003年6月24日
发表刊物	《国际法律资料》，2003年第42期，第1187—1199页
选评著作	R. R. 丘吉尔，J·斯科特，《混合氧化物燃料厂诉讼：上半场》，《国际法与比较法季刊》，2004年第53期，第643—676页

案 情

案情正如提交国际海洋法法庭的混合氧化物工厂案的先前总结所述。然而，爱尔兰随后修改了其诉讼声明，明确指出："爱尔兰的申诉并不仅仅局限于混合氧化物工厂产生的直接后果，将其独立于塞拉菲尔德综合设施来考虑，而是延伸到建立和运行混合氧化物工厂带来的所有后果……"

争议事由

1. 提交法庭审议的问题

（1）仲裁法庭是否享有判决爱尔兰申诉的争端案情的管辖权？

（2）除了《联合国海洋法公约》，在仲裁法庭前有哪些适用附加条约、习惯法和国际法原则？

（3）仲裁法庭已决定延迟对案情的审理，如有临时措施，将在进一步的审理中裁决。

2. 各方主张

（1）爱尔兰主张，《联合国海洋法公约》规定了英国的义务：保护海洋环境；防止和控制工厂及相关航运的污染；环境影响评估及两国之间的合作。

在案情的申诉中，爱尔兰寻求：

①声明英国违反了《联合国海洋法公约》多条条款，包括第一二三、一九三、一九四、一九七、二〇六、二〇七、二一一、二一三和三〇〇条。

②命令英国禁止授权运行混合氧化物工厂及相关放射性材料的运输，直至实施环境影响评价显示放射性排放为零，以及控制恐怖袭击风险的计划已由两国同意。

在请求额外临时措施中，爱尔兰寻求如下裁决：

· 禁止液体废物排向爱尔兰海。

· 气体排放不超过 2002 年的水平。

· 提前通知和磋商任何额外废旧燃料再加工或混合氧化物燃料生产的方案。

· 提前通知海运放射性物质进出混合氧化物工厂及热氧化物再处理厂，每天报告船舶的路线和进展。

· 在保密的基础上提供关于爱尔兰的各种重要信息。

· 在紧急情况计划和运输上合作。

· 不采取任何步骤或决定妨碍环境影响评价的效果。

爱尔兰声称，法庭具有判决该案情的管辖权。爱尔兰还主张，依据《联合国海洋法公约》第二九三条第 1 款，其他相关条约和国际法则适用于诉讼程序，包括 1992 年《奥斯陆巴黎保护东北大西洋海洋环境公约》及国际习惯法的某些规则。

（2）英国否认其违反了《联合国海洋法公约》的部分条款及其他条约和国际法则。

关于管辖权和受理，英国主张：

①法庭对爱尔兰所援引的适用协定和文书没有管辖权。

②爱尔兰未能依据《联合国海洋法公约》提供实质性证明。

③因为争议事项主要在欧洲共同体的权限内，欧洲法院享有专属管辖

权,在《联合国海洋法公约》仲裁法庭前,爱尔兰和英国分别不固定地起诉和被起诉,因此仲裁法庭没有管辖权。英国认为裁决临时措施是没有必要的,如果爱尔兰的诉讼随后没有被驳回将会造成严重损害。英国还给出了关于额外合同、运输及合作的确切保证和承诺。

仲裁法庭的分析

1. 关于司法管辖权和可受理性

仲裁法庭确认,根据爱尔兰请求的诉讼,其享有初步管辖权,解决双方关于混合氧化物工厂的争端,以及关于《联合国海洋法公约》不同条款的解释和适用争端。

然而,在开始审理关于案情的争论前,仲裁法庭认为,必须确保对其管辖权没有实质性疑问。

1992年《奥斯陆巴黎保护东北大西洋海洋环境公约》的相关性并没有改变争端本质上涉及《联合国海洋法公约》的性质,也没有剥夺《联合国海洋法公约》第二八一条和第二八二条仲裁法庭的管辖权。

仲裁法庭同意英国的是,适用《联合国海洋法公约》第二八八条第1款与适用第二九三条规定的适用法律存在管辖范围的主要区别。仲裁法庭还认为,依据其他协定直接提起的诉讼在《联合国海洋法公约》程序将不予受理。无论如何,仲裁法庭不同意关于爱尔兰没有申诉《联合国海洋法公约》案件的请求。

有一种现实的可能是,欧洲法院可以受理本案,无论争端的部分或全部问题的管辖权是否已转给欧洲共同体,无论在本案中欧洲法院在两个欧洲共同体成员国间是否享有《联合国海洋法公约》解释和适用的专属管辖权。不能确认欧洲法院会否认这种观点。但是,如果这样的观点成立,国际海洋法法庭将不享有第二八二条下的管辖权。

关于仲裁法庭的管辖权是否可以稳固确立存在实质性疑虑,所以仲裁法庭不适合继续审理案情。司法机构间应相互尊重和礼让,所以进一步的审理被暂停。

2. 关于临时措施

在目前的证据中,爱尔兰没有证明在案情判定期间混合氧化物工厂继续运行会对海洋环境造成或可能造成严重损害。

必须指出,迫切需要采取临时措施保护双方权利是为了防止对申诉权利造成无可挽回的损害。

依据国际海洋法法庭临时措施判令,双方必然相互合作。仲裁法庭进一步建议,双方应寻求建立和审查安排有关合作、磋商和政府间协调。

判　　决

2003年6月24日,仲裁法庭全体一致地,依据其庭审规则第一条和第八条及《联合国海洋法公约》第二九〇条作出如下判决:

1. 案件的进一步审理不迟于2003年12月1日。
2. 肯定了国际海洋法法庭于2001年12月3日作出的临时措施规定判决。
3. 驳回关于排放和环境影响评价的额外临时措施的请求。
4. 不再判决关于进一步合作和信息提供的问题。
5. 呼吁双方不要激化或延伸争端。
6. 要求双方通过欧洲共同体采取措施加快解决突出问题。
7. 双方分别向仲裁法庭报告彼此合规性。
8. 书记官向欧盟委员会提供该判决副本。

Digest of International Cases on the Law of the Sea (UNDOALOS) — ISBN 978-9-2113-3759-4
© (2006) United Nations for the English edition
© 2016 United Nations for the Simplified Chinese edition
All rights reserved worldwide

世界海洋法译丛·海洋法争端解决国际案例汇编
©(2006)联合国英文版
© 2016联合国简体中文版
拥有全球范围著作版权

山东省版权局著作权合同登记号：图字–15–2017–286

图书在版编目（CIP）数据

世界海洋法译丛.海洋法争端解决国际案例汇编/张海文，黄影主编.— 青岛：青岛出版社，2017.12
ISBN 978-7-5552-6266-4

Ⅰ.①世… Ⅱ.①张…②黄… Ⅲ.①海洋法–国际争端–案例 Ⅳ.① D993.5

中国版本图书馆CIP数据核字（2017）第314184号

书　　　名	**世界海洋法译丛·海洋法争端解决国际案例汇编**
主　　编	张海文　黄影
出 版 人	孟鸣飞
出版发行	青岛出版社（青岛市海尔路182号，266061）
本社网址	http://www.qdpub.com
责任编辑	张性阳　黄锐
封面设计	张　晓
照　　排	青岛双星华信印刷有限公司
印　　刷	青岛国彩印刷有限公司
出版日期	2017年12月第1版　2017年12月第1次印刷
开　　本	16开（710mm×1000mm）
印　　张	19.75
字　　数	310千
书　　号	ISBN 978-7-5552-6266-4
定　　价	180.00元

编校印装质量、盗版监督服务电话　　4006532017　0532-68068638

5